Erich Lindemann

Jenseits von Trauer

Beiträge zur Krisenbewältigung und Krankheitsvorbeugung

Herausgegeben von *Peter Kutter*

Mit 11 Abbildungen

Verlag für Medizinische Psychologie
im Verlag Vandenhoeck & Ruprecht

Redaktion und Übersetzung der Kapitel 1 bis 8
und 16 aus dem Amerikanischen

von
Dagmar Friedrich

CIP-Kurztitelaufnahme der Deutschen Bibliothek

Lindemann, Erich:
Jenseits von Trauer: Beitr. zur Krisenbewältigung u.
Krankheitsvorbeugung / Erich Lindemann. Hrsg. von
Peter Kutter. [Übers. d. Kap. 1–8 u. 16 aus d.
Amerikan. von Dagmar Friedrich]. – Göttingen: Verlag
für Med. Psychologie im Verl. Vandenhoeck u. Ruprecht, 1985.
Einheitssacht.: Beyond grief ⟨dt.⟩
ISBN 3-525-45677-8

Schrift: 10 p Garamond (Linotron 202, System 3)
Satz und Druck: Gulde-Druck GmbH, Tübingen
Einband: Hubert & Co., Göttingen

Inhalt

VII Vorwort von Elizabeth B. Lindemann

1–12 Einleitung von Peter Kutter: Vorbeugen ist besser als heilen. Erich Lindemanns Beiträge zu Verlust-Thematik, Krisenbewältigung, Familiendynamik und Sozialtherapie

1. Kapitel
13–22 Psychopathologische Folgeerscheinungen nach Operationen bei weiblichen Patienten

2. Kapitel
23–42 Colitis ulcerosa und Veränderungen der Lebenssituation

3. Kapitel
43–58 Symptomatologie und Therapie bei akuter Trauer

4. Kapitel
59–70 Individuelle Feindseligkeit und soziale Integration

5. Kapitel
71–80 Seelische Gesundheit – eine dynamische Interpretation

6. Kapitel
81–98 Das Wellesley Projekt

7. Kapitel
99–108 Umzug als Krise

8. Kapitel
109–121 Vorbeugende Krisenintervention

9. Kapitel
122–129 Feldstudien in der vorbeugenden Psychiatrie

10. KAPITEL
130–141 Die soziale Organisation der Menschen

11. KAPITEL
142–147 Über Vorbeugung

12. KAPITEL
148–155 Krankheiten und psychische Reaktionen in verschiedenen Gesellschaftsschichten und Kulturen

13. KAPITEL
156–165 Sucht und Rausch als Krankheit

14. KAPITEL
166–173 Die therapeutische Bedeutung der verbalen und nonverbalen Kommunikation zwischen Ärzten und Patienten

15. KAPITEL
174–182 Kulturwandel und Gewissen

16. KAPITEL
183–194 Reaktionen auf die eigene unheilbare Krankheit

195 Quellennachweis

196–204 Sachregister

Vorwort

Erich Lindemann blieb nach der Emigration 1929 seiner ursprünglichen Heimat stets geistig verbunden. Sobald es die Nachkriegsverhältnisse erlaubten, besuchte er jedes Jahr als Gastredner die Lindauer Psychotherapiewoche, war für ein Semester Gastprofessor an der Universität Tübingen und wurde zu den Kliniken vieler westdeutscher Kollegen eingeladen. Es lag ihm besonders am Herzen, beim Aufbau eines neuen sozialpsychiatrischen Zentrums im Rahmen seiner alten verehrten Universität Heidelberg als Berater mitzuwirken. Und so ist es mir eine große Freude, daß es Herr Dr. Peter Kutter ermöglicht hat, etwa zehn Jahre nach dem Tod meines Mannes, Erich Lindemanns Einsichten über Trauer und Krisenintervention einer weiten deutschsprechenden Leserschaft zugänglich zu machen, – Einsichten, welche die Theorie und Praxis der helfenden Berufe in den USA schon seit langem grundlegend verändert haben.

Elizabeth B. Lindemann

Einleitung

Vorbeugen ist besser als heilen

Erich Lindemanns Beiträge zu Verlust-Thematik, Krisenbewältigung, Familiendynamik und Sozialtherapie

Nach dem Bericht über die Lage der Psychiatrie ist die psychotherapeutische Versorgung der Bevölkerung in der Bundesrepublik mehr als verbesserungsbedürftig: „Etwa jeder dritte Bundesbürger hat bereits einmal in seinem Leben irgendwann eine psychische Krankheit durchgemacht oder leidet daran." 1,8–2 Prozent der Bevölkerung erweisen sich als dringend psychiatrisch oder psychotherapeutisch behandlungsbedürftig [1].

Nur wenige davon kommen wirklich in fachkundige Therapie, obwohl psychische Störungen seit 1963 [2] als Krankheit im Sinne der Reichsversicherungsordnung anerkannt sind und durch qualifizierte Psychotherapeuten fachkundig behandelt werden können. Die Mehrheit psychisch gestörter Menschen gelangt wegen gleichzeitig vorhandener körperlicher Beschwerden in ärztliche Hände, wird zahllosen Untersuchungen unterworfen und mit Rezepten abgespeist. Wer an einer Psychose erkrankt, wird, notfalls zwangsweise und juristisch abgesichert, in eines der 130 psychiatrischen Landeskrankenhäuser eingewiesen und läuft Gefahr, dort zum Dauerpatienten zu werden. Andere kommen wegen ihren psychischen Störungen mit dem Gesetz in Konflikt, geraten in die Maschinerie der Justiz und landen im Gefängnis. Nicht wenige kommen mit den heute leicht erhältlichen Drogen in Berührung und werden abhängig.

All diesen desolaten Entwicklungen *könnte grundsätzlich vorgebeugt werden,* denn wir wissen heute, daß psychische Störungen Folge schädlicher Einflüsse der Umwelt und deren Fehlverarbeitung sind. Psychologen, Sozialarbeiter und Sozialpädagogen könnten ihr Wissen und Können für die Verhütung seelischer Störungen einsetzen und hätten insofern einen wichtigen gesellschaftlichen Auftrag. Es gibt dafür aber wegen der Begrenztheit der materiellen Mittel zu wenige Stellen.

Nachdem weder Bundes- noch Landesregierungen auf die alarmierenden

Erhebungen der Psychiatrie-Enquete reagierten, versuchten zahlreiche Initiativen der Anti-Psychiatrie [3] mit ausgesprochen politischer Zielsetzung die psychiatrischen Landeskrankenhäuser erst zu öffnen und dann abzuschaffen. Die traditionelle Psychiatrie wurde kurzerhand aus soziologischer Perspektive zu einer Institution gemacht, die nicht den Kranken helfe, sondern der Gesellschaft unbequeme Menschen mit dem Etikett „Geisteskrankheit" versehe und aus der Gesellschaft ausschließe. Man sah in den psychisch Kranken Opfer des Spätkapitalismus, dem die Psychiater Handlangerdienste leisten. Selbst die bis dahin wegen ihres kulturkritischen und emanzipatorischen Potentials verschonte Psychoanalyse wurde als „Herrschaftswissenschaft" eingestuft [4]. Die teils revolutionären, teils evolutionären anti-psychiatrischen Ansätze fanden sogar Eingang in kritische Lehrbücher der Psychiatrie [5]. Ein wichtiger Gedanke der Anti-Psychiatrie war die Hoffnung, psychische Krankheit durch politische Veränderung des Systems verhüten zu können.

Die in die Enge gedrängte traditionelle Psychiatrie konnte sich indessen mit vernünftigen, sachbezogenen Argumenten durchaus behaupten [6]. Sie hatte sich nämlich in der Zwischenzeit aus sich selbst heraus weiter entwikkelt und entsprach schon lange nicht mehr ausschließlich dem Feindbild, das sich übereifrige Sozialreformer von der Psychiatrie gemacht haben, denn Sozialpsychiatrie, psychiatrische Epidemiologie, Psychosomatik, Psychotherapie und Gruppenarbeit waren mittlerweile Bereiche geworden, mit denen sich moderne Psychiater zunehmend befaßten [7]. *Auch das Prinzip der Vorbeugung spielte hierbei eine nicht geringe Rolle.*

Auf dem psychotherapeutischen Sektor fanden nicht weniger aufregende Veränderungen statt: Man sprach von einem Paradigmenwechsel von der Psychoanalyse zur Familientherapie [8], sah die Ursache der psychischen Störungen nicht mehr im Individuum, sondern in dessen Beziehungen zu den nächsten Angehörigen, erklärte die Familie zum Patienten [9] und sah nicht mehr im triebhaften Bereich der Sexualität und Aggressivität letzte Gründe für gestörtes psychisches Verhalten, sondern in unbewußten Aufträgen der Eltern an ihre Kinder. Beziehungsanalyse [10] und systemtheoretische Ansätze führten zu Handlungsstrategien, die das Ziel hatten, die bisherigen Kommunikationsmuster von Familienangehörigen untereinander aufzubrechen und durch neue Beziehungen zu ersetzen [11], um auf diese Weise der Entwicklung psychischer Krankheit einzelner Familienmitglieder vorzubeugen.

Sowohl die Öffnung der kustodialen Psychiatrie zur Sozialpsychiatrie als auch die Schwerpunktverlagerung von individuell orientierter Psychoanalyse zur kollektiv ausgerichteten Familientherapie werden allenthalben als Errungenschaften der jüngsten Zeit eingeschätzt und in ursächlichen Zusammenhang mit politischen Bewegungen (Studentenbewegung nach 1968, in Frankreich und der Bundesrepublik, demokratische Psychiatrie in Italien) gebracht. Dabei hat sich in den Vereinigten Staaten von Amerika durch die „Mental Health-Bewegung“ [12] längst eine *stille Revolution* der Psychiatrie vollzogen, *deren wichtigstes Ziel die Vorbeugung psychischer Störungen* ist: Der Psychiater soll nicht warten, bis eine psychische Erkrankung ausgebrochen ist und der Patient zu ihm kommt, er soll vielmehr unmittelbar Kontakt mit der Bevölkerung aufnehmen, aufklärend wirken und durch eine effektive Vorbeugung Entstehen und Verschlimmerung psychischer Störungen verhindern. Statt geschlossener Anstalten fernab von den Großstädten sollen kleine, überschaubare stationäre Einheiten geschaffen werden, in denen der psychisch Kranke genauso behandelt wird wie organisch erkrankte Patienten. Nicht der einzelne ist Gegenstand der Therapie, sondern das interaktionelle System, in dem der einzelne lebt. Im Laufe des menschlichen Lebens unvermeidliche Krisen sollen rechtzeitig erkannt und über entsprechendes *Krisen-Management* gemeistert werden.

Um diese präventiven Ziele erreichen zu können, bedurfte es neuer, sozialwissenschaftlich orientierter Ansätze in der Psychiatrie, einer veränderten Einstellung der Bevölkerung gegenüber psychischen Störungen, eines neuen Selbstverständnisses des Psychiaters im Sinne eines Beraters bei sozialen Krisen und günstigerer Ausgangsbedingungen durch eine neue Gesetzgebung.

In diesem Zusammenhang muß ein Name genannt werden, der, in den USA wohlbekannt, hierzulande nur den Besuchern der Lindauer Psychotherapiewochen von 1959–1970 ein Begriff ist, nämlich *Erich Lindemann*, ein Mann, den man mit Fug und Recht als *den Vertreter der Mental Health-Bewegung* und als den *Begründer einer wahrhaft sozialen Psychiatrie* bezeichnen kann.

Am 2. 5. 1900 in Witten im Rheinland geboren, studierte er Psychologie und Medizin in Marburg, Gießen und Heidelberg, lernte Viktor von Weizsäcker kennen, nutzte 1927 die Chance eines Stipendiums an der Universität von Iowa (USA) und entschloß sich 1929 dort zu bleiben. 1935 kam er in das Massachusetts General Hospital, wo er in Psychiatrie und Sozialpsychologie in Klinik und Forschung bis zu seiner Emeritierung tätig war: Von 1954–65 war er Chef der Psychiatrischen Abteilung dieses Hospitals, darüber hinaus Professor für Psychiatrie an der Harvard Medical School. Außerdem lehrte er an der Harvard School of Public Health und am Harvard University Department of Social Relations. Er war, was viele nicht wissen, am Boston Psychoanalytic Institute ausgebildeter Psychoanalytiker mit Lehranalyse bei Paul Schilder und Helene Deutsch. Nach seiner Emeritierung war er bis zu seinem Tod ein hochgeschätzter „Visiting Professor of Psychiatry“ in der Stanford University Medical School in Palo Alto.

In welchem Ausmaß sich *schädigende äußere Einflüsse* in Form von psychischen Störungen auswirken, entdeckte Erich Lindemann zuerst, als er sich für die psychischen Folgen operativer Eingriffe interessierte. In Kapitel 1 des vorliegenden Buches berichtet er darüber. Dann fiel ihm schon 1942 bei seinen Studien an Colitiskranken auf, daß der *Verlust einer wichtigen Bezugsperson* häufiger Anlaß für einen Ausbruch einer psychosomatischen Störung ist. Kapitel 2 gibt davon Zeugnis.

Das *Verlust-Konzept* sollte sich bald vielfach wissenschaftlich bestätigen lassen: Anläßlich einer Brand-Katastrophe im Bostoner Coconut-Nachtklub, bei der 491 Menschen starben, hatte Lindemann Gelegenheit, die Reaktionen von Menschen auf den Verlust naher Angehöriger näher zu untersuchen und dabei festzustellen, welche wichtigen psychischen Prozesse neben der chirurgischen Versorgung von Katastrophenopfern beachtet sein wollen. Lindemann veröffentlichte seine wichtigsten Erfahrungen 1943 in einer chirurgischen Fachzeitschrift [13].

Um dieselbe Zeit hatte Erich Lindemann die Summe seiner Beobachtungen in einem vielzitierten prägnanten Aufsatz über „Erscheinungsbild und Therapie bei akuter Trauer" (Symptomatology and Management of acute Grief) publiziert und darin in Fortführung wichtiger Einsichten Freuds [14] den normalen Ablauf von Trauer nach Verlust einer wichtigen Bezugsperson und deren pathologische Abweichungen eindrucksvoll gekennzeichnet; in Kapitel 3 des vorliegenden Buches dokumentiert. Später stellte er im epochemachenden Wellesley-Forschungsprojekt (Kapitel 6) fest, in welchem Ausmaß *Krisen* des Lebens dadurch pathologisch verarbeitet werden können, daß Verluste im Zusammenhang mit Veränderungen der Familiensituation durch Heirat, Geburt oder Tod nicht durch angemessene Trauerarbeit bewältigt, sondern abgewehrt werden. Um der Gefahr pathologischer Entwicklungen effektiv vorzubeugen, bedarf es interdisziplinärer Zusammenarbeit von Ärzten, Psychologen, Pädagogen, Theologen, Juristen und Vertretern der Verwaltung. In welchem Ausmaß der von Erich Lindemann entwikkelte interdisziplinäre Ansatz seinerzeit revolutionär war, kann der Leser bei der Lektüre des Kapitels 6 unmittelbar mitvollziehen.

Abschnitt 7 schildert die *kollektive Krise* einer ganzen Bevölkerungsgruppe nach einem durch falsch verstandene Städteplanung erzwungenen Umzug vieler Menschen im Zusammenhang mit der Stadtteilsanierung des West End in Boston 1950. 46 Prozent der Bevölkerung entwickelten damals pathologische Trauerreaktionen.

Wie verarbeiten Menschen die Krisen ihres Lebens, wie sie im Zusammenhang mit den unvermeidlichen Veränderungen in Familien beim Hinzukommen eines neuen Mitglieds durch Geburt, beim Verlust eines Familienangehörigen durch Tod, aber auch allein schon durch berufliche und private Veränderungen conditio humana sind? Wie geht man mit Menschen in Krisensituationen um? In Kapitel 8 befaßt sich Erich Lindemann mit diesen Problemen und baut seine *„Krisen-Theorie"* weiter aus.

Krisen-Intervention soll schon *vor* möglichen pathologischen Entwicklungen eingesetzt werden. Damit wird die Intervention selbst zur *vorbeu-*

genden Maßnahme in sozialen Krisen, wie es in der Titelüberschrift von Kapitel 8 unmittelbar zum Ausdruck kommt. Lindemann entwickelte übrigens sein Konzept der Krise um dieselbe Zeit, als Erik Erikson [15] den Begriff der psychosozialen Krise in die Literatur einführte, und das sich bis heute als außerordentlich fruchtbar erweist. Lindemann hatte den Begriff der Krise wahrscheinlich bei Viktor von Weizsäcker noch in Deutschland kennengelernt [16]. Ohne ein implizites Krisenkonzept wären Lindemanns frühe Arbeiten, in denen es von Anfang an um Krisen und deren Bewältigung geht, gar nicht denkbar. Der Begriff taucht bei Lindemann schon 1946 in einer Arbeit über „Psychotherapeutische Chancen des praktischen Arztes" [17] auf. Lindemann folgert konsequent: *Wenn wir Krisen früh erkennen und durch geeignete Interventionen lösen helfen, dann lassen sich auch krankhafte Entwicklungen vermeiden.* Von nun an ist der Vorbeugungsgedanke die Leitlinie von Denken und Handeln Erich Lindemanns. *Verhütung* ist die „hidden agenda" der Mental Health-Bewegung, wie sie in Kapitel 5 des vorliegenden Buches dynamisch interpretiert wird. Damit sprengt Lindemann den traditionellen Rahmen von Medizin und Psychiatrie. Er wird nicht ohne gesellschaftskritisches Engagement zum *Diagnostiker sozialer Krisen* und zum Spezialisten für deren Lösung. Schon beim Wellesley-Projekt bahnte sich ein Wandel der traditionellen Rolle des Psychiaters an, die, in Zusammenarbeit mit Juristen und Vertretern der Verwaltung einer eminent *politischen Dimension* nicht entbehrt: *Seelische Störungen, deren Überwindung und Vorbeugung wurden zu einem politischen Programm für Gesetzgeber und Verwaltung.* Dazu kam eine intensive Öffentlichkeitsarbeit. Politiker fingen an, sich für die Konsequenzen aus Lindemanns Forschung zu interessieren, gingen dabei freilich eigene Wege. Was bisher ein medizinisches Problem weniger Psychiater war, wurde zum gemeinsamen *politischen* Problem all derer, die in einer Stadt oder einem Stadtteil gemeinsam wohnen und leben. Der ‚*community mental health*'-Gedanke war geboren. ‚Community Mental Health-Centers' sollten in jeder größeren Stadt Anlaufstelle sein für alle die Menschen, die nicht allein in der Lage waren, ihre Lebenskrise zu meistern.

Präsident *J. F. Kennedy* setzte sich in seiner Botschaft vom 5. 2. 1963 ausdrücklich für den *Vorsorgegedanken* ein. Ein darauf folgendes Bundesgesetz schaffte die Grundlage für die Einrichtung gemeindenaher Zentren seelischer Gesundheit, von denen das ‚Erich-Lindemann-Mental-Health-Center' in Boston ein gutes Beispiel darstellt; nicht zuletzt Vorbild des unter Leitung von Heinz Häfner stehenden Mannheimer Zentral-Instituts für seelische Gesundheit.

Lindemann machte aus seinem Werk über Trauer, über die Rolle der Krise und deren Bewältigung, über Vorbeugung und gemeindenahe Psychiatrie nicht viel Aufhebens; ganz im Gegenteil zu den lautstark vorgebrachten politischen Aktivitäten der Anti-Psychiatrie der siebziger Jahre. Lindemanns Grundgedanken wurden von der nordamerikanischen Psychiatrie zunehmend beachtet. Die Polikliniken und psychiatrischen Abteilungen an Allgemein-Krankenhäusern ergänzten effektiv die traditionellen großen Anstalten.

Sozial-Psychiatrie und ‚Community Mental Health' wären nicht realisierbar gewesen, wenn Lindemann nicht, vermutlich auch von Viktor von Weizsäcker inspiriert, sehr früh ein außerordentlich feines Gespür für *latente soziale Spannungen in Gruppen* gehabt hätte, wie dies Lindemanns Aufsatz aus dem Jahr 1949 über „Individuelle Feindseligkeit und soziale Integration" (im vorliegenden Buch Kapitel 4) eindrucksvoll dokumentiert. Erich Lindemann ist insofern ein *wichtiger Vertreter der Gruppen-Forschung*, der den Menschen nie isoliert von seiner Umwelt, sondern immer als in sozialen Beziehungen stehend begreift.

Lindemann ist aber auch ein *Vorläufer der modernen Familien-Dynamik und -Therapie*, der unter anderem auch das Prinzip der später von H. Stierlin [18] betonten „Delegation" vorwegnahm. Lindemanns sozialwissenschaftliche Betrachtungsweise entwickelte sich in engem Kontakt mit Talcott Parsons und Clyde Kluckhohn, die damals Professoren in der Abteilung für soziale Beziehungen an der Harvard Universität waren. Dabei schloß die sozialpsychologische Perspektive Erich Lindemanns, wie die graphischen Darstellungen in Kapitel 2 beweisen, den heute vielfach propagierten *systemtheoretischen Ansatz* bereits ein. Lindemann beschränkte sich aber nicht nur darauf, Gruppenprozesse in Familien und Institutionen zu untersuchen, er interessierte sich vielmehr zunehmend für gesellschaftliche Prozesse. Er entdeckte bestimmte *„pathogene soziale Konstellationen"*, wie sie besonders in Gesellschaften mit raschem sozialem Wandel auftreten. Die davon unvermeidlicherweise betroffenen Menschen sind unter diesen gesellschaftlichen Umständen nicht mehr in der Lage, sich innerlich entsprechend darauf einzustellen und neue Verhaltensmuster zu entwickeln. Ausweichen in psychische Erkrankung, delinquentes Verhalten oder Drogenabhängigkeit sind dann häufig *unbewußt gewählte pathologische Auswege angesichts der zunehmend komplizierter werdenden Probleme gesellschaftlichen Zusammenlebens.*

Mittlerweile hatte Erich Lindemann an mehreren Konferenzen über Städteplanung und seelische Gesundheit teilgenommen, arbeitete in der Weltgesundheits-Organisation mit und stand als ‚Visiting Professor of Psychiatry' in Stanford, Palo Alto, in engem Kontakt mit der damals noch unbekannten Palo-Alto-Schule um Paul Watzlawick [19]. Er interessierte sich für *ethische Aspekte gesellschaftlichen Wandels,* für den anhaltenden Generationenkonflikt zwischen Eltern und Kindern, für die Studentenunruhen und sah die Gefahren einer ‚*Industrialisierung der Wissenschaft*' [20], der es lediglich um Prestige geht und nicht um das Wohl des Menschen. Lindemann betrachtete sich in seinem Selbstverständnis zunehmend als *„Sozialtherapeut"*, als *Ver-*

mittler und *Berater*, der mit seinem Wissen über soziale Prozesse kompetent genug ist, auch in größeren gesellschaftlichen Krisen effektiv zu helfen. Lindemann bleibt aber nicht wie Freud und die meisten Psychoanalytiker bei einer *Kulturkritik* stehen, sondern *zeigt praktische Wege auf, wie gesellschaftliche Krisen gemeistert werden können*, und zwar in durchaus pragmatischer Weise, mit realistischer Einschätzung der Möglichkeiten von Veränderung und ohne jede Utopie oder Ideologie. Lindemanns hier vorgelegte Aufsätze über gesellschaftliche Veränderungen, deren ethische Aspekte und über Versuche, konstruktiv damit umzugehen, bezeugen die neugewonnene gesellschaftskritische Position.

Von 1959 bis 1970 hielt Erich Lindemann zahlreiche Vorträge auf den Lindauer Psychotherapiewochen, wo er bei den Besuchern dieser Fortbildungs-Veranstaltungen unvergeßliche Eindrücke hinterließ. In seinem ersten Vortrag aus dem Jahre 1959 – im vorliegenden Buch Kapitel 9 – spricht ein Sozialwissenschaftler, der den einzelnen im Kontext seiner *Familie*, seiner *Schicht* und als *Glied einer sich entwickelnden Gesellschaft* sieht: Krankheiten treffen Menschen sehr unterschiedlich, je nach Position und Status in der Gesellschaft. Lindemann spricht selbst aber nicht von ‚Gesellschaft', sondern schlicht wissenschaftlich von *‚Sozial-Struktur'*.

Diese soziale Struktur untersucht Lindemann in seinem nächsten Vortrag mit dem Titel „Die soziale Organisation der Menschen" – im vorliegenden Buch Kapitel 10 – und leitet daraus die Forderung ab, daß jeder Arzt und Therapeut lernen muß, wie der einzelne mit Familie, Kultur, Klasse und Gesellschaft verflochten ist. In welchem Umfang dabei sich die den jeweiligen einzelnen Menschen umgebende Kultur auf dessen Orientierung auswirkt, zeigt Lindemann eindrucksvoll am Beispiel eines transkulturellen Vergleichs zwischen der nordamerikanischen und indischen Kultur.

In Kapitel 11 kommt Lindemann auf sein großes Anliegen der Vorbeugung zurück: Er zeigt an Hand einer klaren Übersicht, an welchen Stellen der sozialen Problemen gegenüber aufgeschlossene Arzt effektiv Prophylaxe von Krankheit betreiben kann. Den unterschiedlichen Verlauf von Krankheit und seelischen Krisen zeigen Beobachtungen, die im vorliegenden Buch in Kapitel 12 zusammengefaßt sind. Hier nimmt Erich Lindemann Einsichten aus dem Wellesley-Projekt wieder auf und wendet sie auf die *Medizin-Soziologie* an. Dabei wird klar, wie durch präzise *Sozialanalyse*, die die *ökologischen Verhältnisse eines Stadtteils* und die *Analyse von Klassenunterschieden* einschließt, im Sinne einer *„dynamischen Anthropologie"* die medizinische Tätigkeit bereichert und effizienter gestaltet werden kann.

In Kapitel 13 wird am Beispiel der *Drogenabhängigkeit* deutlich, daß Lindemanns mehrdimensionaler Ansatz bei der Diagnose und Therapie dem eindimensionalen individualistischen Ansatz haushoch überlegen ist. Lindemann sieht nämlich nicht nur die individuelle Not des Drogenabhängigen, sondern dessen *persönliche Krise* als Teil einer *sozialen Krise*, die die gesamte

Gesellschaft ergreift. Der traditionelle psychoanalytische Ansatz wird durch moderne familien-dynamische und gruppen-therapeutische Aspekte wirkungsvoll ergänzt. In diesem Zusammenhang zeigt sich Erich Lindemanns außerordentliche Fähigkeit, von anderen Wissenschaften zu profitieren und deren Ergebnisse für die eigene Arbeit zu nutzen. Dazu gehören der frühe Entwurf Viktor von Weizsäckers über den „Gestaltkreis“ ebenso wie die modernen nordamerikanischen Kommunikationsstudien der Palo-Alto-Schule. Lindemann erscheint insofern auch als ein *Vorläufer der Systemtheorie,* der selbstverständlich davon ausging, daß die geringste Veränderung in einem kommunikativen System alle daran beteiligten Personen mehr oder weniger betrifft. Die praktischen Konsequenzen seines kommunikativen Ansatzes lauten: *Situationsanalyse* statt individueller Analyse und *soziale Therapie* statt individueller Therapie. In Kapitel 14 dieses Buches zieht Erich Lindemann daraus die nötigen Konsequenzen.

Der letzte wissenschaftliche Beitrag Erich Lindemanns (hier als Kapitel 15 abgedruckt) kommt einem Vermächtnis gleich. Lindemann stellt die Gretchenfrage: Verharren wir in klinischer Einengung beim Einzelnen oder nehmen wir die Herausforderung der Gesellschaft an, überschreiten die traditionell vorgegebenen psychiatrischen Grenzen und stoßen in *sozialpsychiatrische* oder gar *sozial-politische* Bereiche vor? Für Lindemann ist die Antwort klar: Er greift, schon vor 1968, die aktuellen ethischen Probleme auf, wie sie etwa im Zusammenhang mit der Betreuung unheilbar Kranker oder Sterbender entstehen, im Zuge von Organ-Transplantationen oder allein schon durch die industrielle Revolution.

Auch hier ist Erich Lindemann der gesellschaftlichen Entwicklung weit voraus. Er prägt den *Begriff des „Kulturwandels“* und weist im einzelnen auf die sich verändernden professionellen Rollen, besonders in dem ihm am meisten vertrauten medizinischen Bereich, hin, und fordert Umdenken und Neuorientierung für alle an diesen raschen gesellschaftlichen Veränderungen beteiligten Menschen. Dabei ist ihm nicht verborgen geblieben, daß auch *„Minoritäten sozialen Wandel erzwingen“* können. Erich Lindemann wird aber nicht Politiker, sondern bleibt Wissenschaftler, Berater, der gesellschaftliche Prozesse im Sinne einer *„Sozial-Pathologie“* wie Krankheitsabläufe bei einzelnen Patienten sieht. Er appelliert an das *soziale Gewissen* aller *helfenden Berufe,* nicht in der geschützten Atmosphäre der Privatpraxis darauf zu warten, bis einzelne Menschen krank werden und Hilfe suchen, sondern auf der Grundlage modernen Wissens über Verluste und deren Folgen, über Krisen und deren Lösungsmöglichkeiten und über soziale Spannungen überall dort *den Hebel der Prophylaxe anzusetzen, wo immer soziale Konflikte im Entstehen begriffen sind.*

Abschließend soll neben dem Wissenschaftler der Mensch Erich Lindemann aufleuchten: Sein ruhiges, freundliches Auftreten wird von seinen amerikanischen Schülern als Schutz gegenüber einer großen inneren Zurückgezogenheit, Scheu und Verletzlichkeit gedeutet [21]. Die Mitglieder einer Selbsterfahrungs-Gruppe*, die Erich Lindemann von 1962–1972 bei fraktionierter Sitzungsfolge leitete, sahen in ihm vor allem die hochgradige Sensibilität in der Wahrnehmung von Konflikten in zwischenmenschlichen Beziehungen. Er blieb aber bei deren psychoanalytischer Bearbeitung nicht stehen. Für ihn war die Gruppe vor allem eine *Chance zu Begegnungen*, aus denen alle Beteiligten einschließlich Leiter bereichert hervorgehen. Sich selbst betrachtete er dabei als *„Kommunikationskatalysator"* und die *Gruppe als ein „Arbeitsinstrument, um Menschen zu ändern und selbst geändert zu werden"*.

Seine deutsche Selbsterfahrungs-Gruppe zwang ihn aber, über regressive Prozesse, erst einmal dazu, sich seiner psychoanalytischen Herkunft vom Boston-Institut für Psychoanalysis zu erinnern, sich der psychoanalytischen Methode zu bedienen und mitzuhelfen, die neurotischen Konflikte ihrer Teilnehmer aufzudecken und die damit zusammenhängenden frühen Ängste auf ihre Ursachen zurückzuführen. Dabei beachtete er sehr wohl die Übertragung der Gruppe und der einzelnen, berücksichtigte die jeweiligen Widerstände und verstand es hervorragend, auch Träume für das Verständnis unbewußter Prozesse in der Gruppe zu nutzen.

Später gelangte die Gruppe dahin, wo Lindemann war: Zur echten zwischenmenschlichen Begegnung, ohne störende neurotische Ängste und Konflikte. Jeder spürte Lindemanns Güte, sein Verständnis, seine persönliche Anteilnahme und seine emotionale Beteiligung. So wurden *„neue Formen der Begegnung"* möglich, in der die „alten Komplexe" keine Rolle mehr spielten; in einer Atmosphäre, in der jeder *„weniger Angst"* hat, andere zu zerstören oder von anderen zerstört zu werden, andere abhängig zu machen oder von anderen abhängig gemacht zu werden, eine Atmosphäre, die jedem einzelnen Teilnehmer zunehmend erlaubt, *„den anderen und sich selbst neue Möglichkeiten des Umgangs untereinander zuzutrauen"*. Tatsächlich veränderte sich das Verhalten aller Teilnehmer der ehemaligen Lindemann-Gruppe: Ihnen wurden „mehr Menschen als bisher zugänglich". Sie verharrten nicht mehr isoliert voneinander in Einsamkeit und Leid, sondern gingen offen aufeinander zu und waren viel besser in der Lage, die unvermeidlichen Krisen zwischenmenschlicher Beziehungen, ganz im Sinne von Lindemanns Vorbeugungsgedanken, rechtzeitig zu erkennen und zu überwinden.

Zu den vielfältigen neuen Begegnungen des Lebens gehört auch die Begegnung mit dem Tod, denn Erich Lindemann war mindestens seit 1966 *tödlich erkrankt.* Er selbst konfrontierte die Gruppe mit der Endlichkeit des Lebens, wenn er sagte: „Mein Wegbleiben entspringt der Realität des Lebens und damit auch der Gruppe." Er verwies aber auch darauf, *daß das Leben weitergeht:* „Wenn ein Baum welkt, dann ist am Stamm noch etwas, was

---

* Der Herausgeber hatte das Glück, daran teilzunehmen.

weiterwächst." Damit war klar, daß auch die Gruppe sterben und gleichzeitig weiterleben kann; etwa dadurch, daß die Teilnehmer der Gruppe anfangen, selbst Gruppen zu leiten. Tatsächlich wurden fast alle Mitglieder der ehemaligen Lindemann-Gruppe gruppentherapeutisch aktiv; nicht aber in bloßer Imitation oder Identifikation, sondern jeweils höchst individuell, mit Bereicherungen von vielen anderen Seiten, aber doch *auf dem gemeinsamen Boden* dessen, was im Laufe der Jahre in der Selbsterfahrungs-Gruppe erarbeitet wurde. Lindemann sagte damals wörtlich: „Ich würde sogar soweit gehen, zu sagen, daß die *Trauer etwas Schöpferisches* hat. Die Identifizierung mit dem verlorenen Objekt kann ein *gesundes Phänomen* sein, ist psychologische Arbeit."

Lindemanns Anliegen war darüber hinaus, zu erfahren, was in der deutschen Psychiatrie vorgeht, zu klären, ob es typische deutsche Lebensprobleme gäbe, typische deutsche Karrieren, die anders verlaufen als Karrieren in den USA. Er interessierte sich ferner für *unbewußte Kulturhaltungen*, für *kulturelle Konflikte* und deren Lösungsformen als Beispiele des Kulturwandels. Dabei sah er in der Gruppe eine besondere Lernmöglichkeit, nicht nur für Therapie, sondern vor allem im Sinne seines Grundanliegens, der Vorbeugung.

Dabei war sein Modell an der Psychoanalyse orientiert, ging aber gleichzeitig darüber hinaus. Lindemann wörtlich: „Wir kommen nicht zusammen, um therapiert zu werden, sondern wir wollen doch unsere Persönlichkeit bereichern und kräftiger werden, liebensfähiger im Sinne einer Ich-Erweiterung, einer Ich-Stärkung, und zwar über neue Erfahrungen der Begegnung, wie Buber sagt. Dieses Ziel haben wir in unserer Selbsterfahrungs-Gruppe aber nicht gleich erreicht: In der *ersten Phase* war viel *Gruppendynamik* dabei: Wie meistert man Aggressionen? Wie behandelt die Gruppe Kommen und Gehen? Wie findet jeder seine Rolle in der Gruppe? In einer *zweiten Phase* kam es dann zu einer kolossalen Verstärkung der Übertragungsphänomene, die erst durchgearbeitet sein wollten; hier ganz mit Hilfe der *Psychoanalyse.* Dann erst waren wir reif für die *dritte Phase,* in der neue Formen der Kommunikation gefunden werden können, bei denen Konflikte hinfällig werden oder ersetzt werden durch eine neue Methode der *Begegnung* [22].

Nach diesen eigenen Erinnerungen an die „Lindemann-Gruppe" soll noch auf das 16. Kapitel des vorliegenden Bandes verwiesen werden, in dem Erich Lindemann, *gezeichnet von unheilbarer Krankheit, aber voller Hoffnung* für sich selbst und für die anderen, in erschütternder Weise zeigt, daß seine Verlusttheorie auch in der Anwendung auf sich selbst nützlich ist. Denn auch der sicher bevorstehende Tod erfordert Trauerarbeit, die den von Lindemann aufgedeckten Gesetzmäßigkeiten folgt, die aber von jedem für sich selbst individuell geleistet sein will; ein erschütterndes Dokument, das für sich selbst spricht, und mit dem dieses Buch endet, um eigenem Nachdenken Platz zu machen, genauso, wie Erich Lindemanns Leben aufhörte, um jüngeren Menschen Gelegenheit zu geben, in seinem Sinne der Prävention psychischer Krankheit tätig zu sein, denn „Vorbeugen ist besser als heilen".

Peter Kutter

Literatur

[1] Bericht über die Lage der Psychiatrie in der Bundesrepublik Deutschland – zur psychiatrischen und psychotherapeutisch-psychosomatischen Versorgung der Bevölkerung. Deutscher Bundestag, Drucksache 7/4200, 1975. – [2] Vereinbarung zwischen Kassenärztlicher Bundesvereinigung und Verband der Angestellten-Krankenkassen vom 20. 7. 1963; Neufassung vom 1. 10. 1975, Deutsches Ärzteblatt, H. 27, 1. 7. 1976, 1833–1840. – [3] *Cooper, D.:* Psychiatrie und Anti-Psychiatrie. Edition Suhrkamp 497, Frankfurt 1971. – *Szasz, T.:* Geisteskrankheit – ein moderner Mythos? Grundzüge einer Theorie des persönlichen Verhaltens. Kindler Taschenbuch 2153, München 1975. – [4] *Wulff, E.:* Psychiatrie und Klassengesellschaft. Fischer Athenäum Taschenbuch 4005, Frankfurt 1972. S. a. Kursbuch 28: Das Elend mit der Psyche, I Psychiatrie. Kursbuch-Verlag/Wagenbach, Berlin 1972. – [5] *Jervis, G.:* Kritisches Handbuch der Psychiatrie. Syndikat Frankfurt 1978. – [6] *Hippius, H. & Lauter, H.* (Hrsg.): Standorte der Psychiatrie, zum Selbstverständnis einer angefochtenen Wissenschaft. Urban & Schwarzenberg Taschenbuch, München 1976. – [8] z. B. *Bauer, M., Bosch, G., Freyberger, H. u. a.:* Psychiatrie, Psychosomatik-Psychotherapie. Thieme, Stuttgart 1976. – [8] *Stierlin, H.:* Von der Psychoanalyse zur Familientherapie. Klett, Stuttgart 1975. – [9] *Richter, H.-E.:* Patient Familie, Entstehung, Struktur und Therapie von Konflikten in Ehe und Familie. Rowohlt, Reinbek bei Hamburg 1970. – [10] *Bauriedl, T.:* Beziehungsanalyse. Das dialektisch-emanzipatorische Prinzip der Psychoanalyse und seine Konsequenzen für die psychoanalytische Familientherapie. Suhrkamp, Frankfurt 1980. – [11] *Selvini Palazzoli, M. et al.:* Paradoxon und Gegenparadoxon, ein neues Therapiemodell für die Familie mit schizophrener Störung. Klett, Stuttgart 1977. – [12] *Bindman, A. J. & Spiegel, A. D.:* Perspectives in Community Mental Health. Aldine Publ. Company, Chicago 1969. – *Caplan, G.:* An Approach to Community Mental Health. Social Science Paperbacks. Tavistock Publs., London 1969. – [13] Annals of Surgery, 117, 814–824, 1943. – [14] *Freud, S.:* Trauer und Melancholie (1916). In: Ges. Werke, Bd. X, 427–446. Imago, London 1946. – [15] *Erikson, E. H.:* Kindheit und Gesellschaft. Klett, Stuttgart 1961. – *Erikson, E. H.:* Wachstum und Krisen der gesunden Persönlichkeit. Wissenschaftliche Buchgesellschaft, Darmstadt 1966. – *Erikson, E. H.:* Jugend und Krise, die Psychodynamik im sozialen Wandel. Klett, Stuttgart 1970. – [16] Erste Hinweise auf den Begriff der Krise finden sich bei Viktor von Weizsäcker in dem schon 1933 in der Internationalen Zeitschrift für Psychoanalyse erschienenen Aufsatz über „Körpergeschehen und Neurose. Analytische Studie über somatische Symptombildungen" (1947 bei Klett in Stuttgart wiederaufgelegt), und zwar auf S. 133, wo V. v. Weizsäcker von „Affekt*krise*" spricht, über die eine „neue kategoriale Leistung" entstehe. – [17] Bul. New England Medical Center VIII. 6.

Weitere Bestätigungen hinsichtlich Lindemanns Verdienste für das Krisen-Konzept stammen von Murray Levine, Professor State Univ. of New York at Buffalo, und von Bernhard L. Bloom, Professor Univ. of Colorado at Boulder (persönliche Mitteilungen über Frau Elizabeth Lindemann, Wellesley, USA, 1984). – [18] Die Stelle findet sich in Kap. 2 des vorliegenden Buches S. 25. – [19] *Watzlawick, P., Beavin, J. H. & Jackson, D. D.:* Menschliche Kommunikation. Formen, Störungen, Paradoxien. Huber, Bern 1969. – [20] Im vorliegenden Buch: Kap. 15, S. 180. – [21] *Caplan, G., Ewalt, J. R., Gardner, G. E., Semrad, E. A., Sifneos, P. E. & Nemiah, J. C.:* Erich Lindemann, – A Founder in the American Mental Health Movement. Faculty of Medicine-Memorial Minute, Harvard Gazette, 28. 5. 1976, S. 11. – [22] Verbatim-Protokoll nach mit Tonband mitgeschnittenen Gruppensitzungen der von Erich Lindemann geleiteten Selbsterfahrungs-Gruppen; veröffentl. mit ausdrücklicher Zustimmung ihrer Mitglieder; nur leicht stilistisch verändert.

1. Kapitel

Psychopathologische Folgeerscheinungen nach Operationen bei weiblichen Patienten

Lindemann betrachtete die im folgenden mitgeteilten Beobachtungen als Einstieg in seine späteren Studien über Trauer, denn sie vermittelten ihm die Erkenntnis, daß „der Verlust eines Körperteils ein Ereignis sein kann, das zu einer Neurose oder Depressionen führt". Er wurde dabei auch auf die aggressive Seite der Trauerreaktion aufmerksam.

Auch in anderer Hinsicht ist der folgende Text ein Meilenstein auf Lindemanns wissenschaftlichem Weg, konnte er sich doch erstmals aus seiner früheren Abhängigkeit in der Beziehung zu seinem Chef Stanley Cobb befreien: „Ich sollte über die Auswirkungen von präoperativer Angst auf physiologische Reaktionen während der Anästhesie und Operation schreiben, doch dann habe ich über emotionale Reaktionen geschrieben. Später sollte ich einen zweiten Artikel über die physiologischen Reaktionen schreiben. Das habe ich nie getan."

(Elizabeth B. Lindemann)

Über die seelische Verfassung von Patienten nach Operationen wurden bereits eine Reihe von sorgfältigen Untersuchungen vorgelegt (*Abeles* 1938, *Amreich* 1937, *Aschner* 1929, *Cobb* und *Mc Dermott* 1938, *Ebaugh* 1939, *Ewalt* 1939, *Miller* 1939, *Preu* und *Guida* 1937, *Washburne* und *Carns* 1935, *Wengraf* 1935). Nur ein neuer Zugang rechtfertigt deshalb die erneute Beschäftigung mit diesem Thema. Zwar wissen wir einiges über die unmittelbar nach der Operation auftretenden schwereren seelischen Störungen, aber die leichteren, weniger ausgeprägten Verhaltensveränderungen nach operativen Eingriffen, die vielleicht sogar erst später hervortreten können, sind weniger gut erforscht. Die bisherigen post-hoc-Beobachtungen haben noch keine verläßlichen Informationen erbracht, auf die man eine psychiatrische Prognose* vor der Operation stützen könnte. Es schien mir deshalb angebracht, die Patienten schon vor der Operation zu untersuchen, und zwar Patienten ohne besondere psychische Probleme, eben die Patienten, die man normalerweise auf einer chirurgischen Station findet.

Seit einiger Zeit werden „traumatische Ereignisse" für eine ganze Reihe

* Siehe Fußnote S. 15.

psychischer Erkrankungen verantwortlich gemacht. Wie schädlich die traumatischen Erlebnisse sich jedoch wirklich auf den einzelnen auswirken, ist oft schwer zu sagen. Der chirurgische Eingriff ist ein klar definiertes Trauma, das aus der Anästhesie, mechanischen Verletzungen, gegebenenfalls der Entfernung bestimmter Organe und aus Veränderungen der physiologischen Abläufe im Körper, die durch die Verletzung ausgelöst werden, besteht. All dies scheint bei den meisten Patienten keine psychischen Folgen zu haben, jedoch beobachten wir bei einigen Patienten nach der Operation ein psychisches Zustandsbild, das uns vermuten läßt, daß die Operation für diese Patienten ein im psychologischen Sinne „traumatisches Ereignis" war.

Im Allgemeinkrankenhaus von Massachusetts werden Patienten vor einer größeren Operation immer dann psychiatrisch untersucht*, wenn ihr emotionaler Zustand Hinweise auf eine mögliche pathologische Reaktion erkennen läßt. *Cobb* (1938) beschrieb einige postoperative Psychosen, die er hier beobachtet hatte, und stellte fest: nicht Verwirrtheit oder Desorientierung – wie im akuten Delir – sind die Symptome, vielmehr ist das Erscheinungsbild durch weniger auffällige Veränderungen der Wahrnehmung und der Grundstimmung gekennzeichnet, ähnlich wie es in der sogenannten Symptomatischen Psychose bei Perniziöser Anämie oder nach Geburten der Fall ist.

Wahrscheinlich hängen diese Reaktionen mit dem veränderten Stoffwechsel und den gewaltigen Veränderungen der vegetativen Körperfunktionen während und nach der Operation zusammen; als Beispiele seien nur genannt: Vitaminmangel, toxische Einflüsse, Gewebezerstörung und vasomotorische Reaktionen (= funktionelle Blutgefäßveränderungen).

In der vorliegenden Untersuchung beschäftigen wir uns mit bestimmten Zustandsbildern, die sich infolge der körperlichen Veränderungen erst später entwickeln, wenn der Patient das Krankenhaus verlassen hat und in seine normalen emotionalen und sozialen Beziehungen zurückfinden muß.

Das Vorgehen

Anders als in früheren Untersuchungen von Patienten mit schwerwiegenden Störungen, die in psychiatrische Behandlung gekommen waren, bei denen die Ereignisse, die in den Operationszeitraum fielen, im nachhinein rekonstruiert wurden, versuchten wir, die Patienten schon vor der Operation kennenzulernen, um das Ausmaß ihrer Angst und die damit verbundene Erregung des vegetativen Nervensystems (der unwillkürlich arbeitende Teil des Nervensystems) festzustellen. Sechs Monate oder ein Jahr später wollten wir in einer Nachuntersuchung (Follow-up-Studie) den psychi-

* Siehe Fußnote S. 15.

schen Befund erneut erheben und gegebenenfalls den Verlauf der psychischen Beschwerden erfahren.

Wir erhofften uns von diesem Vorgehen Aufschluß darüber, (1) ob das Ausmaß der Angst vor der Operation irgendetwas mit dem postoperativen psychiatrischen Verlauf zu tun hat; (2) ob es in dieser Gruppe Patienten gibt, die normalerweise nicht in eine psychiatrische Ambulanz kommen, sondern versuchen, alleine oder mit Hilfe eines Hausarztes mit den Problemen fertigzuwerden, weil sie Angst haben, sonst in die Klinik eingeliefert zu werden; und (3) ob wir eine für diese Patientengruppe charakteristische Kombination von psychischen Symptomen feststellen würden, die Rückschlüsse auf andere postoperative Patienten erlaubt, wie wir sie in der psychiatrischen Ambulanz antreffen.

Es erschien uns sinnvoll, die Untersuchung zunächst auf eine relativ homogene Gruppe zu beschränken. Wir untersuchten deshalb eine Reihe von Frauen, die nicht jünger als 20 und nicht älter als 55 Jahre waren und denen entweder eine Bauch- oder eine Unterleibsoperation bevorstand, die zur Zeit der Operation keine psychischen Beschwerden hatten, und bei denen keine Erkrankung des zentralen oder des vegetativen Nervensystems festzustellen war. Wir schlossen ferner die Patientinnen von der Untersuchung aus, bei denen nach der Operation somatische Komplikationen auftraten, und beschränkten uns nur auf diejenigen, deren Rekonvaleszenz komplikationslos verlief, und die beschwerdefrei waren, soweit dies die Beschwerden betraf, die der Anlaß zu der Operation gewesen waren. Die Operation wurde in der auf der chirurgischen Abteilung des Krankenhauses üblichen Weise durchgeführt. Die Anästhesie war für alle Patientinnen gleich und wurde entsprechend den strengen Vorschriften der chirurgischen Abteilung überwacht. Die Aufzeichnungen über den Zustand des Gefäßsystems während der Operation standen uns zur Verfügung.

Die psychiatrische Untersuchung* dieser Patientinnen erfolgte in folgenden Schritten: Als erstes führten wir innerhalb der letzten 24 Stunden vor der Operation ein Interview durch, in dem wir nach der Vorgeschichte der bisherigen psychosozialen Anpassung und eventuellen psychischen Erkrankungen fragten. Außerdem wurden die Patientinnen noch einmal körperlich

---

* Wie aus den Ausführungen von Lindemann in diesem und allen anderen Kapiteln deutlich wird, ist die Stellung und Aufgabe des Psychiaters in den USA nicht identisch mit der des europäischen, besonders des deutschen Psychiaters. In Amerika sieht sich der Psychiater einem viel weiteren Patientenkreis gegenüber, der sich vorwiegend nicht aus psychotischen Erkrankungen zusammensetzt, sondern vor allem neurotische und psychosomatische sowie auch leichtere erlebnis- und sozialreaktive Störungen umfaßt. Dementsprechend muß er sich auch häufig mit Erkrankungen aus der Inneren Medizin und Neurologie befassen. Er ist psychodynamisch orientiert und deshalb in seinem Handeln psychotherapeutisch und sozialpsychiatrisch ausgerichtet; er verfügt außerdem notwendigerweise über entwicklungs- und sozialpsychologische Kenntnisse. Vgl. dazu ferner die Ausführungen zur Rolle des Psychiaters zu Beginn des 12. Kapitels.

untersucht. Bei der Erhebung des neurologischen, vegetativen und psychischen Befundes gingen wir auch speziell auf das Ausmaß der Angst ein sowie auf die mit der Operation verknüpften Erwartungen, sei es Hoffnung auf Besserung oder Furcht vor einem schlechten Ausgang. Diese präoperativen Untersuchungen machten wir in 51 Fällen. Für die Follow-up-Studie standen uns nur noch 40 Frauen zur Verfügung. Die anderen wurden wegen somatischer Komplikationen (3 Todesfälle) von der weiteren Untersuchung ausgeschlossen oder weil sie nicht mehr erreichbar waren. Eine Sozialarbeiterin besuchte die Patientinnen zu Hause und bat sie, zu einem psychiatrischen Interview ins Krankenhaus zu kommen, auch wenn sie keine psychischen Beschwerden hatten. In diesem Gespräch fragten wir nach ihrem Gesundheitszustand, ihren körperlichen Beschwerden und nach Veränderungen in ihren gefühlsmäßigen Beziehungen zu ihrer Umwelt und im Umgang mit dem Ehemann und anderen Familienmitgliedern. Besondere Aufmerksamkeit widmeten wir eventuellen Veränderungen in den sexuellen Beziehungen und der Frage, wie die Patientin selbst die Operation im nachhinein beurteilte. Auffälligkeiten im neurologischen und vegetativen Befund wurden ebenfalls festgehalten. Darüber hinaus wurde der psychische Befund erhoben, wobei besonders auf die Stimmungslage und eventuell auftretende Denkstörungen und Wahrnehmungsveränderungen geachtet wurde. Wir bemühten uns, die Untersuchung genauso wie vor der Operation durchzuführen. Beschwerden wurden so festgehalten, wie sie spontan berichtet wurden, und klärende Zwischenfragen erst dann gestellt, wenn Beschwerden schon geäußert worden waren. Wir vermieden es sorgfältig, durch die Art der Fragestellung bestimmte Beschwerden etwa zu suggerieren.

Beobachtungen

Von den 40 Frauen, die wir 10 bis 18 Monate nach der Operation nochmals interviewt und untersucht haben, hatten 25 keine neuen psychischen Beschwerden und keine Veränderungen in ihrem emotionalen Erleben, die Operation hatte bei ihnen keine besonderen Spuren hinterlassen. Neun von diesen 25 Frauen waren auch schon vor der Operation symptomfrei gewesen. Fünf wiesen dagegen neurotische Züge und Anzeichen emotionaler Labilität auf, und zwei von ihnen hatten vor der Operation große Angst gehabt. Bei zwei der Frauen, die sich nicht wesentlich verändert hatten, bestand allerdings eine schwere Neurose fort, mit allen Anzeichen einer hysterischen Persönlichkeit und der Tendenz zu somatischen Beschwerden ohne körperlichen Befund. Zwei Frauen hatten bereits zahlreiche Operationen hinter sich, bevor sie in diesem Krankenhaus operiert wurden, und verlangten bei der Nachuntersuchung erneut eine Operation.

Die 15 Patientinnen, die über Beschwerden klagten, hatten ein beschwerdefreies Intervall von mindestens drei Wochen, entwickelten dann aber mehr oder weniger starke Symptome, wie Schlaflosigkeit, Unruhe, Aufgewühltsein, Appetitverlust, Antriebsschwäche und Reizbarkeit. Im folgenden stellen wir zwei typische Fälle vor:

H. F., 51, kam am 2. 8. 1939 wegen einer schon in den letzten drei Monaten aufgetretenen ungewöhnlich starken Menstruationsblutung ins Krankenhaus. Sie war sonst in guter körperlicher Verfassung, hatte aber eine Wucherung am Gebärmutterhals. Um Bösartigkeit auszuschließen, sollte eine Gewebeprobe entnommen werden. Als wir die Patientin sahen, war sie zuversichtlich und beinahe fröhlich. Sie hielt die Operation fast für eine Nebensächlichkeit. Daß sie auch Krebs haben könnte, schien sie nicht besonders zu beunruhigen, obwohl ihre Mutter an Krebs gestorben war. Es gab keine Anzeichen einer emotionalen Verunsicherung und die Krankengeschichte erbrachte keinen Hinweis auf neurotische Symptome. Die Patientin hatte jedoch zweimal eine depressive Phase gehabt – zwei Monate lang im Alter von 21 Jahren, nach der Trennung von dem einzigen Mann, der ihr je etwas bedeutet hatte, und drei Monate lang im Spätherbst des Vorjahres, als sie sich beruflich überfordert fühlte. Sie war unverheiratet und hatte kein aktives Sexualleben. Sie bedauerte es in gewisser Weise, keine Kinder zu haben. Die Patientin verließ die Klinik drei Tage nach dem Eingriff beschwerdefrei und nachdem jeder Verdacht auf eine bösartige Erkrankung ausgeräumt war. In den darauffolgenden drei Monaten blieb sie beschwerdefrei, entwickelte dann aber plötzlich Symptome wie starke Unruhe, Schlaflosigkeit, Abneigung gegen Nahrungsmittel sowie die wahnhafte Überzeugung, daß sie ihre früheren Kollegen in der Agentur ruiniert habe, als sie wegen ihrer Depression dort ausschied. Sie entwickelte Selbstmordgedanken und mußte in die Klinik eingewiesen werden. Als sie sechs Monate später wieder von uns untersucht wurde, zeigte sie sich zeitlich und räumlich klar orientiert und kontaktfähig. Sie erkannte den Untersucher sofort und beschwor ihn, ja nicht das Krankenhaus zu verlassen, da sie sicher sei, daß er umgebracht werden würde. Sie erklärte, daß sie nicht essen könne, weil sie fürchtete, beim Kauen Menschen außerhalb des Krankenhauses zu verletzen. Sie war auffallend gedrückter Stimmung und unruhig und dachte weiterhin an Selbstmord; sie flehte den Untersucher an, ihr Gift zu geben, um ihren unheilvollen Einfluß aus der Welt zu schaffen.

In dem zweiten Fall sehen wir ein etwas weniger gestörtes Zustandsbild:

Die Patientin, R. D., 39, unterzog sich im Mai 1938 einer Hysterektomie (operative Entfernung der Gebärmutter). In der Nachuntersuchung im Mai 1939 berichtete sie, daß sie sich nach der Operation ungefähr vier Wochen lang wohlgefühlt habe. Dann begann sie, sich übermäßige Sorgen zu machen: „Wegen der geringsten Kleinigkeit mache ich mir endlose Sorgen. Ich bin ständig um die Kinder besorgt. Wenn irgendetwas mit ihnen schiefgeht, sehe ich sie schon tot und begraben.“ Manchmal fürchtete sie, verrückt zu werden. Angstträume quälten sie. Irgendjemand schien sie zu verfolgen, und sie versuchte, sich zu verstecken; Leute schienen verschlossene Türen aufzubrechen; ihr war, als hörte sie ein Baby schreien. Glas und Porzellan glitten ihr sehr leicht aus der Hand, weil „ich manchmal einen unwiderstehlichen Drang habe, etwas zu zerschmettern“. Trotz alledem konnte sie ihre Arbeit erledigen. Sie hatte sieben Kinder und machte den Haushalt ganz allein. Sie hielt es für das beste für sich, aktiv zu sein: „Ich fühle mich am wohlsten, wenn ich viel zu tun habe. Wenn ich nichts zu tun habe, werde ich schrecklich nervös.“ Dann schien sich ihr Zustand allmählich zu bessern, und sie hatte nicht mehr das Gefühl, noch irgendeinen Arzt zu benötigen. Beobachtungen vor der Operation: Unmittelbar vor der Operation war die Patientin ziemlich ängstlich. Sie wußte nicht genau, was mit ihr geschehen würde. Sie sagte, sie sei schon immer „ein nervöser Typ“ gewesen. Die Patientin berichtete von einer dreimonatigen Depression vor 12 Jahren, nach der Steißgeburt ihres zweiten Kindes, das mit einer Mißbildung zur Welt kam.

Im folgenden geben wir einen Überblick über die Daten, die für dieses Zustandsbild charakteristisch sind:

Präoperative Befunde: Während der Untersuchung vor der Operation konnte bei keiner der Patientinnen eine konkrete psychische Erkrankung diagnostiziert werden. Bei 15 Patientinnen waren früher Anzeichen einer emotionalen Labilität aufgetreten (Schwindel- und Ohnmachtsanfälle, Angstanfälle, gesteigerte Reizbarkeit, kein Blut sehen können). Sechs Patientinnen hatten mit Sicherheit schon einmal Depressionen gehabt; 13 Frauen waren schon vorher operiert worden, davon zwei öfter (viermal und mehr). Bei den Bauchoperationen handelte es sich um Gallenblasenoperationen, die Unterleibsoperationen erstreckten sich von einfachen Ausschabungen über plastische Operationen bis zu Totaloperationen.

Die Einstellung der Patientinnen zur Operation variierte von Zuversicht und Vertrauen bis zu ausgesprochener Angst. Zwölf Patientinnen hatten manifest Angst, andere bemühten sich ganz offensichtlich, ihre Furcht zu verbergen, und einige gerieten unter starken Spannungsdruck in ihren Beziehungen zu anderen.

Postoperative Befunde: Bei 25 Patientinnen konnten wir keinerlei Veränderungen feststellen. Zwei Patientinnen berichteten ein merkliches Nachlassen früherer psychischer Symptome. Beide hatten eine Senkung gehabt, so daß eine Beckenbodenplastik erforderlich war. Eine der Frauen war über das jetzt bessere Sexualleben sehr erfreut. Die andere hatte offen die Befürchtung geäußert, daß die Operation sie in dieser Hinsicht beeinträchtigen könnte, und war sehr erleichtert, als dies nicht eintraf. (Diese Frau glaubte, daß man bei ihr nur einen kleinen Eingriff vorgenommen hätte, während sie in Wirklichkeit eine Totaloperation hatte.)

Bei 13 Patientinnen traten schwere Störungen in den Beziehungen zu ihren

Angehörigen auf. Charakteristisch waren eine mäßig ausgeprägte aufgewühlte Stimmung, Unruhe, Schlaflosigkeit und bedrückende Gedanken. Zehn Patientinnen aus der depressiv gestimmten Gruppe hatten Zwangsgedanken mit gewalttätigem Inhalt: „Ich habe Angst, jemanden zu verletzen. Ich habe solche Angst, daß ich meinem kleinen Sohn etwas antun könnte." Drei Frauen hatten Mühe, sich mit gewalttätigen Ausbrüchen gegen ihren Ehemann oder die Kinder zurückzuhalten. Sie waren reizbar und nicht in der Lage, ihre Wutausbrüche zu kontrollieren. Drei Patientinnen entwickelten eine übermäßige Sorge um das Wohlergehen und die Sicherheit von Mann und Kindern und waren von der Vorstellung verfolgt, diesen könne etwas Schreckliches zustoßen. Zwei andere Patientinnen quälten sich mit Selbstbezichtigungen und erwarteten ständig ihren eigenen Ruin und Tod. Bei einer Patientin kam es zu einer schweren Desintegration des Verhaltens; sie verweigerte jegliche Nahrung, hatte die Wahnvorstellung, daß andere Menschen durch ihre Schuld starben, und war schließlich so schwer selbstmordgefährdet, daß sie in die Psychiatrie eingewiesen werden mußte. Fast alle depressiven Patientinnen neigten zu sich wiederholenden Träumen voll von Grauen, Tod und Zerstörung. Bei drei dieser Frauen konnten wir beobachten, daß ihre Sorge nicht dem operierten Teil des Körpers galt, sondern außergewöhnlichen Empfindungen im Mund, an der Zunge und den Zähnen. Taubheit der Zähne, das Gefühl, die Zunge sei zu dick, das Bedürfnis, etwas mit den Zähnen zu zermalmen, der Zwang, die Zähne im Spiegel zu betrachten, Angst, daß Blut aus dem Mund kommen könne, und Träume von Blut, das aus dem Mund spritzt, waren Symptome, die erwähnt wurden.

Die Symptome hielten unterschiedlich lange an. Sie setzten drei bis vier Wochen nach der Operation ein. In zwei Fällen hielt das Symptom noch an, als wir die Nachuntersuchung vornahmen (16 bzw. 18 Monate nach der Operation). Bei den anderen klangen sie innerhalb von sechs bis acht Monaten ab.

Wir achteten sorgfältig darauf, ob die Operation schon vorher bestehende Symptome eventuell nur verschlimmert hatte (z.B. Klimakteriums-Beschwerden). Dies war bei einer Patientin der Fall. In einem anderen Fall bestand schon vorher eine Depression, die durch eine auf den Tod ihres Bruders folgende Trauerreaktion verstärkt worden war.

Vergleich der Beobachtungen vor der Operation mit den postoperativen Ergebnissen: Vier der depressiven Reaktionen traten bei Patientinnen auf, die schon früher depressive Phasen gehabt hatten. Bei Unterleibsoperationen traten sie doppelt so häufig auf wie bei Bauchoperationen. Wir fanden aber keinen Zusammenhang mit dem Alter, der Angst vor der Operation oder gespannten zwischenmenschlichen Beziehungen. Eine sehr schwere Depression mit Suizidgedanken entwickelte sich bei einer Patientin in Reaktion auf eine einfache Ausschabung. Mit Hilfe der vor der Operation erhobenen Daten, konnten wir nachprüfen, wie hoch wir zum damaligen Zeitpunkt die

Wahrscheinlichkeit einer pathologischen Reaktion nach der Operation bei dieser Patientin eingeschätzt hatten. Unsere Voraussagen, die darauf basierten, ob die Patientin vor der Operation Angst gehabt hatte, ob kürzlich emotionale Belastungen aufgetreten waren, Depressionen vorausgegangen oder Anzeichen von emotionaler Labilität zu verzeichnen waren, trafen nur bei acht der 13 Patientinnen mit dem oben beschriebenen depressiven Syndrom zu.

Diskussion

Unsere Untersuchung konnte zeigen, daß 13 von 40 Patientinnen, die vor der Operation keine psychischen Symptome aufwiesen, nach der Operation eine charakteristische psychopathologische Reaktion entwickelten, die einer agitierten Depression ähnelt. Diese Symptomatik zeigte sich bei Unterleibsoperationen weitaus häufiger als bei Bauchoperationen.

Wir hatten uns wertvolle Hinweise auf mögliche postoperative psychische Komplikationen von der neuropsychiatrischen Untersuchung mit besonderer Berücksichtigung des Zustandes des vegetativen Nervensystems, der emotionalen Ausgeglichenheit vor der Operation und des für die jeweilige Patientin typischen Umgangs mit Stress-Situationen erwartet. Man könnte annehmen, daß jemand, der im Leben offensichtlich gut zurechtkommt und vor der Operation keine Angst hat, auch nach der Operation praktisch kaum mit schweren seelischen Problemen konfrontiert sein wird. Umgekehrt könnte man von einem Menschen, der vor der Operation sehr ängstlich ist, und dessen Lebenssituation schwierig ist, eher annehmen, daß er nach der Operation mit erheblichen Problemen zu kämpfen hat. Wer die Operation mit dem Gefühl der versprochenen Erleichterung antizipiert, zeigt vielleicht keine pathologischen Reaktionen danach, während Menschen, die aufgrund bestimmter Informationen und Erwartungen befürchten, daß die Operation eine Verstümmelung und den Verlust von Quellen der Lust bedeuten wird, eher dazu neigen, nach der Operation mehr oder minder schwere Störungen in Form von Reizbarkeit, Ruhelosigkeit und quälenden Rachephantasien zu entwickeln, die auf ihre Frustration zurückgehen.

In unserer Untersuchungsgruppe wiesen 13 Patientinnen, die von uns erwartete Symptomatik mit Reizbarkeit, Unruhe und Zwangsphantasien mit gewalttätigem Inhalt auf. Andererseits konnten wir in fünf Fällen diese postoperativen Störungen nicht mit unseren Kriterien voraussagen. Umgekehrt hatten wir bei acht der 25 Patientinnen, die keine psychischen Symptome nach der Operation entwickelten, mit Störungen gerechnet. Der sicherste Indikator für eine nach der Operation auftretende depressive Symptomatik ist nach den Ergebnissen unserer Untersuchung eine bereits früher durchgemachte Depression bei Frauen, die sich einer Unterleibsoperation unterziehen müssen.

Das hier beschriebene Syndrom ist so charakteristisch, daß es lohnenswert erschien, auch in der psychiatrischen Ambulanz darauf zu achten und die Patienten diesbezüglich genauer zu befragen. Nachdem wir für dieses Syndrom einen Blick entwickelt hatten, stellten wir zu unserer Überraschung fest, daß wir innerhalb eines halben Jahres unter 410 Patienten 23 fanden, die dasselbe Zustandsbild boten und die in den letzten zwei Jahren eine Unterleibsoperation gehabt hatten; die Störungen waren in einem eindeutigen Zusammenhang mit der Operation aufgetreten. Zum Teil waren die Symptome auf einen kurzen Zeitraum begrenzt, andere Frauen hatten aber längere Zeit damit zu kämpfen; die Patientinnen schienen „festgefahren" und waren nicht mehr in der Lage, sich selbst zu helfen. Da der Zustand einer agitierten Depression ähnelte und die Patientinnen größtenteils Ende dreißig oder Anfang vierzig waren, sah die Prognose auf den ersten Blick eher ungünstig aus. Wir wagten den Versuch, den Patientinnen in der psychiatrischen Ambulanz zu erklären, daß ihr jetziger Zustand als direkte Folge einer heftigen Reaktion des Organismus auf eine Operation zu verstehen ist, durch die sie sich verstümmelt fühlten. Dadurch sei eine Wutreaktion ausgelöst worden, die jetzt ein Ventil suche. Man könne somit diese Störungen durchaus als einen ungeschickten Versuch ansehen, diese primitiven Bedürfnisse abzureagieren. Diese Erklärung hatte bei zehn Frauen Erfolg; sie waren nun wesentlich besser in der Lage, sich nach dem Eingriff wieder angemessen auf ihre Umgebung einzustellen.

Die Tendenz mancher Frauen, weitere Operationen zu verlangen, die wir in zwei Fällen von neurotischen Störungen fanden, ist u.a. in zwei Studien über verschiedene Formen der Hysterie bereits beschrieben worden (*Greenacre* 1929, *Lindemann* 1938). Bei diesen Patientinnen ist Psychotherapie meist wirkungslos.

H. Deutsch (1942), die mit der Technik der freien Assoziation viele Informationen von operierten Patienten sammeln konnte, hat die verschiedenen Formen von postoperativer Depression dargestellt. Die Symptome, die berichtet wurden, waren Schlaflosigkeit, Depression und eine Neigung zu Albträumen, außerdem außergewöhnliche Sensationen in der Mund- und Nasenregion, ähnlich wie dies bei den von uns untersuchten Patientinnen der Fall war. *H. Deutsch* betont, daß manifeste Angst vor der Operation nicht unbedingt ein Hinweis auf Anfälligkeit für postoperative psychische Störungen ist.

Unsere eigene Untersuchung hat gezeigt, daß man eine Patientin längere Zeit betreut haben muß, um verstehen zu können, was eine solche Operation für ihr emotionales Gleichgewicht bedeutet. Nur selten wird es möglich sein, das komplizierte Zusammenspiel von Motivationen und Ängsten vollständig zu erhellen, das eine einleuchtende Erklärung für die abnorme Reaktion nach der Operation liefern kann. Um typische Reaktionsmuster rechtzeitig erkennen und behandeln zu können, sind weitere Untersuchungen mit mehr

Patienten notwendig. Erst dann können wir mit größerer Sicherheit erwarten, daß durch psychiatrische Gespräche vor der Operation nachfolgende pathologische Reaktionen vermieden werden können. Zum gegenwärtigen Zeitpunkt müssen wir uns jedoch damit begnügen, festzustellen, daß die Hypothese, das Ausmaß von manifester Angst vor der Operation könne ein Indikator für postoperative psychische Störungen sein, nicht bestätigt werden konnte.

Unsere Untersuchung hat ergeben, daß sich in ungefähr 40% der Fälle nach einer Unterleibsoperation eine Symptomatik entwickeln kann, die bestimmte Ähnlichkeiten mit der agitierten Depression hat; diese Symptomatik setzt etwa einen Monat nach der Operation ein und dauert länger als sechs Monate. Die Symptome mögen manchmal nicht sehr ausgeprägt sein, können aber in einigen Fällen auch bis zum völligen Verlust der Fähigkeit zur Wiederanpassung an die normalen Lebensumstände führen und sogar eine Einweisung in die Klinik notwendig machen. In den meisten Fällen wird man die Operation trotzdem durchführen müssen, und die psychiatrischen Vorgespräche können dann dazu dienen, die Gefährdung des Patienten im Hinblick auf psychische Störungen abzuklären. Auch wenn wir die psychischen Schwierigkeiten nicht verhindern können, können wir doch die Familie im voraus informieren und psychotherapeutische Hilfe leisten, wenn es zu einer Reaktion kommt.

Literatur

Abeles, M. (1938). Postoperative psychoses. American Journal of Psychiatry 94: 1187–1203. – *Amreich, I.* (1937). Geistesstörungen nach Operationen. Wiener Klinische Wochenschrift 50: 674–679. – *Aschner, B.* (1929). Über das spätere Befinden von Frauen nach Röntgenkastration. Zentr.blatt Gynäkologie 53: 910–931. – *Cobb, S.*, and *McDermott, N. T.* (1938). Postoperative psychosis. Medical Clinics of North America 22: 569–576. – *Deutsch, H.* (1942). Some psychoanalytic observations in surgery. Psychosomatic Medicine 4: p. 105. – *Ebaugh, F. G.* (1939). The psychiatrist in relation to surgery. Surgery, Gynecology and Obstetrics 68: 372–376. – *Ewalt, J. R.* (1939). Psychiatric preparation of the surgical patient. Modern Hospital 53: 62–63. – *Greenacre, P.* (1929). Surgical addiction. Psychosomatic Medicine 1: 325–328. – *Lindemann, Erich* (1938). Hysteria as a problem in a general hospital. Medical Clinics of North America. 22: 591–605. – *Miller, H. H.* (1939). Acute psychoses following surgical procedures. British Medical Journal 1: 558–559. – *Preu, P. W.*, and *Guida, F. P.* (1937). Psychoses complicating recovery from extraction of cataract. Archives of Neurology and Psychiatry, October, 1937, 38: 818–832. – *Washburne, A. C.*, and *Carns, M. L.* (1935). Postoperative psychosis: suggestions for prevention and treatment. Journal of Nervous and Mental Diseases 82: 508–513. – *Wengraf, F.* (1935). Zur Frage der sogenannten postoperativen Neurose. Wiener medizinische Wochenschrift vom 29. Februar 1935 (S. 242), 14. März 1936 (S. 298), 21. März 1936 (S. 323), 28. März 1936 (S. 356).

2. Kapitel

Colitis ulcerosa und Veränderungen der Lebenssituation

Den ersten Hinweis darauf, daß die körperliche Erkrankung eines Menschen mit dem Verlust einer engen Beziehungsperson in Zusammenhang stehen kann, entdeckte Lindemann bei seiner intensiven Arbeit mit Colitis-ulcerosa-Patienten, die er zusammen mit dem Internisten Chester Jones und dem Chirurgen Francis Moore durchführte. Viele nehmen an, daß es das Feuer im Coconut-Grove-Nachtclub vom November 1942 gewesen sei – als Lindemann mit den Angehörigen der Opfer in Berührung kam –, das sein Interesse an Trauerreaktionen geweckt hätte, doch das stimmt nicht. Vielmehr war die Entdeckung der Rolle, die Verlusterlebnisse beim Ausbruch der Colitis ulcerosa spielen, der entscheidende Anlaß für ihn, sich intensiver mit Trauerreaktionen auseinanderzusetzen. Im Februar 1942, neun Monate vor dem Feuer im Coconut-Grove, gab er vor der Massachusetts Psychiatric Society folgendes Statement ab: „Die psychotherapeutische Behandlung bei Colitis-ulcerosa-Patienten hat das Ziel, dem Patienten dabei zu helfen, sich in einer durch den Verlust eines Liebesobjekts veränderten Umwelt wieder zurechtzufinden und neue Bindungen eingehen zu können. Da diese Patienten im allgemeinen spezifische Kommunikationsschwierigkeiten haben, verläuft dieser Prozeß notgedrungen langsam und der Therapeut muß sich immer der Gefahr bewußt sein, daß ein unvorsichtiges Vorgehen die Depression eher noch verstärken kann."

Das folgende Kapitel dokumentiert nicht nur die Auswirkungen, die emotionale Störungen auf einen erkrankten Verdauungstrakt haben können, sondern beschreibt auch die komplizierten Strategien, die notwendig sind, um das empfindlich getroffene Beziehungssystem des Patienten wiederherzustellen. Die in diesem Kapitel referierten zehn Krankengeschichten illustrieren den Aufwand an therapeutischem Personal, zu dem Krankenschwestern, Beschäftigungstherapeuten und Sozialarbeiter gehören, ebenso wie der Psychiater mit einer nichtexplorativen, rollenübernehmenden Haltung.

(Elizabeth B. Lindemann)

Bei psychosomatischen Erkrankungen steht oft das unmittelbare Zusammenspiel von Gefühlszuständen und beobachtbaren Veränderungen der Funktionen bestimmter Organe im Vordergrund des Untersuchungsinteresses. Man kann aber auch das gesamte Erscheinungsbild der Erkrankung zu erfassen versuchen, wobei die Funktionsstörung eines speziellen Organs nur einen Teil aller beobachtbaren Veränderungen in der Lebenssituation und im Verhalten des Patienten darstellt. Wir haben 87 Patienten aus der gastroentorologischen Abteilung des Massachusetts General Hospital untersucht. Die physiologischen Befunde, die wir herangezogen haben, stammten aus der klinischen Untersuchung: Gesamtzustand des gastro-intestinalen Systems einschließlich Appetit, Nahrungsaufnahme, Nahrungsverwertung, Stuhlgang, Gewichtsveränderungen und Entzündungsprozeß, abzulesen an den Temperaturschwankungen. Die psychosozialen Beobachtungen erfaßten zwei Bereiche: offensichtliche Veränderungen im System der für den Patienten emotional bedeutsamen zwischenmenschlichen Beziehungen und Veränderungen im psychischen Zustandsbild des Patienten, die aufgrund einer psychiatrischen Untersuchung* diagnostiziert wurden.

Im wesentlichen bestätigen unsere Beobachtungen meine frühere Darstellung (1945) und die von *Murray* (1930), *Daniels* (1942) und *Groen* (1947), daß *der Verlust von Sicherheit, speziell der Verlust eines emotional bedeutsamen Menschen, häufig die Krise in den zwischenmenschlichen Beziehungen darstellt, die der Erkrankung vorausgeht.* Tabelle 1 zeigt, die Inzidenz eines solchen Verlustes bei den 87 Patienten unserer Untersuchungsgruppe. In dieser Tabelle ist auch berücksichtigt, daß nicht nur der Tod zum Abbruch einer Beziehung führt; menschliche Beziehungen zerbrechen auch dadurch, daß jemand zurückgestoßen oder verlassen oder von dem betreffenden Partner enttäuscht wird. Was allen diesen Situationen gemeinsam ist, ist die Tatsache, daß sich die Interaktionsrate plötzlich verringert: im Falle des Todes auf Null fällt und im Fall der Zurückweisung oder Enttäuschung auf ein sehr geringes Maß reduziert wird mit einer zudem veränderten Qualität. In einer anderen Arbeit (siehe 3. Kapitel) habe ich die vielfältigen organischen Störungen und psychischen Veränderungen beschrieben, die in Reaktion auf einen Verlust eintreten – auch wenn es eine „normale" Reaktion sein kann, das heißt, daß sie zeitlich begrenzt ist und zu einer angemessenen Wiederanpassung an die veränderte Lebenssituation führt.

Tabelle 1: Colitis ulcerosa. Psychogene Faktoren bei 87 Patienten

Verlust	
durch Tod	56
durch Zurückweisung	9
durch Enttäuschung	10
insgesamt	75
Verlust des kulturellen Milieus	2
drohende Psychose	6
Hämorrhoidektomie	4
insgesamt	12

* Siehe Fußnote im 1. Kapitel.

Die folgende Falldarstellung ist ein Beispiel für unsere Beobachtungen:

Fall 1

Die neunzehnjährige L. C. wurde im Oktober 1946 auf der inneren Abteilung des Massachusetts General Hospital aufgenommen. Sie war Krankenschwester und hatte ihren Vater im Endstadium seiner Krankheit gepflegt. Drei Tage nach seinem Tod war sie wieder zur Arbeit gegangen. 24 Stunden später erkrankte sie an einer fulminanten Kolonentzündung mit schwerer Diarrhöe, Anorexie, rascher Gewichtsabnahme, häufigem Erbrechen und schweren Verdauungsstörungen, die mit medizinischen Maßnahmen wie intravenöser Ernährung, Antibiotikagaben und Sedativa nicht aufgefangen werden konnte. Als am 22. Tag eine Perforation drohte, wurde eine Ileostomie durchgeführt. Der Patientin ging es aber nicht besser, und sie verstarb am darauffolgenden Tag. Die Autopsie zeigte strukturelle Veränderungen wie sie bei schwerer Colitis ulcerosa typisch sind, erbrachte aber keinen Hinweis auf physiologische Faktoren, die zur Erkrankung geführt haben könnten. Körperlich war die Patientin außergewöhnlich gesund gewesen; während ihrer Schwesternausbildung war sie nie krank gewesen.

Der während des Klinikaufenthalts erhobene psychische Befund zeigte starke Störungen im Verhaltensbereich und im subjektiven Erleben der Patientin. Es gab keinerlei Anzeichen einer normalen Trauer über den Verlust des Vaters. Die Erinnerungen an ihn waren mit Amnesie belegt und kehrten nur in Träumen zurück, in denen er immer noch zu leben schien. Überhaupt fiel bei der Patientin eine deutliche Leere bezüglich Erinnerungen, Erwartungen, Zukunftsplänen oder Aktivitäten auf. Ein Gefühl der Unwirklichkeit wies auf eine Depersonalisation hin, ebenso wie das Gefühl, die Identität verloren zu haben, und manchmal das Gefühl, jemand anderes zu sein, mit Zügen ihres Vaters neben ihren eigenen.

Es war auffällig, wie klar und unbeteiligt die Patientin über die Zeit unmittelbar nach dem Tod des Vaters berichtete, zumal sie gewußt hatte, daß ihr Vater sterben würde, was sie aber vor ihm geheimhalten mußte. Über den Ablauf der Ereignisse gab die Patientin folgenden Bericht:

(1) Die Mutter hatte ihr als Krankenschwester alle Erledigungen und Entscheidungen, die das Begräbnis betrafen, delegiert. (2) Ihren großen Schmerz, den sie zunächst nicht verborgen hatte, mußte sie jäh abwehren, als jemand sie in bester Absicht warnte, daß sie ihre Mutter damit verletzen und aufregen könnte. (3) Nachdem die Beerdigung vorüber war, und sie ihre Aufgaben erfüllt hatte, erlebte sie etwas, was sie so beschrieb: „Ich erstarrte zu Eis wie ein Zombie." Sie selbst verstand das so, daß sie jetzt wie ihr Vater wurde, und dabei blieb es während des gesamten Beobachtungszeitraums. Es

gelang nicht, ihren psychischen Zustand dahingehend zu beeinflussen, daß sie normal trauern konnte. Sie blieb apathisch und unbeteiligt, obwohl ihr das Problem intellektuell voll bewußt war, und sie auch mit dem Psychiater kooperieren wollte.

Die Skizze in Abbildung 1 zeigt, wie die Krise aussah, in die die Patientin geriet. An die Stelle eines Beziehungsfeldes, in dem sich Vater, Mutter und zwei Schwestern befanden, trat plötzlich ein anderes, in dem es nur noch drei Personen gab. Während unsere Patientin sehr heftig reagierte, trauerten die beiden anderen Frauen in der üblichen Weise, indem sie weinten, jammerten und sich viel und intensiv mit dem Bild des Verstorbenen beschäftigten. Die Beziehung der Patientin zur Mutter war – wie der Psychiater beobachten konnte und wie auch die Gespräche mit der Patientin ergaben – durch starke Feindseligkeit und häufige Spannungen geprägt. Die Mutter war mit dem Hilfsangebot des Psychiaters nicht einverstanden, weil sie fürchtete, dadurch könne die Patientin „nervös" gemacht werden.

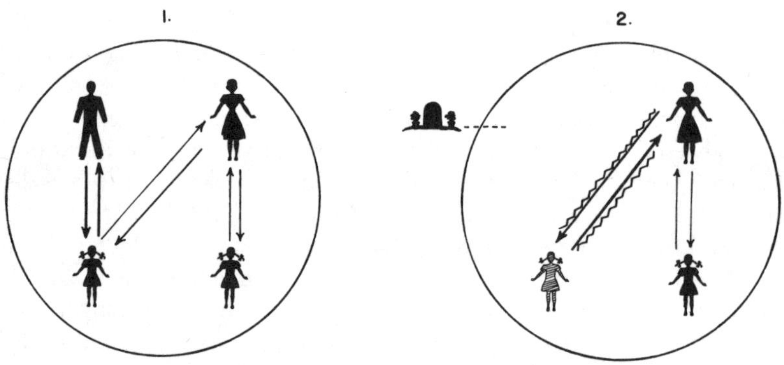

Abbildung 1

Bei den allermeisten Patienten konnten wir allerdings die pathologische Trauerreaktion mit Hilfe einer psychiatrischen Behandlungsmethode beeinflussen, die ich *„psychologische Substitutionstherapie"* genannt habe. Diese Vorgehensweise beinhaltet (1) die Eingrenzung des vom Patienten erlittenen Verlustes, (2) die Einschätzung der besonderen Funktionen, die der verlorene Partner im Beziehungsfeld des Patienten hatte, und (3) die vorübergehende ersatzweise Übernahme dieser speziellen Funktionen durch den Psychiater oder ein anderes Mitglied des Stationsteams.

Die folgende Falldarstellung illustriert dieses Vorgehen.

Fall 2

Der 18jährige P. J. kam im Juni 1944 auf die internistische Station des Massachusetts General Hospital. Sechs Wochen zuvor war sein zwei Jahre älterer Bruder zum Militär eingezogen worden. Der Patient hatte eine mittelschwere Colitis ulcerosa mit Fieber, Verdauungsstörungen, Anorexie, Diarrhöe und progredientem Gewichtsverlust. Die künstliche Ernährung schlug bei ihm kaum an. Er wirkte apathisch, nichts konnte ihn interessieren. Das Stationspersonal beklagte sich über seine weinerliche, fordernde und unselbständige Art. Schließlich zog man den Psychiater hinzu, um den Patienten dazu zu bewegen, mehr zu essen.

In den psychiatrischen Gesprächen erlebten wir einen jungen Mann, der sich auf nichts freuen konnte, weder Pläne noch Hoffnungen hatte, sich apathisch und leer fühlte, ohne erklären zu können warum, und der ständig eine vage Ahnung von drohendem Unheil hatte. In objektiver, distanzierter Weise berichtete er von dem Weggang seines Bruders zur Armee. In den folgenden Gesprächen beschrieb er – ohne sich eines schmerzlichen Verlustes überhaupt bewußt zu sein –, wie er seinem Bruder nachgelaufen war, daß sein Bruder der Initiator aller gemeinsamen Aktivitäten gewesen war, und daß er selbst keine eigenen Freunde hatte, sondern am Freundeskreis seines Bruders teilgehabt hatte; wie er sagte: „Ich teilte sogar seine Freundin mit ihm." Eine genauere Analyse seiner Beziehungen zu anderen Menschen ergab, daß er zu diesem Zeitpunkt niemanden als engen Freund bezeichnen konnte, dem er auch Persönliches anvertrauen würde, und daß die vielen jungen Leute, mit denen er bis zur Abreise seines Bruders immer zusammengewesen war, ihm jetzt wie Fremde erschienen.

Abbildung 2 zeigt das vom Patienten beschriebene soziale Umfeld. In der linken Abbildung steht der Patient im Mittelpunkt von drei konzentrischen Quadraten. Das innere Quadrat steht für besonders enge Beziehungen von großer emotionaler Bedeutung, das mittlere für Beziehungen zu Menschen, mit denen man etwas gemeinsam unternehmen kann, und das äußere steht für flüchtige Bekanntschaften. Die Abreise des Bruders hatte offensichtlich bewirkt, daß stattdessen die in der rechten Abbildung dargestellte Konstellation geschaffen wurde. Durch die Abwesenheit des Bruders erlitt der Patient in mehrfacher Hinsicht einen Verlust: Er hatte jetzt keinerlei Anregungen mehr und war völlig sich selbst überlassen. Damit wurde seine Unfähigkeit, Beziehungen anzuknüpfen, offenkundig. Der Bruder hatte als das Zugangstor zu anderen Menschen gedient, und er war der Initiator gemeinsamer Unternehmungen gewesen.

Die nach Analyse der Lebenssituation eingeleitete *Substitutionstherapie* bestand darin, dem Patienten als eine symbolische Erfahrung Gelegenheit zu gemeinsamen Aktivitäten, die er mit dem Therapeuten teilte, zu geben. Zum Beispiel wurde der Patient ermuntert, bestimmte Bücher zu lesen, die der

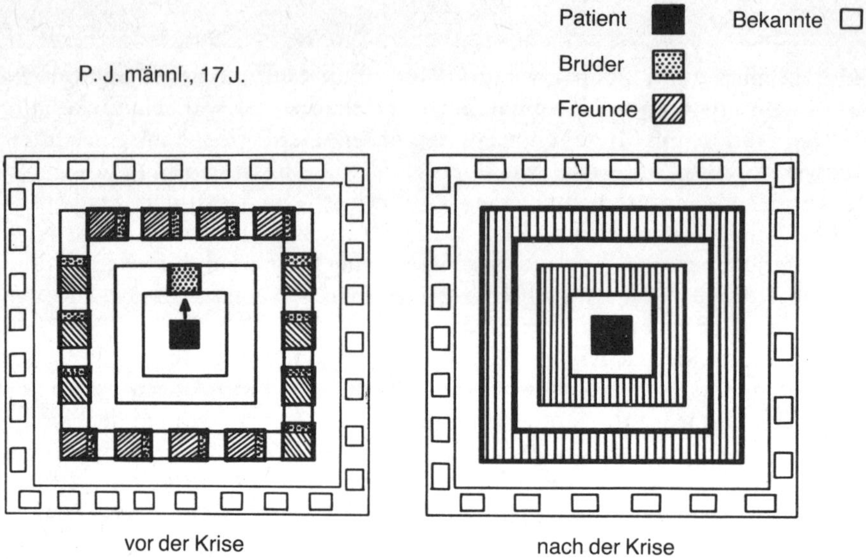

Abbildung 2

Therapeut auch gelesen hatte, so daß sie gemeinsam darüber sprechen konnten; oder dem Patienten wurde vorgeschlagen, bestimmte Fertigkeiten zu trainieren wie Maschinenschreiben, worüber beide ebenfalls Erfahrungen austauschen konnten. Ein zweiter Strang bestand in dem systematischen Ritual, den Patienten einigen Mitpatienen auf der Station vorzustellen, die der Therapeut schon kannte, so daß er ebenfalls zum Vermittler von Beziehungen zu anderen Menschen wurde, die den Patienten an ihren Aktivitäten teilnehmen ließen. Dieser akzeptierte sehr schnell die Rollenübertragung vom Bruder auf den Therapeuten. Sein körperlicher Zustand besserte sich, und gleichzeitig änderte sich auch sein psychisches Befinden; er konnte aktiv Pläne im Hinblick auf einen zukünftigen Beruf schmieden, der vermutlich auch den Therapeuten interessieren würde und entwickelte ein rasch wachsendes Interesse an den Aktivitäten auf der Station.

Abbildung 3 zeigt eine vereinfachte Darstellung des Krankheitsverlaufs während der stationären Behandlung: Nach mehreren Gesprächen mit dem Psychiater sinkt die Temperatur auf normale Werte, und der Patient nimmt infolge seines gesteigerten Appetits wieder zu.

Vier Monate später kehrte der Bruder vom Militärdienst zurück, und das Gleichgewicht, das vor der Krise in der Lebenssituation des Patienten bestanden hatte, wurde wieder hergestellt. Der Bruder duldete die gewisse Abhängigkeit des Patienten von ihm, und die Kolon-Erkrankung ist seitdem nicht wieder aufgetreten. Allerdings muß P. J. weiterhin als anfällig gelten, denn es ist nicht ausgeschlossen, daß im Falle einer neuen Trennung weitere somatische Symptome auftreten.

Wir halten die hier angewandte Form der Substitutionstherapie, in der *ein verlorengegangenes Beziehungsgleichgewicht wieder hergestellt werden* soll, für ein geeignetes Instrument psychiatrischer Intervention im akuten Notfall. Wann immer es möglich ist, sollte aber im Anschluß daran versucht werden, die *Psychodynamik des Patienten* so zu verändern, daß er bei einem erneuten Verlust weniger verletzlich ist.

Es ist relativ einfach, die Lebenssituation eines Menschen wie sie in seinen Interaktionsmustern mit für ihn emotional wichtigen Beziehungspersonen zum Ausdruck kommt, aktiv zu beeinflussen, wenn es sich bei den Rollen, die die verschiedenen Personen in diesem sozialen System wechselseitig

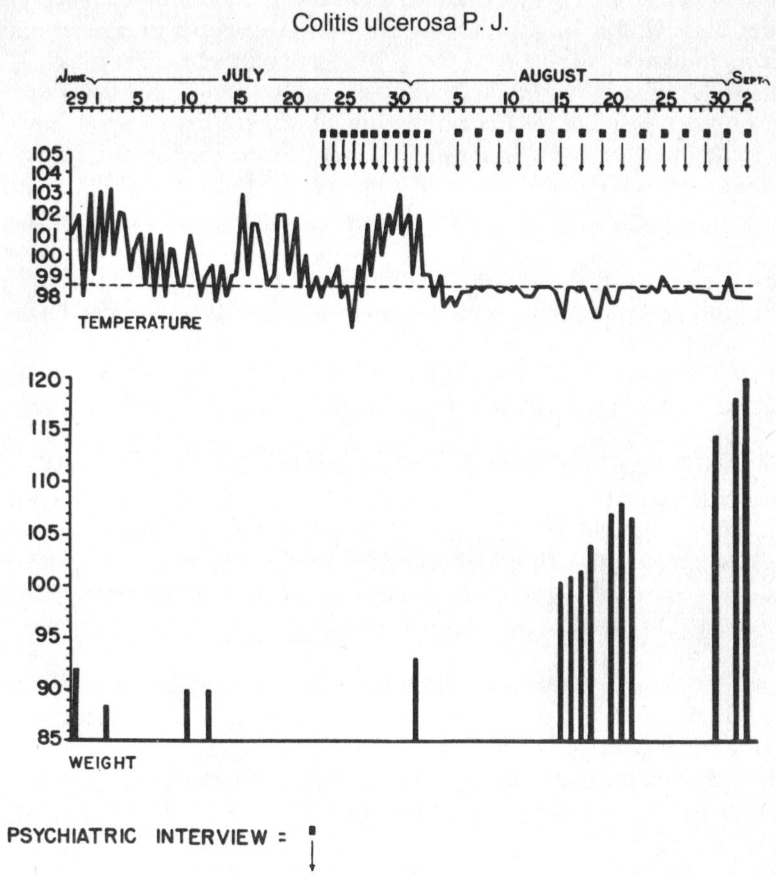

Abbildung 3

füreinander spielen, um sozial akzeptable Interaktionsmuster handelt. Es können jedoch Schwierigkeiten auftreten, wenn die Rollenerwartungen des Patienten gegenüber einem kürzlich verlorenen Partner, oder solche, auf die er ein Anrecht zu haben glaubt, dergestalt sind, daß eine Übernahme der Rolle schlechterdings ausgeschlossen ist. Eine solche Situation schildern wir in dem folgenden Beispiel.

Fall 3

F. A., ein sechzehnjähriger Junge, wurde im April 1944 mit einer mittelschweren Colitis ulcerosa ins Massachusetts General Hospital eingewiesen. Er war zwei Jahre zuvor erkrankt, nachdem sein um zwei Jahre älterer Bruder zum Militär eingezogen worden war. Der Patient reagierte auf den Verlust, indem er sich von anderen Jungen vollkommen zurückzog und jegliches Interesse an seinen früheren Aktivitäten verlor. Als der Therapeut die Rolle des Bruders im Leben des Jungen zu ergründen versuchte, kam heraus, daß der Patient sich nur dann sicher gefühlt hatte, wenn sein starker Bruder in der Nähe war, um andere Jungen in die Flucht zu schlagen, die ihn hätten angreifen können. Nach einigen Gesprächen reinszenierte der Patient auf der Station seinen Wunsch nach Beweisen dafür, daß der Therapeut mächtig genug war, ihn zu beschützen. Er provozierte andere Patienten auf der Station bis diese aggressiv reagierten und wollte dann, daß der Therapeut gerufen werde, um ihn zu verteidigen.

F. A. verhielt sich bald auch gegenüber dem Stationspersonal und den Besuchern sehr provozierend und war zutiefst enttäuscht und entmutigt, als er erkennen mußte, daß es dem Therapeuten unmöglich war, ihn vor seinen „Gegnern", wie er sie nannte, durch derartig dramatische Begegnungen, von denen er Zeuge sein wollte, zu schützen. Daß der Patient sich in geradezu paranoider Weise mit dem aggressiven Interesse anderer Jungen und Männer an seiner Person beschäftigte, war der Analyse nicht zugänglich und konnte deshalb nicht beeinflußt werden. Angesichts dieser Sachlage besserte sich das pathologisch veränderte Kolon nur wenig.

Hat der Therapeut erst einmal die Rolle einer unverzichtbaren Person im Beziehungsfeld des Patienten übernommen, dann wird der Patient in einem stärkeren Maße verletzlich im Hinblick auf einen Weggang des Therapeuten oder jeden Versuch, die Behandlung vorzeitig abzubrechen. Ein Beispiel dafür schildern wir in dem folgenden Fall.

Fall 4

Der neunzehnjährige D. F. war an einer mittelschweren Form von Colitis ulcerosa erkrankt, nachdem sein Vater aus seinem Lebenskreis verschwand, als er wegen eines Sittendelikts inhaftiert wurde. Dieses Ereignis hatte den Jungen zutiefst enttäuscht. Der Stationsarzt des psychiatrischen Dienstes und ein weiterer hinzugezogener Psychiater bauten nun eine stützende Beziehung zu dem Patienten auf und boten ihm so den Kontakt zu einem zuverlässigen Menschen an, dem er allmählich zu vertrauen lernte. Obwohl der behandelnde Therapeut ein unbehagliches Gefühl hatte, verabschiedeten sich jedoch später beide Ärzte von der Station, gemäß ihren beruflichen und privaten Planungen, nachdem sie dies sorgfältig mit dem Patienten besprochen hatten, der den Wechsel intellektuell auch als unvermeidlich akzeptierte; der Stationsarzt trat eine andere Stelle an, und der Psychiater machte einen Monat Urlaub. Nach diesem doppelten Verlust ließ der Patient nach außen keinerlei Gefühle erkennen, aber innerhalb von drei Tagen nach dem Weggang der beiden Ärzte verschlechterte sich sein Gesundheitszustand gravierend, eine Ileostomie wurde erforderlich. Abbildung 4 und 5 zeigen die Fieber- und Gewichtskurven.

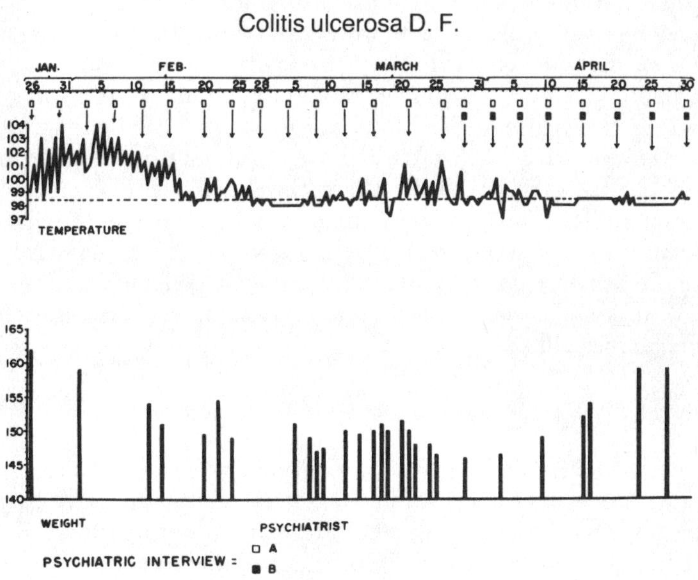

Abbildung 4

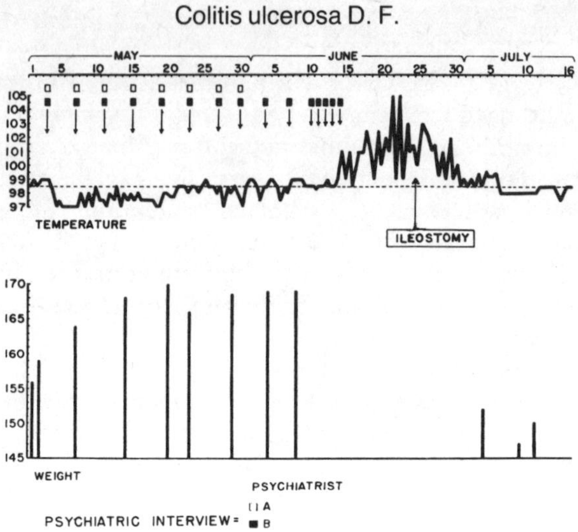

Abbildung 5

Für die richtige Einschätzung einer Erkrankung an Colitis ulcerosa sind ein schwerer Verlust *und* die fehlende adäquate emotionale Trauerreaktion, was aus dem psychischen Befund und der Krankengeschichte hervorgeht, gleichermaßen wichtig. Besonders interessant ist der Typus einer *verzögerten Reaktion,* die wir beobachten, wenn ein Patient nach einem schweren Verlusterlebnis in eine vollkommen neue Umgebung kommt, in der ihn kaum etwas an den erlittenen Verlust erinnert, und wenn er dann Jahre später in eine Umgebung zurückkehrt, deren Sozialstruktur Ähnlichkeiten mit der ursprünglichen aufweist, in der der Verlust erlebt wurde. Eine solche Rückkehr imponiert dann in der unmittelbaren Vorgeschichte als auslösende Krisensituation, und erst im Verlauf weiterer Nachforschungen wird möglicherweise die Schwere des oft viele Jahre zurückliegenden Verlusts erkannt und die Reaktion darauf manifest. Dieser Ablauf wird in dem nächsten Fallbeispiel dargestellt.

Fall 5

J. H. wurde im Alter von 17 Jahren mit einer schweren Colitis ulcerosa auf die internistische Station überwiesen. Sie erkrankte etwa einen Monat, nachdem sie von der Sozialbehörde in eine Pflegefamilie vermittelt worden war, wo sie sich ihren Unterhalt durch Hausarbeit verdienen sollte. Vorher hatte sie vier Jahre lang mit anderen heranwachsenden Mädchen in einem Heim unter der Aufsicht von Erziehern gelebt. Der Heimaufenthalt war durch die

Sozialbehörde veranlaßt worden, nachdem die Mutter die Familie verlassen hatte, als die Patientin 13 Jahre alt war. Da man damals glaubte, daß der Vater nicht in der Lage sei, für die Kinder zu sorgen, wurden auch ihre Geschwister in verschiedenen anderen Heimen untergebracht. Die Patientin hatte mit dem Vater nur spärlichen Briefkontakt und wußte nichts über den Verbleib der Geschwister.

Als die Patientin auf der Station erschien, war sie guter Laune, ein wenig unruhig und irgendwie überaktiv und ärgerte gleich den Stationsarzt, indem sie nicht im Bett bleiben wollte. Sie stritt jede Sorge um die Mitglieder ihrer Familie ab und beharrte darauf, daß ihre Mutter vor etwa fünf Jahren gestorben sei, was ihr aber „völlig egal“ sei. Sie war jedesmal sehr ablehnend, wenn das Gespräch auf ihre Familie gelenkt wurde.

Zur Bewältigung der Lebenssituation und der emotionalen Verarbeitung war nach Auffassung des Therapeuten eine intensive Substitutionstherapie erforderlich, mit einer Mutter- und einer Vaterfigur, um die Heftigkeit der emotionalen Reaktion abzuschwächen, die auftreten würde, wenn es gelingen sollte, einen Trauerprozeß in Gang zu bringen. Zugleich schien es notwendig, die Patientin in der schützenden Atmosphäre der Station zunächst beim Durchleben der Trauer um die Mutter zu begleiten, bevor irgendein Abbau der emotionalen Spannung erwartet werden konnte. Als nach einer detaillierten Bestandsaufnahme der Situation in der derzeitigen Pflegefamilie die ursprüngliche Familienkonstellation mit der Patientin besprochen wurde, erkannte sie, wie sehr ihre Gefühle in der Pflegefamilie denen ähnelten, die sie Jahre zuvor gegenüber der eigenen Familie erlebt hatte. Sie war daraufhin äußerst niedergeschlagen und ängstlich, fühlte sich verloren und hoffnungslos und war sehr erbittert über die Sozialarbeiterinnen, die – wie sie es jetzt erlebte – dafür verantwortlich waren, daß sie ihre Familie entbehren mußte. Mit Hilfe der Sozialbehörden wurde ein Briefkontakt zu den Geschwistern hergestellt, und es wurde über die Möglichkeit gesprochen, wieder mit dem Vater zusammen zu ziehen und für ihn und mindestens ein oder zwei Geschwister zu sorgen. Der Zustand der ulcerativen Colitis besserte sich rasch. Die Patientin kehrte in die Pflegefamilie zurück, lief dort aber nach einer Woche fort, fand ihren Vater in einem weit entfernten Dorf und führte nun den Haushalt für ihn. Die Krankheit ist seitdem nicht wieder aufgetreten.

Abbildung 6 zeigt die Struktur des sozialen Umfeldes vor der durch den Weggang der Mutter ausgelösten Lebenskrise und die Folgen dieses Ereignisses für das Beziehungsfeld der Patientin, die daraufhin von allen Familienmitgliedern abgeschnitten ist. Die Abbildung zeigt auch die Struktur des Beziehungsfeldes in der Pflegefamilie und im Heim; letzteres unterschied sich deutlich von dem Beziehungsmuster in einem typischen Familiensystem.

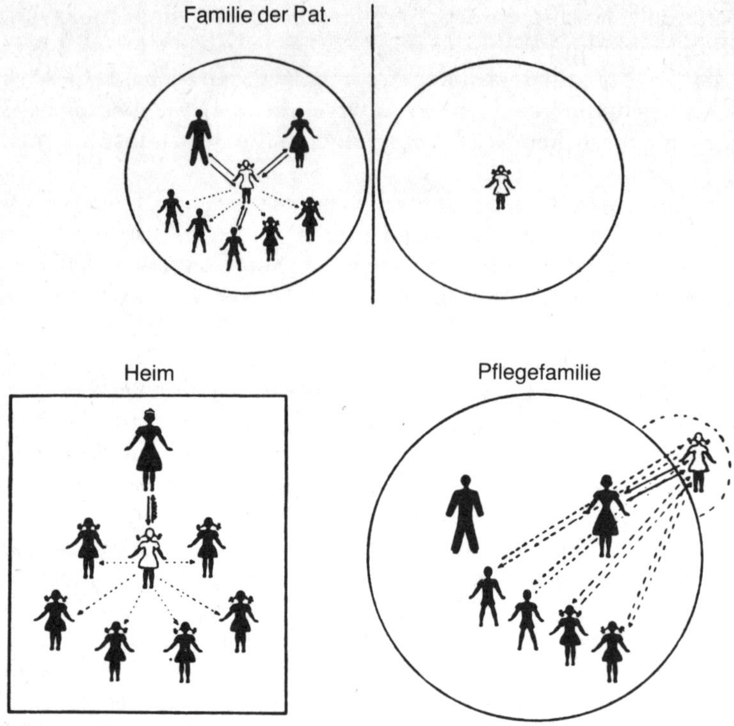

Abbildung 6

Abbildung 7 zeigt die Anzahl der täglichen Stuhlgänge während der Dauer der psychotherapeutischen Behandlung. Die deutliche Zunahme der Stuhlgänge zu dem Zeitpunkt, als der Verlust durchgesprochen wurde, dürfte jedem sofort auffallen. Am 21. Tag besuchte die zuständige Sozialarbeiterin, über die die Patientin so erbittert war, das Krankenhaus; es kam zu einem heftigen Wutausbruch gegen diese Frau, dem kein erkennbarer Anstieg in der Anzahl der Stuhlgänge folgte.

Abbildung 8 zeigt auf der linken Seite das neue Interaktionsmuster, nachdem die Patientin vom Psychiater und der Sozialarbeiterin des Krankenhauses Unterstützung bekam und auf der rechten die Struktur des letztendlich erreichten Beziehungsfeldes, in dem die Patientin wieder ein relatives emotionales Gleichgewicht erlangte.

An den folgenden beiden Falldarstellungen wollen wir verdeutlichen, welche menschliche Umgebung der Patient mit Colitis ulcerosa braucht, damit es nicht zu neuen Krankheitsepisoden kommt.

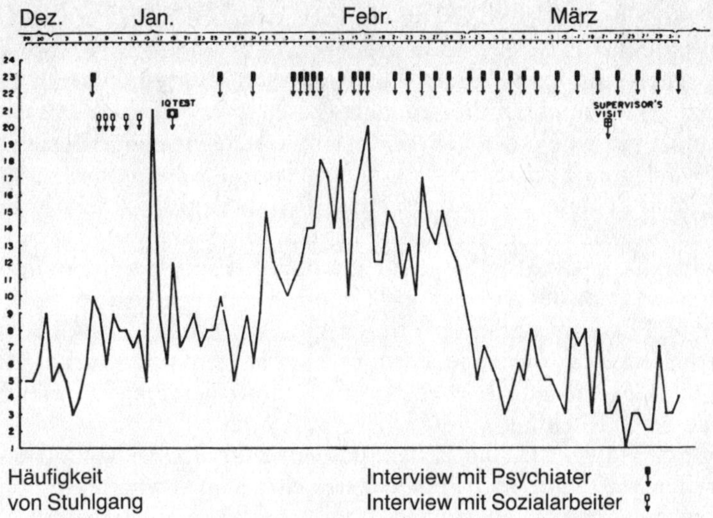

Abbildung 7

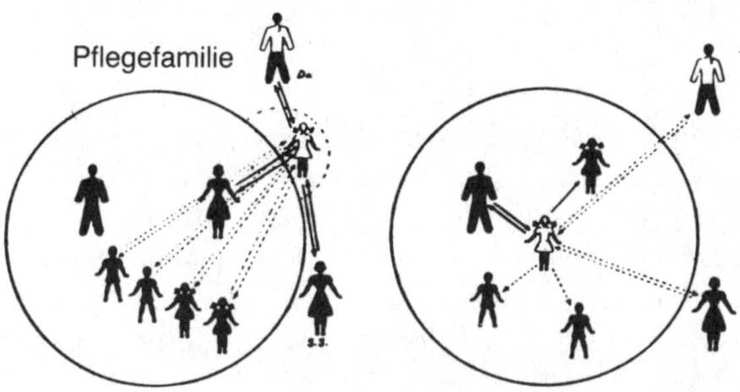

Abbildung 8

Fall 6

Ein neunzehnjähriger Junge, H. T., kam etwa ein Jahr nach Ausbruch der Krankheit mit ziemlich besorgniserregenden Darmstörungen auf die Abteilung für innere Erkrankungen des Massachusetts General Hospital. Die psychiatrische Exploration zeigte, daß die Krankheit kurz nach seinem Abgang von der High School ausgebrochen war. Die beiden Menschen, die ihm emotional am meisten bedeuteten, waren zwei etwas ältere Jungen, an denen er sehr hing. Für H. T. waren diese beiden Jungen Vorbilder und die Initiatoren gemeinsamer Aktivitäten; der eine war dann jedoch aufs College gegangen, der andere außer Landes.

Wir verfolgten die Entwicklung des Patienten fünf Jahre lang und beobachteten während dieser Zeit sechs größere Fluktuationen im Krankheitsverlauf. Im ersten Jahr der Beobachtung heiratete er, aber sein Zustand besserte sich nicht. Im zweiten Jahr befreundete er sich während eines Universitäts-Ferienkurses mit einem der Lehrer. Er entwickelte eine enge Beziehung zu diesem Mann und konzentrierte sich in seinem Studium ganz auf dessen Spezialgebiet. In dieser Zeit war der Patient symptomfrei. Die Darmfunktionen waren normal, und er nahm deutlich zu. Die Symptome traten jedoch wieder auf, so daß der Patient erneut stationär behandelt werden mußte, als der Lehrer am Ende des Kurses wegging. Im darauffolgenden Sommer gab es wieder eine Phase, in der es ihm besser ging, als der Lehrer wieder in der Nähe arbeitete und die enge Freundschaft aufgefrischt wurde. Als der Freund die Gegend jedoch wieder verließ, erlitt der Patient erneut einen mäßig schweren Rückfall.

Im Jahr darauf ließ sich der Patient von seiner Frau scheiden und heiratete zum zweiten Mal. Seine neue Frau war sehr ehrgeizig und hatte eine ziemlich aggressive, beherrschende Art; sie gestand ihm bereitwillig sehr viel Abhängigkeit von ihr zu und ergriff bei gemeinsamen Plänen meist die Initiative. Nach dieser zweiten Heirat besserte sich der Gesundheitszustand des Patienten merklich.

Oft wird erst im Verlauf einer sorgfältigen Analyse der zwischenmenschlichen Beziehungen eines Patienten deutlich, welche Person in seinem Lebenskreis für ihn unverzichtbar ist. Auch ein Freund oder Verwandter eines Elternteils, der in der Familie lebt und in die affektiven und autoritativen Interaktionsmuster verwickelt ist, kann, wenn er die Familie verläßt, eine schwere Trauerreaktion auslösen, die sich in einer Episode von Colitis ulcerosa ausdrücken kann. Der folgende Fall mag dies verdeutlichen.

Fall 7

Abbildung 9 zeigt die Beziehungssysteme in der siebenten Fallgeschichte. Der ursprüngliche Lebenskreis (Diagramm 1) umfaßt Vater, Mutter und eine 18jährige Tochter, High-School-Absolventin, sowie eine Freundin der Mutter, an der die Patientin sehr hing. Als diese Freundin heiratete, trat an die Stelle des ursprünglichen Lebenskreises der in Diagramm 2 dargestellte Kreis, der nur die Familie umfaßt. Sechs Wochen nach diesem Ereignis erkrankte das junge Mädchen an einer ulzerativen Colitis, die sehr schnell auf einen gefährlichen Zustand der Unterernährung zusteuerte mit Anzeichen des Verwirrtseins und halluzinatorischem Erleben als Begleiterscheinungen.

Im Verlauf der psychiatrischen Exploration stellte sich heraus, daß die Patientin ein unerwünschtes Kind war. Durch die bevorstehende Geburt

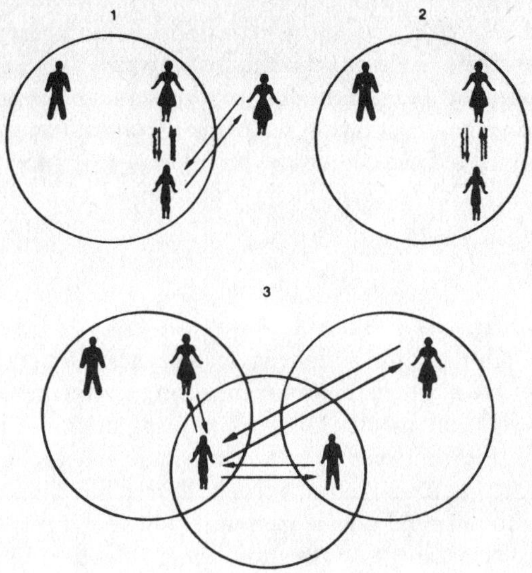

Abbildung 9

hatten sich die Eltern, damals beide College-Studenten, zur Heirat gezwungen gesehen mit großen Schuld- und Schamgefühlen. Die Mutter gab – quasi als Sühne für ihre Schuld – ihren Wunsch nach einer Berufsausbildung auf; der Vater kehrte erst drei Jahre später ans College zurück, um seinen Abschluß zu machen, nachdem er sich solange zurückgezogen und versteckt hatte. Die Ehe blieb schwierig. Der Ehemann entwickelte ein Magengeschwür und litt unter Angstanfällen mit zeitweiligem Schwindel. Nach dem Weggang ihrer Freundin verhielt sich die Mutter dem jungen Mädchen gegenüber ausgesprochen feindselig und die Patientin hatte wiederholt die Phantasie, ihre Mutter wolle sie töten. Die anfängliche Besserung des Gesundheitszustandes der Patientin in der Klinik erfolgte, als sich die Patientin einer Krankenschwester anschloß, zu der sie sich sehr hingezogen fühlte. Als sie das Krankenhaus verließ, um von ihrer Mutter gepflegt zu werden, kam es zu einem mittelschweren Rückfall.

Nach anderthalb Jahren, in denen sich ihr Zustand nicht wesentlich änderte, lernte die Patientin eine Frau mittleren Alters kennen, deren Sohn sie später heiratete. Seit der Freundschaft zu dieser Frau ist ihr körperlicher Zustand ausgezeichnet, und sie hat sogar Schwangerschaft und Geburt ihres ersten Kindes ohne Rückfall überstanden. Sie hat mittlerweile erkannt, wie wichtig die Beziehung zu ihrer Schwiegermutter ist und hat die Notwendigkeit einer solch starken emotionalen Abhängigkeit akzeptiert. Das dritte Diagramm zeigt die drei Familiensysteme: die Herkunftsfamilien der beiden Eheleute und die neu gegründete, in der die Schwiegermutter ein wichtiger Partner ist.

Für die Frage, *welche zwischenmenschlichen Beziehungen Colitis-ulcerosa-Patienten brauchen,* ist die Tatsache bedeutsam, daß Schwankungen im Befinden anderer Familienmitglieder mit Verschlechterungen oder Besserungen im Gesundheitszustand des Colitis-ulcerosa-Patienten zeitlich zusammenfallen können. Dies zeigen die Krankengeschichten 8 und 9.

Fall 8

H. S., ein zwölfjähriges Mädchen, kam mit einer schweren ulzerativen Colitis auf die Kinderstation des Massachusetts General Hospital. Die Krankheit hatte zwei Monate zuvor begonnen, als die Patientin wegen Verdacht auf eine rheumatische Herzerkrankung in einem Sanatorium war. Damals hatte sie über heftiges Herzklopfen und Schwäche geklagt, so daß man eine Beobachtung für angebracht hielt. Durch die Aufnahme ins Sanatorium wurde sie von ihrer Familie getrennt. Diese Familie bestand aus der Patientin, ihrem Vater, ihrer Mutter und einem Bruder. Es hatte noch eine weitere sehr wichtige Person gegeben: den Bruder der Mutter. Dieser Mann war ungefähr fünf Wochen vor dem Auftreten der Herzsymptomatik bei dem Mädchen an einer Erkrankung des Magen-Darm-Traktes gestorben. Die Mutter hatte mit großer Trauer reagiert; sie beschäftigte sich in Gedanken so sehr mit dem Verstorbenen, daß die Beziehung zu ihrer Tochter, die extrem abhängig von ihr war, spürbar zu kurz kam. Die Patientin reagierte darauf mit Anklammerung an den Bruder, der sie aber abwies, wenn sie sich an ihn hängen wollte. Durch den Sanatoriumsaufenthalt war sie nun von der ganzen Familie getrennt; dort verhielt sie sich bald ausgesprochen feindselig und provozierend gegenüber der Oberschwester. Wegen ihres schlechten Betragens sollte sie vorzeitig nach Hause geschickt werden, aber kurz vor ihrer Entlassung trat die blutige Diarrhöe mit Fieber auf, so daß die Patientin mit der Diagnose Colitis ulcerosa ins Massachusetts General Hospital überwiesen wurde.

Auf der Kinderstation begegnete sie einer verständnisvollen Krankenschwester und einem Jungen, ebenfalls ein Patient, der nichts dagegen hatte, daß sie ihn nachahmte und mit ihm zusammen modellierte und malte. Die Patientin entdeckte bald, daß sie dafür sehr begabt war; ihr Gesundheitszustand besserte sich merklich, so daß sie nach Hause entlassen werden konnte. Doch damit kehrte sie in dasselbe Beziehungsumfeld zurück, von dem die Störung ursprünglich ausgegangen war. Zwei Monate später kam sie wegen eines schweren Rückfalls wieder ins Krankenhaus. Wir versuchten der Mutter zu helfen, eine normale Trauerreaktion zu entwickeln. Die Mutter faßte in dieser Zeit eine gewisse Zuneigung zu einem Colitis-ulcerosa-Patienten, den sie im Krankenhaus kennenlernte und war diesem gegenüber bald in ähnlicher Weise besorgt und interessiert, wie früher bei ihrem Bruder. Sie gewann eine entspanntere und wohlwollendere Einstellung zu dem kleinen Mädchen, mit der Folge, daß eine allmähliche Besserung in dem Gesundheitszustand des Kindes eintrat.

Fall 9

Als wir die an Colitis ulcerosa erkrankte Patientin zum ersten Mal sahen, war sie 13 Jahre alt. In der Familie gab es noch drei Schwestern: Die älteste, 17, war wegen sexueller Vergehen straffällig geworden; die zu der Patientin nächstjüngere Schwester, 11, litt an Asthma; die jüngste, 8, hatte schwere Angstanfälle und eine Schulphobie. Dieses soziale Umfeld ist in Abbildung 10 dargestellt.

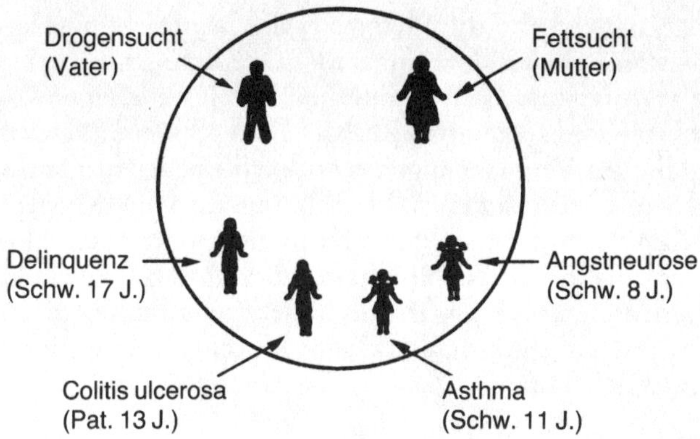

Abbildung 10

Wir sahen die Patientin jeweils während vier Rückfällen in der Erkrankung mit Gewichtsverlust, stark vermehrtem Stuhlgang und Anzeichen von akuter Entzündung. Die Verschlechterung in ihrem Gesundheitszustand setzte jeweils damit ein, daß sie sich um ihren Vater große Sorgen machte, der – was die Kinder vermutlich nicht wußten – kokainsüchtig war und in Zeiten gesteigerten Drogenmißbrauchs leistungsunfähig und nur mit sich selbst beschäftigt war. Die adipöse Mutter war jedesmal sehr besorgt um den Vater. Vor dem geistigen Auge des Mädchens tauchte immer wieder das Bild auf, daß ihr Vater in ein Eisenbahn- oder Flugzeugunglück verwickelt sei, und daß sie selbst zu spät komme, um ihn zu retten.

Die letzte Fallgeschichte ist noch einmal ein Beispiel für den zeitlichen Zusammenhang von deutlichen Veränderungen des Krankheitsbildes und der Lebenssituation.

Fall 10

Es handelt sich um einen Jungen, den wir zum ersten Mal als Elfjährigen sahen und danach vier Jahre lang begleitet haben. In den ersten zwei Jahren erkrankte er viermal schwer, und jedesmal gab es einen deutlichen zeitlichen Zusammenhang mit depressiven Verstimmungen bei seiner Mutter. In den Zeiten, in denen die Mutter nicht depressiv war, fand ein ziemlich intensives Wechselspiel von gegenseitig aggressivem Verhalten statt. Die Mutter war darauf bedacht, die vielen Aktivitäten des Jungen einzuschränken und hielt ihn aufgrund ihrer überprotektiven Bedürfnisse von vielen Unternehmungen mit anderen Kindern ab, auf die er ein Recht zu haben glaubte. War die Mutter depressiv, so ließ ihre Aufmerksamkeit deutlich nach; sie war dann ganz mit eigenen Problemen beschäftigt und zeigte wenig Interesse an dem Patienten.

Der Junge entwickelte die Phantasie, die Mutter könnte ertrinken oder von einem gefährlichen Mann umgebracht werden. Er fühlte sich von diesen Gedanken verfolgt und hatte Schuldgefühle. Jeweils eine Woche vor dem ersten Auftreten und später dem Rezidiv einer schweren Verdauungsstörung mit entzündlichen Veränderungen war der Junge leicht depressiv und apathisch und wollte nur zu Hause bleiben, um auf seine Mutter aufzupassen. Die Störungen der Mutter stellten sich als eine Kette von reaktiven Depressionen heraus, die mit den wechselhaften Beziehungen zu einigen Freundinnen zusammenhingen. Sie war auf diese Freundinnen in starkem Maße angewiesen, um ihr emotionales Gleichgewicht in einer unbefriedigenden Ehe aufrechtzuerhalten.

Colitis ulcerosa und psychotische Symptome

Einige der erwähnten Beispiele verweisen auf die psychischen Probleme, denen wir bei einer akuten Colitis ulcerosa begegnen. Bald erfuhren wir, daß intensive therapeutische Explorationen zur Erfassung der emotionalen Vorgeschichte und dabei insbesondere auch der Sexualität, oft ein Entgleisen im Verhalten des Patienten auf der Station und eine spezielle Phantasiebildung zur Folge hatten, die normalerweise nur bei Psychosen auftritt. Die Störungen im Verhalten und Erleben der Patienten waren nicht typische Delir- oder Verwirrtheitszustände, wie sie möglicherweise als sekundäre Folgen des Infektionsprozesses ausgelöst werden können. Vielmehr traten sie als paranoide Panik mit Verfolgungsideen in Erscheinung oder als euphorische Hyperaktivität mit primitivem aggressivem Verhalten, wie beispielsweise auf den Fußboden Koten. Das am häufigsten auftretende Zustandsbild erinnert an schwere *krankhafte Trauerreaktionen,* mit einem Gefühl der völligen Leere, extremer Feindseligkeit gegen jeden Neuankömmling, Aufgewühltsein und einem Gefühl des Identitätsverlusts ähnlich wie bei Depersonalisationszuständen.

Bei Patienten, die wir genauer kennenlernten, fanden wir überraschende Phantasien, in der Weise, daß sie sich den Verstorbenen einverleibt hätten, und daß dieser nun ausgestoßen oder erbrochen werden müsse. Es bestand in der Vorstellung dieser Patienten ein bemerkenswertes Durcheinander im Hinblick auf die Funktionen der verschiedenen Organe des Körpers – so als ob der Darm die Speiseröhre wäre, oder der Körper offen für den Ein- oder Austritt eines anderen Menschen, nicht nur der toten Person, sondern auch von lebenden, die der Patient haßte. Die Vorstellung von etwas Lebendigem im Leib wurde von den Patienten mit einer solchen Überzeugung und Gefühlswirklichkeit geschildert, wie wir es von den körperlichen Fehlwahrnehmungen bei Patienten mit einer Involutions-Depression her kennen.

Schlußfolgerung

Die Betrachtung der Zusammenhänge von Lebenssituation, emotionalem Befinden und Darmfunktion bei der Colitis ulcerosa muß das gesamte psychische Erleben einschließlich der Vorgeschichte und das ganze Krankheitsbild erfassen und darf sich nicht auf den lokalen Zusammenhang von Darmfunktion und damit vordergründig einhergehendem emotionalen Zustand beschränken. Oft geht der Erkrankung an Colitis ulcerosa der Verlust einer Schlüsselfigur im Leben des Patienten voraus, von der seine sozialen Beziehungen und emotionale Sicherheit abhingen. Das psychische Zustandsbild in akuten Phasen dieser Erkrankung ist oft das einer *pathologischen Trauerreaktion*, bei der die angemessene Trauer durch eine psychische und organische Störung ersetzt wird. Phantasien des Patienten, daß er sich den Toten einverleibt habe, so als handele es sich um einen ganz konkreten physischen Vorgang, wie wir sie auch bei Patienten mit einer Involutions-Depression feststellen, können Ausdrucksweisen dieser psychischen Störung sein. Eine Kontrolle der Lebenssituation durch Beeinflussung des Beziehungsfeldes des Patienten kann eine lohnende Vorgehensweise in der psychotherapeutischen Behandlung sein.

Die verlorene Person kann vorübergehend durch den Therapeuten oder einen geeigneten Mitarbeiter ersetzt werden. Eine solche *Substitutions- oder Rollenübernahme-Therapie* ist besonders hilfreich in der *akuten Notphase* einer schweren Erkrankung, sie muß jedoch von dauerhafteren legitimen Abhängigkeitsbeziehungen abgelöst werden. Bei sehr intensiver Exploration besteht die Gefahr, daß es zu psychose-ähnlichen Episoden oder primitivem Verhalten und zu einer Verschlimmerung der somatischen Fehlwahrnehmungen und paranoiden Vorstellungen kommt.

Wir konnten beobachten, wie Schwankungen im Krankheitsverlauf mit plötzlichen Veränderungen in der Lebenssituation einhergingen. Neben dem Verlust durch Tod spielen bei solchen Veränderungen auch der Verlust durch Enttäuschung oder Zurückweisung eine Rolle, ebenso wie die vorübergehende Unerreichbarkeit eines unverzichtbaren Partners dadurch, daß er selbst psychisch oder körperlich erkrankt oder zu sehr mit eigenen emotionalen Problemen beschäftigt ist.

Literatur

Daniels, H. E. (1942). Psychiatric aspects of ulcerative colitis. New England Journal of Medicine 226: 178–184. – *Groen, J.* (1947). Psychogenesis and psychotherapy of ulcerative colitis. Psychosomatic Medicine 9: 151–174. – *Lindemann, Erich* (1944). Symptomatology and management of acute grief. American Journal of Psychiatry 101: 141–148*. – *ders.* (1945). Psychiatric aspects of the conservative treatment of ulcerative colitis. Archives of Neurology and Psychiatry 53: 322–325. – *Murray, C. D.* (1930). Psychogenic factors in the etiology of ulcerative colitis and bloody diarrhea. American Journal of Medical Science 180: 239–248.

* Kapitel 3 in diesem Buch.

3. Kapitel

Symptomatologie und Therapie bei akuter Trauer

Viele Leser dieser Sammlung werden mit dem folgenden Beitrag bereits vertraut sein, ist es doch Erich Lindemanns bekanntester Aufsatz zum Thema „Trauer". Er wurde unzählige Male wiederabgedruckt, und er ist für viele Studenten, die sich auf einen helfenden Beruf vorbereiten, zur Pflichtlektüre geworden. In dem vorliegenden Kontext mag er eine neue Bedeutung erlangen, denn hier kann er als der Höhepunkt eines Forschungsprozesses verstanden werden, der von ersten Anhaltspunkten aus der Beobachtung von postoperativen Zustandsbildern über diejenigen, die bei der Behandlung von Colitis-ulcerosa-Patienten gesammelt wurden, schließlich zum unverkennbaren Trauer-Syndrom der Katastrophenopfer führte.

Die Ähnlichkeit zwischen dem Verhalten der Angehörigen von Opfern der Brandkatastrophe und Colitis-ulcerosa-Patienten, die Lindemann in einer unveröffentlichten Arbeit (1945) beschrieben hatte, war auffallend: „Offensichtlich mußte man Reaktionen anderer Menschen in großer Zahl untersucht haben, um diese Colitis-Patienten zu verstehen; und die Beobachtungen anläßlich des Coconut-Grove-Feuers zeigten die typischen Folgen des Verlusts einer geliebten Person. Zu unserer Überraschung stießen wir auf denselben Mangel an Verhaltensmöglichkeiten zur Aufrechterhaltung sozialer Beziehungen, dieselbe extreme Unruhe und Tendenz zu Entgleisungen des Verhaltens, wenn Nähe aufgezwungen wird." Es führt immer zu Überraschungen, wenn jemand ein alltägliches Phänomen aus einem neuen Blickwinkel betrachtet.

(Elizabeth B. Lindemann)

Auf den ersten Blick scheint akute Trauer kein medizinisches oder psychiatrisches Problem im engeren Sinne zu sein, sondern eine normale Reaktion auf eine verzweifelte Situation. Das Verständnis der Reaktionen auf traumatische Erlebnisse wird jedoch – unabhängig davon, ob es sich dabei um den Ausdruck einer eindeutigen Neurose handelt oder nicht – für den Psychiater immer wichtiger. Todesfälle oder ein anderer plötzlicher Abbruch von sozialen Beziehungen scheinen besonders wichtig, weil sie oft unter den vermuteten psychogenen Faktoren bei psychosomatischen Störungen genannt werden. Hinzu kommt der enorme Anstieg von Trauerreaktionen infolge der vielen Opfer von kriegerischen Auseinandersetzungen, der eine Beurteilung der zu erwartenden Auswirkungen auf die psychische und physische Gesundheit unserer Bevölkerung notwendig macht.

In diesem Kapitel werden folgende vier Thesen vertreten:

1. Akute Trauer ist ein fest umrissenes Syndrom mit psychischer und somatischer Symptomatologie.
2. Dieses Syndrom kann unmittelbar nach einer Krise oder aber verzögert auftreten; es kann in übersteigerter Form vorhanden sein oder scheinbar fehlen.
3. Anstelle des typischen Syndroms kann es zu verzerrten Krankheitsbildern kommen, die jeweils einen bestimmten Aspekt des Trauer-Syndroms darstellen.
4. Mit angemessenen therapeutischen Techniken können diese Zerrbilder erfolgreich in eine normale Trauerreaktion mit anschließender Verarbeitung des Verlusts überführt werden.

Unsere Beobachtungen stützen sich auf 101 Patienten. Darunter waren (1) psychoneurotische Patienten, die während der Behandlung einen Verwandten verloren hatten, (2) Verwandte von Patienten, die im Krankenhaus starben, (3) Katastrophenopfer (Coconut-Grove-Brand), die bei dem Feuer verletzt worden waren und einen Angehörigen verloren hatten und die Angehörigen dieser Opfer sowie (4) Verwandte von Mitgliedern der Streitkräfte. Die Untersuchungen bestanden aus einer Reihe von psychiatrischen Gesprächen. Die Interaktionen von Patienten und Therapeut und der Inhalt der Gespräche wurden auf Band aufgezeichnet. Diese Daten und die transkribierten Texte wurden dann im Hinblick auf die berichteten Symptome und die im Verlauf der Gespräche beobachteten Veränderungen des psychischen Befundes ausgewertet. Der Psychiater vermied jegliche Vorgaben oder Interpretationen, bis das Gesamtbild der Symptomatologie und der spontanen Reaktionstendenzen des Patienten in den Aufzeichnungen klar ersichtlich wurde. Die somatischen Beschwerden boten wichtige Anhaltspunkte für eine objektive Untersuchung.

Symptomatologie der normalen Trauer

Menschen in akuter Trauer zeigen ein bemerkenswert einheitliches Bild. Allen gemeinsam war folgendes Syndrom: wellenartig auftretende Gefühle körperlichen Unwohlseins von 20 Minuten bis zu einer Stunde Dauer: Das Gefühl, die Kehle sei wie zugeschnürt, ein Würgen im Hals, Kurzatmigkeit, das Bedürfnis zu seufzen, ein Gefühl der Leere im Bauch, Kraftlosigkeit der Muskeln und eine tiefe Niedergeschlagenheit, die als Spannungsgefühl oder psychischer Schmerz beschrieben wird. Der Patient merkt bald, daß Besuch, die Erwähnung des Verstorbenen und Anteilnahme diese Wellen auslösen können. Er möchte das Syndrom um jeden Preis vermeiden, deshalb lehnt er

Besuch ab, aus Angst, dieser könnte die Reaktion hervorrufen, und er ist krampfhaft bemüht, alle Erwähnungen oder Hinweise auf den Verstorbenen aus seinen Gedanken fernzuhalten.

Folgende Erscheinungen fielen besonders auf: (1) Die seufzende Atmung war dann am deutlichsten, wenn der Patient über seine Trauer sprechen sollte. (2) Kraftlosigkeit und Erschöpfung, die generell genannt wurden, wurden folgendermaßen beschrieben: „Ich komme kaum die Treppe hoch." „Alles, was ich hochhebe, erscheint mir so schwer." „Bei der geringsten Anstrengung fühle ich mich gleich erschöpft." „Wenn ich nur zehn Schritte tue, bin ich erschöpft." (3) Symptome, die sich auf die Verdauung beziehen, wurden so beschrieben: „Das Essen schmeckt wie Pappe." „Ich habe überhaupt keinen Appetit." „Ich stopfe mir das Essen nur rein, weil ich essen muß." „Mein Mund ist ganz trocken." „Mein Bauch fühlt sich hohl an." „In meinem Magen scheint alles zum Stillstand zu kommen."

Die Sinneswahrnehmung der Patienten ist im allgemeinen etwas verändert. Gewöhnlich tritt ein leichtes Gefühl der Unwirklichkeit und emotionalen Distanz zu anderen Menschen auf, die manchmal klein oder wie Schatten erscheinen, und das Bild des Verstorbenen beherrscht alle seine Gedanken. Ein Patient, der seine Tochter bei der Brandkatastrophe in Coconut Grove verloren hatte, sah seine Tochter in der Telefonzelle vor sich, wie sie ihn anrief, und die Lautstärke, mit der sie seinen Namen rief, verwirrte ihn sehr. Er war von dieser Szene so gefangengenommen, daß er seine Umgebung völlig vergaß. Ein junger Marinepilot verlor seinen engsten Freund; der Freund blieb in seiner Vorstellungswelt lebendig, nicht im Sinne eines religiös verstandenen Weiterlebens, sondern als imaginärer Begleiter. Er aß mit ihm und sprach mit ihm über Probleme – beispielsweise erörterte er mit ihm seinen Plan, zur Luftwaffe zu gehen. Bis zum Zeitpunkt der Untersuchung, sechs Monate später, leugnete der Pilot die Tatsache, daß sein Freund nicht mehr bei ihm war. Einige Patienten sind über diesen Aspekt ihrer Trauerreaktion sehr beunruhigt, weil sie glauben, dies sei ein Zeichen des Verrücktwerdens.

Außerdem haben die Betroffenen oft mit starken Schuldgefühlen zu kämpfen. Sie durchforschen die Zeit vor dem Tod nach Beweisen für ihr eigenes Versagen. Der Hinterbliebene macht sich Vorwürfe, daß er nachlässig gewesen sei und übertreibt kleine Unterlassungen. Nach der Brandkatastrophe brachte eine junge Ehefrau immer wieder den Umstand zur Sprache, daß ihr Mann starb, nachdem er von ihr auf einen Streit hin weggegangen war; und ein junger Mann, dessen Frau gestorben war, beschuldigte sich, daß er ohnmächtig geworden war, bevor er sie hatte retten können.

Hinzu kommt eine oft abschreckende Kühle in den Beziehungen zu anderen Menschen, eine Tendenz, gereizt und ärgerlich zu reagieren, und der Wunsch, nicht von anderen belästigt zu werden, während sich Freunde und Verwandte gerade besonders bemühen, freundschaftliche Beziehungen aufrechtzuerhalten. Die Patienten fühlen sich durch diese feindseligen Gefühle, die für sie überraschend und völlig unerklärlich sind, sehr beeinträchtigt und sehen dies ebenfalls als ein Zeichen für drohende Verrücktheit an. Unter großer Anstrengung versuchen sie, die Situation in den Griff zu bekommen, aber das Ergebnis ist oft nur ein förmliches und steifes Verhalten im Umgang mit anderen.

Auch bei den täglichen Verrichtungen gibt es erstaunliche Veränderungen, wenn jemand durch den Verlust eines Menschen schwer getroffen ist. Verhalten und Sprechweise sind nicht etwa verlangsamt, sondern im Gegenteil überstürzt, besonders wenn von dem Verstorbenen die Rede ist. Die Betroffenen sind rastlos, können nicht stillsitzen, gehen ziellos umher und suchen ständig nach irgendeiner Beschäftigung. Gleichzeitig besteht eine schmerzhaft empfundene Unfähigkeit, Tätigkeiten in einer planvoll organisierten Form in die Wege zu leiten und aufrechtzuerhalten. Was erledigt wird, geschieht lustlos und rein mechanisch. Der Trauernde klammert sich an die tägliche Routine vorgeschriebener Handlungen, aber diese Handlungen gehen ihm nicht automatisch und selbstverständlich von der Hand wie normalerweise, sondern er muß sich anstrengen, als ob jeder kleine Teil davon eine riesige Anforderung wäre. Überrascht stellt der Trauernde fest, wie viele seiner üblichen Tätigkeiten in irgendeiner sinnvollen Beziehung zu dem Verstorbenen gestanden haben und nun bedeutungslos geworden sind. Vor allem die Gewohnheiten im geselligen Umgang – Treffen mit Freunden, sich unterhalten und gemeinsame Unternehmungen mit anderen – scheinen verlorengegangen zu sein. Dieser Verlust führt zu einer starken Abhängigkeit von jedem, der etwas anregt und in Gang setzt.

Diese fünf Faktoren – körperliche Beschwerden, übermäßige Beschäftigung mit dem Bild des Verstorbenen, Schuldgefühle, feindselige Reaktionen und der Verlust von gewohnten Verhaltensmustern – scheinen das Ausdrucksbild der Trauer auszumachen. Man könnte noch ein sechstes Charakteristikum hinzufügen, das bei machen Patienten, die sich im Grenzbereich zu pathologischen Reaktionsformen befinden, in Erscheinung tritt. Es ist nicht so auffällig wie die anderen, aber immerhin oft frappierend genug, um das Gesamtbild mitzuprägen. Es handelt sich dabei darum, daß Hinterbliebene in ihrem Verhalten Züge des Verstorbenen annehmen, insbesondere auch Symptome seiner letzten Krankheit oder dessen mutmaßliches Verhalten, zum Zeitpunkt des Unglücks. So kann man beispielsweise beobachten, oder der Hinterbliebene merkt es selbst, daß sein Gang plötzlich dem des verstorbenen Vaters gleicht. Er blickt in den Spiegel und meint, sein Gesicht sähe genauso aus wie das des Verstorbenen. Möglicherweise verändern sich auch seine Interessen und nähern sich denen des Verstorbenen an. Es kann sogar sein, daß er sich auf einmal mit Dingen beschäftigt, an denen er früher überhaupt kein Interesse hatte. Eine Frau, die ihren Ehemann, einen Versicherungskaufmann, verloren hatte, schrieb zum Beipiel plötzlich an viele

Versicherungsgesellschaften und bot dort mit etwas illusionären Projekten ihre Mitarbeit an. Bei solchen Patienten war regelmäßig zu beobachten, daß die schmerzliche Beschäftigung mit dem Bild des Verstorbenen, die wir oben beschrieben haben, in eine Beschäftigung mit dessen Krankheitssymptomen oder Persönlichkeitszügen umschlug, welche nun jedoch mittels Identifikation am eigenen Körper oder im eigenen Handeln zutage traten.

Verlaufsformen normaler Trauerreaktionen

Die Dauer einer Trauerreaktion hängt anscheinend davon ab, wie erfolgreich die Trauerarbeit von dem Betreffenden geleistet wird – d.h. ob er sich von den Bindungen an den Verstorbenen löst, sich in dem sozialen Beziehungsumfeld, in dem der Verstorbene jetzt fehlt, neu orientiert und neue Beziehungen anknüpft. Eines der größten Hindernisse ist anscheinend, daß viele Patienten den heftigen Schmerz, der mit der Trauererfahrung verbunden ist, und entsprechende Gefühlsäußerungen vermeiden wollen. In den psychiatrischen Erstinterviews befanden sich die männlichen Angehörigen von Opfern der Coconut-Grove-Brandkatastrophe in einem Zustand äußerster Spannung mit verkrampfter Gesichtsmuskulatur und unfähig, sich zu entspannen, aus Angst, dann „zusammenzubrechen“. Erst nach intensivem Zureden waren sie bereit, sich dem Trauerprozeß zu überlassen, und den Schmerz der Verlassenheit zu akzeptieren. Ein Patient beispielsweise begegnete dem Psychiater ausgesprochen feindselig; er verbat sich jede Erwähnung des Verstorbenen und forderte den Psychiater ziemlich barsch zum Gehen auf. Diese Haltung behielt er während der gesamten Dauer seines Aufenthaltes auf der Station bei. Seine Prognose war – auch im Lichte anderer Beobachtungen besehen – nicht gut. Bei den anderen Patienten kam es nur gelegentlich zu derartigen Feindseligkeiten. Sie waren mit der Zeit bereit, den Trauerprozeß anzunehmen und sich auf eine gezielte Auseinandersetzung mit ihren Erinnerungen an den Verstorbenen einzulassen. Sobald das möglich war, schien die Spannung rasch nachzulassen, und die nachfolgenden Gespräche verliefen eher lebhaft mit Idealisierungen des Verstorbenen, aber auch Befürchtungen hinsichtlich der zukünftigen Möglichkeiten des Sich-Wieder-Zurechtfindens in der veränderten Umwelt, die durchgearbeitet werden konnten.

Die folgenden Falldarstellungen enthalten Beispiele dafür, wie der Psychiater Patienten nach einem Trauerfall bei ihrer Neuorientierung helfen kann. Die erste Krankengeschichte zeigt eine sehr erfolgreiche Wiedereingliederung:

Eine 40jährige Frau verlor ihren Mann bei der Brandkatastrophe. Die Vorgeschichte ließ eine gute soziale Anpassungsfähigkeit erkennen. Sie hatte ein zehnjähriges Kind. Als sie vom Tod ihres Mannes erfuhr, war sie vollkommen verzweifelt, weinte bitterlich, wollte nicht mehr leben und war drei Tage lang völlig aus der Bahn geworfen. Als sie dem Psychiater vorgestellt wurde, war sie froh, Hilfe zu bekommen und schilderte, wie die Erinnerungen an ihren Mann sie an nichts anderes denken ließen und daß sie Angst habe, verrückt zu werden. Sie hatte eine lebhafte visuelle Vorstellung von seiner Anwesenheit, wie er morgens zur Arbeit geht und sie sich fragt, ob er abends wiederkehren würde und ob sie es verkraften würde, wenn er nicht zurückkäme. Dann stellte sie sich vor, wie er in der Tat zurückkommt, mit dem Hund spielt und das Kind begrüßt; und dabei versuchte sie allmählich die Tatsache zu akzeptieren, daß er nicht mehr da war. Erst nach zehn Tagen gelang es ihr, den Verlust wirklich zu akzeptieren, nachdem sie in allen Einzelheiten die hervorragenden Eigenschaften ihres Mannes, die Tragik, daß er gerade auf dem Gipfel seines Erfolgs herausgerissen worden war, und seine tiefe Verbundenheit mit ihr beschrieben hatte.

In den darauffolgenden Gesprächen erklärte sie etwas bekümmert, daß sie sich dem Untersucher sehr zugetan fühle und daß sie immer schon auf sein Kommen warte. Sie fand diese Reaktion zwar illoyal gegenüber ihrem Mann, konnte aber akzeptieren, daß sie ein hoffnungsvolles Zeichen für ihre Fähigkeit war, die Lücke zu füllen, die ihr Mann in ihrem Leben hinterlassen hatte. Sie entwickelte in der folgenden Zeit einen auffallenden Tatendrang, schmiedete Pläne, wie sie sich und ihre Tochter ernähren könnte, traf Vorkehrungen, um ihren alten Beruf als Sekretärin wieder aufzunehmen, und bemühte sich um die Unterstützung der Arbeitstherapie-Abteilung bei der Auffrischung ihrer Französischkenntnisse. Ihre Rekonvaleszenz verlief in emotionaler und körperlicher Hinsicht komplikationslos, und als sie nach Hause zurückkehrte, war sie der Situation sofort voll gewachsen.

Ein erfolgreicher 52jähriger Geschäftsmann verlor seine Frau, mit der er in glücklicher Ehe gelebt hatte. Die Nachricht vom Tod seiner Frau machte seinen schon seit mehreren Tagen bestehenden Verdacht zur Gewißheit. Es stellte sich daraufhin eine schwere Trauerreaktion ein, die er nicht bewältigen konnte. Er wollte keine Besucher sehen, empfand große Scham über seinen Zusammenbruch und bat darum, im Krankenhaus in psychiatrischer Betreuung bleiben zu können, um weitere Hilfe zu bekommen, als sein körperlicher Zustand eigentlich eine Entlassung gerechtfertigt hätte. Er sprach sehr viel, war sehr unruhig, mußte ununterbrochen beschäftigt werden und hatte selbst den Eindruck, daß ihn die Erfahrung der Verlassenheit in einen Zustand von rastloser Überaktivität getrieben hatte.

Wann immer seine Frau erwähnt wurde, kam es zu einer schweren depressiven Reaktion, aber mit psychotherapeutischer Hilfe war er nach und nach bereit, diesen schmerzhaften Prozeß auf sich zu nehmen. Nach drei Tagen auf der psychiatrischen Station schien er soweit gebessert, daß er nach Hause entlassen werden konnte. Gleich nach der Rückkehr entfaltete er an seinem

Arbeitsplatz sehr viel Aktivität; er übernahm Aufgaben, bei denen er viele Telefongespräche führen mußte. In der selbstgewählten Rolle eines Amateur-Psychotherapeuten verbrachte er außerdem viel Zeit mit jemandem, der ebenfalls einen geliebten Menschen verloren hatte, und tröstete ihn. In seinem Übereifer, neu anzufangen, faßte er den Plan, seinen gesamten Besitz, einschließlich Haus und Mobiliar, zu verkaufen und alles wegzugeben, was ihn an seine Frau erinnern könnte. Erst nach langen Gesprächen konnte er erkennen, daß dies nur einen Akt der Vermeidung der unmittelbaren Trauer um den Preis einer Fehlentscheidung bedeuten würde. Er mußte wiederum ermutigt werden, sich in einer direkteren Art und Weise mit seinen Trauerreaktionen auseinanderzusetzen, was ihm schließlich auch gelang.

Im allgemeinen gelingt es, eine unkomplizierte und nicht anderweitig beeinträchtigte Trauerarbeit in acht bis zehn Gesprächen mit einem verstehenden Arzt im Laufe von vier bis sechs Wochen abzuschließen. Bei den 13 Hinterbliebenen von Opfern der Coconut-Grove-Brandkatastrophe war dies mit einer Ausnahme möglich.

Krankhafte Trauerreaktionen

Krankhafte Trauerreaktionen sind *Zerrbilder der normalen Trauer.* Bei den hier erwähnten Fällen wurden diese in „normale Trauerreaktionen“ umgewandelt und konnten so einer Lösung zugeführt werden.

Verzögerte Reaktion: Die häufigste krankhafte Trauerreaktion ist die Verzögerung oder zeitliche Verschiebung. Treffen Verlust und Trauer jemanden zu einem Zeitpunkt, in dem wichtige Aufgaben anstehen und er vielleicht auch anderen Mut machen muß, dann zeigt er möglicherweise über Wochen oder noch länger kaum oder gar keine Reaktion. In dem folgenden Fallbeispiel wird eine solche Verzögerung dargestellt.

Ein siebzehnjähriges Mädchen verlor bei dem Brand beide Eltern und ihren Freund und erlitt selbst schwere Brandverletzungen, wobei auch die Lunge in Mitleidenschaft gezogen war. Während des Krankenhausaufenthalts schien sie ihr Schicksal ohne ein Anzeichen von Trauer oder Schmerz zu akzeptieren. Als sie nach drei Wochen entlassen wurde, machte sie einen geradezu fröhlichen Eindruck; sie redete sehr schnell, floß über von Ideen und brannte darauf, nach Hause zu kommen, um für ihre beiden jüngeren Geschwister die Elternrolle zu übernehmen. Außer über ein leichtes Gefühl der „Einsamkeit“ klagte sie über keinerlei Beschwerden.

Diese Phase des Hinnehmens der Gegebenheiten ohne eine Spur von Trauer hielt noch zwei Monate an, auch dann noch, als der Haushalt aufgelöst und ihre jüngeren Geschwister in anderen Familien untergebracht wurden. Erst gegen Ende der zehnten Woche brach die Trauer durch; die

Patientin war depressiv, hatte ein Gefühl der Leere im Bauch, ihre Kehle war wie zugeschnürt, sie weinte häufig und die verstorbenen Eltern standen ihr plötzlich wieder lebhaft vor Augen.

Wie sich die Trauerreaktion um Jahre verzögern kann, wurde uns zuerst daran deutlich, daß Patienten in einem akuten Trauerprozeß sehr bald auch von Trauer über einen Menschen ergriffen werden können, der schon vor vielen Jahren verstorben ist. Als Beispiel sei eine 38jährige Frau genannt, die auf den Tod ihrer Mutter überraschend heftig reagierte. Es stellte sich heraus, daß es eigentlich nicht der Tod der Mutter war, der sie in so bedrückende und verwirrende Phantasien stürzte, sondern der Tod ihres Bruders, vor zwanzig Jahren, der unter schrecklichen Umständen an Krebs gestorben war, nachdem eine Armamputation zu lange aufgeschoben worden war. Diese Entdeckung, daß eine frühere unverarbeitete Trauerreaktion im Verlauf von Gesprächen über ein anderes kürzlich eingetretenes Ereignis aktualisiert werden kann, fanden wir in unseren Gesprächen bald dadurch bestätigt, daß Patienten sämtliche Züge einer echten Trauerreaktion aufwiesen, wenn ein früheres Verlusterlebnis zur Sprache kam.

Der auslösende Faktor für die verzögerte Trauerreaktion kann die bewußte Erinnerung an besondere Umstände beim Tod oder ein unbeeinflußbares Ereignis im Leben des Patienten sein. Eine spezielle Erscheinungsform des letzteren ist der Umstand, daß bei einem Patienten dann eine Trauerreaktion einsetzt, wenn er dasselbe Alter erreicht hat wie der Verstorbene zum Zeitpunkt seines Todes. Beispielsweise suchte ein 42jähriger Eisenbahner die psychiatrische Ambulanz unserer Klinik mit einem Zustandsbild auf, das zweifellos einer Trauerreaktion entsprach, die er sich aber nicht erklären konnte. Es stellte sich heraus, daß seine Mutter mit 42 Jahren Selbstmord begangen hatte, als er selbst 22 Jahre alt war.

Verzerrte Reaktionen: Die verzögerte Reaktion kann nach einem Intervall auftreten, in dem es weder abnormes Verhalten noch Verzweiflung gab, in dem sich aber das Verhalten des Patienten allmählich geändert hat, vielleicht gerade noch unauffällig oder unbedenklich genug, um deswegen nicht den Psychiater aufsuchen zu müssen. Diese *Verhaltensveränderungen* können als die an der Oberfläche sichtbaren Manifestationen einer *unverarbeiteten Trauerreaktion* verstanden werden, die durch eine recht einfache und schnelle psychiatrische Behandlung angegangen werden können, wenn sie erkannt werden. Man kann folgende Einteilung treffen:

1. Es kann zu einer übermäßig *gesteigerten Aktivität* kommen, ohne ein Gefühl des Verlusts. Der Betreffende kann sich im Gegenteil wohlfühlen und sehr engagiert expansive und abenteuerliche Unternehmungen starten, die – wie bereits beschrieben – Ähnlichkeiten mit früheren Tätigkeiten des Verstorbenen haben.
2. Der Patient kann *Symptome* entwickeln, unter denen *der Verstorbene* zuletzt gelitten hat. Diesen Patiententypus finden wir auf internistischen

Abteilungen, wo er oft das Etikett eines Hypochonders oder Hysterikers erhält. Inwieweit sich unter diesen Umständen die physiologischen Abläufe tatsächlich verändern, muß noch sorgfältig untersucht werden. Ich verdanke Dr. *Chester Jones* den Bericht über eine Patientin, deren EKG drei Wochen lang eindeutig verändert war. Die Beschwerden setzten zwei Wochen nach dem Tod ihres Vaters ein, der an einer Herzerkrankung gestorben war.

3. Während diese Art der Symptombildung „mittels Identifikation" eventuell noch als Konversionssymptom betrachtet werden kann, wie wir es von der Hysterie kennen, gibt es eine andere Form der Störung, die zweifelsfrei als medizinisches Problem anerkannt ist. Dabei handelt es sich insbesondere um eine Gruppe der *psychosomatischen Erkrankungen*, unter denen in unserem Zusammenhang die Colitis ulcerosa, rheumatische Arthritis und das Asthma bronchiale hervorzuheben sind. Untersuchungen über die Colitis ulcerosa ergaben: Bei 33 von 41 untersuchten Patienten brach die Krankheit in engem zeitlichen Zusammenhang mit dem Verlust eines für den Patienten in irgendeiner Weise unverzichtbaren Menschen aus. Tatsächlich hat genau diese Beobachtung den Anstoß für die vorliegende detaillierte Untersuchung über Trauer gegeben. Bei zwei der Patienten setzte die blutige Diarrhöe bei den Trauerfeierlichkeiten ein. Bei den anderen trat die Krankheit im Verlauf weniger Wochen nach dem Verlust auf. Der Verlauf der ulzerativen Colitis besserte sich in dem Maße, wie mit Hilfe einer besonderen psychotherapeutischen Technik die Trauerreaktion durchgearbeitet wurde.
4. Auf der sozialen Ebene kommt es oft zu auffälligen *Veränderungen in den Beziehungen* zu Freunden und Verwandten. Der Patient ist schnell gereizt, möchte nicht gestört werden und vermeidet frühere Aktivitäten, bei denen er mit anderen zusammen war, weil er fürchtet, seine Freunde durch seine Gleichgültigkeit und kritische Haltung vor den Kopf zu stoßen. Die Folge ist, daß der Patient sich immer stärker isoliert und nachdrücklich ermutigt werden muß, seine sozialen Beziehungen wieder aufzubauen.
5. Während die *übermäßige Feindseligkeit* bei einigen Patienten auf alle Beziehungen abfärbt, kann sie sich in anderen Fällen gegen ganz bestimmte Personen richten; so beschuldigen manche Patienten den Arzt oder Chirurgen, nicht ihr Mögliches getan zu haben, und womöglich nimmt ein Patient sogar an, daß irgendein direktes Versagen den Tod herbeigeführt hat. Typisch für diese Fälle ist, daß, soviel die Patienten auch über ihren Verdacht und ihre Verbitterung reden, sie trotzdem keine konkreten Schritte gegen die von ihnen Beschuldigten unternehmen, wie es wohl eine wirklich paranoide Persönlichkeit tun würde.
6. Viele Trauernde kämpfen angestrengt gegen die feindseligen Gefühle an, die sie als absurd und als bösartige Veränderung ihres Charakters erleben

und deshalb so gut es geht verborgen halten wollen. Tatsächlich gelingt es einigen, ihre Feindseligkeit zu verstecken; sie wirken dabei aber *hölzern* und *förmlich* und erinnern in ihrem affektiven und sonstigen Verhalten an schizophrene Zustandsbilder. Eine typische Schilderung lautet: „Ich erfülle alle Anforderungen des täglichen Lebens. Ich sorge für meine Kinder. Ich mache Besorgungen. Ich komme meinen sozialen Verpflichtungen nach, aber es kommt mir vor wie ein Theaterstück; es betrifft mich nicht wirklich. Ich kann keine warmen Gefühle haben. Wenn ich überhaupt Gefühle haben müßte, wäre ich wütend auf alle." Auf die Therapie reagierte diese Patientin mit wachsender Feindseligkeit gegen den Therapeuten, und es erforderte einige Geschicklichkeit, sie trotz der zerstörerischen Feindseligkeit, gegen die sie so sehr angekämpft hatte, zur Fortsetzung der Gespräche zu bewegen. Frappierend war das Fehlen jeglicher Gefühlsregung in Mimik und Verhalten. Die Patientin hatte einen maskenartigen Gesichtsausdruck, ihre Bewegungen wirkten steif, gestelzt und roboterhaft, ohne die Feinheiten eines emotionalen Ausdrucks.

7. Diesem Bild eng verwandt ist ein *anhaltender Verlust der normalen Handlungs- und Beziehungsmuster.* Der Patient kann nichts von sich aus unternehmen und ist doch begierig, irgendetwas zu tun; er ist unruhig und kann nicht schlafen, kann aber auch den ganzen Tag lang nichts rechtes anfangen, es sei denn, jemand anderes gibt ihm „einen Schubs". Er wird dankbar sein, wenn andere ihn an ihren Unternehmungen teilhaben lassen, kann sich aber alleine nicht dazu aufraffen. Es ergibt sich so ein Bild von Entscheidungsschwäche und Initiativelosigkeit. Zu einer Teilnahme an gesellschaftlichen Veranstaltungen kommt es nur, wenn ein Freund den Patienten mitnimmt und mit ihm gemeinsam dortbleibt. Nichts scheint sich zu lohnen; nur die gewohnten täglichen Aufgaben werden weiterhin erledigt – aber nur routinemäßig. Jede Handlung zerfällt in kleine Schritte, die nur teilnahmslos und mit der allergrößten Anstrengung ausgeführt werden.
8. Bei einer weiteren Erscheinungsform ist der Patient zwar aktiv, aber diese Aktivitäten wirken sich eher schädlich auf seine soziale und wirtschaftliche Existenz aus. Solche Patienten geben mit übertriebener Großzügigkeit ihr Hab und Gut weg, lassen sich leicht zu unsinnigen Geschäften verleiten, verlieren ihre Freunde und ihre berufliche Position durch eine Reihe von „Dummheiten" und stehen zum Schluß ohne Familie, Freunde, ihren früheren Status und Geld da. Das *selbstbestrafende Verhalten* tritt anscheinend auf, ohne daß dem Betreffenden irgendwelche übermäßigen Schuldgefühle bewußt wären. Diese Form der Trauerreaktion ist oft besonders verhängnisvoll, weil dadurch andere Familienmitglieder in Mitleidenschaft gezogen und Freunde und Geschäftspartner geschädigt werden können.
9. Dies führt schließlich zu einem Zustandsbild, bei dem die Trauerreaktion

geradezu die Form einer agitierten Depression annimmt mit Spannungsgefühlen, Aufgewühltsein, Schlaflosigkeit, Gefühlen der Wertlosigkeit, bitteren Selbstanklagen und offenkundigem Strafbedürfnis. Diese Patienten können stark *selbstmordgefährdet* sein.

Ein junger 32jähriger Mann hatte bei der Brandkatastrophe nur leichte Brandverletzungen erlitten. Er verließ das Krankenhaus als er offensichtlich auf dem Wege der Besserung war, unmittelbar bevor die psychiatrische Untersuchung der Katastrophenopfer stattfand. Während er noch zur Behandlung auf der Station war, erfuhr er, fünf Tage nach der Katastrophe, daß seine Frau gestorben war. Die Nachricht schien ihn von der Sorge um ihr Schicksal zu befreien. Während der kurzen Zeit, die er nach der Kenntnisnahme vom Tod seiner Frau noch im Krankenhaus blieb, imponierte er dem Chirurgen als ungewöhnlich gut kontrolliert.

Kurze Zeit später brachte ihn seine Familie wieder ins Krankenhaus. Er war kurz nach seiner Entlassung sehr unruhig geworden, hielt es zu Hause bald nicht mehr aus und war deshalb zu Verwandten gefahren, um Ruhe zu finden, was ihm aber nicht gelang, so daß er wieder nach Hause zurückkehrte. Er machte, als er in die Klinik kam, einen sehr aufgewühlten, von quälenden Gedanken verfolgten und ängstlichen Eindruck und war nicht in der Lage, sich auf irgendeine planvolle Tätigkeit zu konzentrieren. Auch auf der Station war er unruhig, konnte nicht stillsitzen und an keiner Stationsaktivität teilnehmen. Versuchte er zu lesen, so ließ er es nach wenigen Minuten wieder sein; wollte er Tischtennis spielen, so gab er auch das nach kurzer Zeit wieder auf. Ein soeben begonnenes Gespräch brach er abrupt wieder ab unentwegt Sätze vor sich hinmurmelnd wie: „Keiner kann mir helfen." „Wann ist es soweit?" „Ich bin verloren, nicht wahr?"

Nur mit großer Mühe gelang es, eine Beziehung zu ihm herzustellen, die die Fortsetzung der therapeutischen Gespräche erlaubte. Er klagte über extreme Spannungsgefühle, Würgen im Hals, allgemeine Schwäche und Erschöpfung und eine wahnsinnige Angst, daß etwas Schreckliches passieren würde, „Ich bin dazu verurteilt, verrückt zu werden, oder ich muß sterben. Ich weiß, daß es Gottes Wille ist. Ich habe dieses furchtbare Schuldgefühl." Unter starken pathologischen Schuldgefühlen rief er sich unaufhörlich die Ereignisse der Brandkatastrophe in Erinnerung: Seine Frau war hinter ihm zurückgeblieben. Als er sie mit sich hinausziehen wollte, war er ohnmächtig geworden und dann mit der Menge hinausgeschoben worden. Sie starb im Feuer, während er gerettet wurde. „Ich hätte sie retten oder auch sterben sollen." Er klagte über eine unglaubliche Gewalttätigkeit, die er überall in sich spürte, und wußte nicht, wie er damit umgehen sollte.

Die therapeutische Beziehung konnte jeweils nur für kurze Zeit aufrechterhalten werden, dann verfiel er wieder in einen Zustand tiefer Verzweiflung und murmelte vor sich hin. Trotz starker Beruhigungsmittel schlief er schlecht. Im Verlauf von vier Tagen beruhigte er sich ein wenig und konnte etwas länger mit dem Psychiater Kontakt halten. Er schien das Gefühl zu haben, daß er verstanden wurde und daß es ihm gelingen könnte, seine krankhaften Schuldgefühle und gewalttätigen Impulse in den Griff zu bekommen. Aber am sechsten Tag seines Krankenhausaufenthaltes sprang er durch ein geschlossenes Fenster in den gewaltsamen Tod, nachdem er die Krankenschwester, die auf ihn aufpassen sollte, geschickt abgelenkt hatte.

Auch wenn ein Patient nicht so offensichtlich selbstmordgefährdet ist, kann er dennoch ein starkes Leidensbedürfnis entwickeln. Solche Patienten möchten oft irgendeine Art von Schockbehandlung haben, die sie sich als grausame Erfahrung ausmalen – etwa wie eine Hinrichtung auf dem elektrischen Stuhl.

Eine achtundzwanzigjährige Frau, deren zwanzig Monate alter Sohn aufgrund eines Unglücksfalls erstickt war, entwickelte eine schwere agitierte Depression mit heftigen Selbstvorwürfen, Freude- und Hoffnungslosigkeit und Feindseligkeit gegen ihren Ehemann und dessen Eltern, von der sie überflutet wurde. Auch gegen den Psychiater war sie äußerst feindselig. Sie bestand auf einer Elektroschockbehandlung und wurde schließlich deswegen zu einem anderen Arzt überwiesen. Sie sprach auf die Schockbehandlung sehr gut an und fühlte sich von ihrem Schuldgefühl befreit. Bemerkenswerterweise handelte es sich nur bei einem kleinen Teil der Trauerphänomene in unseren Untersuchungen um diese Art von agitierter Depression.

Prognose

Unsere Beobachtungen weisen darauf hin, daß Art und Schwere einer Trauerreaktion bis zu einem gewissen Grad vorhersagbar sind. Patienten mit einer zwanghaften Persönlichkeitsstruktur und Hinweisen auf depressive Verstimmungen in der Anamnese neigen am ehesten zur Entwicklung einer agitierten Depression. Besonders heftige Reaktionen treten anscheinend bei Müttern auf, die kleine Kinder verloren haben. Offenbar ist die *Intensität der Interaktion mit dem Verstorbenen* vor dessen Tod von ausschlaggebender Bedeutung. Dabei muß man sich klarmachen, daß diese Interaktion nicht unbedingt herzlich gewesen sein muß; im Gegenteil: Der Tod eines Menschen, der zu seinen Lebzeiten viel Feindseligkeit erzeugte, die jedoch wegen seines Status und autoritären Gehorsamsanspruches nicht zum Ausdruck gebracht werden konnte, kann eine heftige Trauerreaktion auslösen, deren herausragendstes Merkmal feindselige Impulse sind. Nicht selten war der Verstorbene eine Schlüsselfigur in einem Beziehungssystem, so daß sein Tod eine Auflösung dieses Systems sowie eine tiefgreifende Veränderung der persönlichen Lebensumstände und sozialen Lage der Hinterbliebenen bewirkt. In solchen Fällen ist auch die Reintegration der Weiterlebenden eine schwer zu bewältigende Aufgabe, ganz abgesehen von der Reaktion auf den erlittenen Verlust. Anscheinend sind alle diese Faktoren wichtiger als eventuelle Hinweise auf neurotische Symptome in der Anamnese des Patienten. So wurden auch die auffälligsten Formen krankhafter Identifikation bei Menschen gefunden, in deren Vorgeschichte nichts auf eine Neigung zu psychoneurotischen Reaktionen hinwies.

Therapie

Der richtige psychotherapeutische Umgang mit Trauerreaktionen kann prolongierte und ernsthafte Störungen der sozialen Reintegration und potentielle körperliche Erkrankungen verhindern. Die wesentliche Aufgabe des Therapeuten besteht darin, sich an der Trauerarbeit des Patienten zu beteiligen, insbesondere an den Bemühungen, sich aus der Bindung an den Verstorbenen zu lösen und für sich neue befriedigende Beziehungsmuster zu finden. Es ist besonders wichtig, daß nicht nur eine *Überreaktion*, sondern auch eine *zu schwache* Reaktion des Trauernden aufmerksam beobachtet wird. Verzögerte Reaktionen können in unvorhersagbaren Augenblicken auftreten und die gefährlichen Zerrbilder der Trauerreaktion, die zunächst nicht auffallen, können später sehr destruktiv sein; derartige Zerrbilder lassen sich verhindern.

Die Religionsgemeinschaften sind uns bisher im Umgang mit Hinterbliebenen voraus gewesen. Sie spendeten Trost, indem sie dem Wunsch des Patienten nach einer Fortsetzung der Beziehung zu dem Verstorbenen im Dogma der Unsterblichkeit Rückhalt gaben; sie haben Rituale entwickelt, die gewährleisten, daß der Patient mit anderen in Kontakt bleibt, und sie haben mittels der Vorstellung der göttlichen Gnade und dem Versprechen, bei einer späteren Wiedervereinigung an dem Verstorbenen „alles wieder gutmachen zu können", den krankhaften Schuldgefühlen des Patienten entgegengewirkt. Diese Vorstellungen haben zwar zahllosen Trauernden geholfen, aber Trost alleine ist noch keine ausreichende Hilfe für die Trauerarbeit. Der Patient muß den Schmerz des Verlassenseins akzeptieren. Er muß seine Beziehungen zu dem Verstorbenen überdenken, und er muß sich mit den Veränderungen in seinen eigenen emotionalen Reaktionsweisen vertraut machen. Seine Angst, verrückt zu werden, und seine Angst davor, die überraschenden Veränderungen seiner Gefühle, speziell das Überschwemmtwerden von Feindseligkeit zu akzeptieren, müssen durchgearbeitet werden. Der Patient muß seinen Schmerz und das Gefühl des Verlustes ausdrücken können. Er wird eine akzeptable Formulierung für seine zukünftige Beziehung zu dem Verstorbenen finden müssen. Er muß seine Schuldgefühle in Worte fassen und wird in seiner Umgebung Menschen finden müssen, die er als erste „Versuchspersonen" beim Erwerb neuer Verhaltensmuster benutzen kann. All dies kann in acht bis zehn Gesprächen erreicht werden.

Spezielle Techniken sind notwendig, wenn Feindseligkeit das auffälligste Merkmal der Trauerreaktion ist. Die Feindseligkeit kann sich gegen den Psychiater richten und der Patient deswegen solche Schuldgefühle entwikkeln, daß er weitere Gespräche ablehnt. Dann kann die Hilfe einer Sozialarbeiterin, des Pfarrers oder, wenn das nicht möglich ist, eines Familienmitgliedes, von großem Wert sein, um den Patienten zur Fortsetzung der Gespräche zu bewegen. Wenn die Verspannung und Depressivität zu groß ist, kann eine Kombination von zweimal täglich fünf bis zehn mg Benzedrine* und 0,2 g Amytal** vor dem Schlafengehen zur ersten Reduktion der emotionalen Belastung auf ein erträgliches Maß nützlich sein. Schwere agitierte Depressionen können allen psychotherapeutischen Bemühungen widerstehen, aber gut auf eine Schockbehandlung ansprechen.

Da offensichtlich nicht alle Menschen nach einem Todesfall, vor allem, wenn es wie im Krieg sehr viele sind, psychiatrische Hilfe bekommen können, muß ein Großteil dieses Wissens an Personen weitergegeben werden, die den Arzt in der Versorgung seelisch gestörter Menschen unterstützen können. Insbesondere Sozialarbeiter und Pfarrer werden in ihrem Wirkungskreis einen Blick für die schwerwiegenderen Fälle entwickeln und diese an den Psychiater verweisen müssen, während sie bei normaleren Trauerreaktionen selber Hilfe leisten können.

Antizipatorische Trauerreaktionen

Obwohl unsere Untersuchungen anfangs auf Reaktionen nach einem gerade erst kürzlich eingetretenen Todesfall beschränkt waren, sollten wir nicht vergessen, daß Trauerreaktionen nur *eine* Form von Trennungsreaktionen darstellen. Trennung durch Tod ist durch Unwiderruflichkeit und Endgültigkeit gekennzeichnet. Eine Trennung kann aber auch andere Gründe haben. Wir waren zunächst überrascht, als wir auf echte Trauerreaktionen bei Patienten stießen, die keinen Todesfall, wohl aber eine Trennung erlebt hatten – z. B. weil ein Familienmitglied zum Militär gegangen war. In diesem Fall kann die Trennung nicht dem Tod zugeschrieben werden, aber sie steht unter der Drohung eines möglichen Todes. Ein bisher noch nicht beachtetes aber gleichwohl häufig auftretendes Phänomen ist ein Syndrom, das wir *antizipatorische Trauerreaktion* genannt haben. Beispielsweise macht sich eine Patientin solche Gedanken darüber, wie sie nach dem potentiellen Tod des Vaters oder Sohnes mit dem Leben zurecht kommen soll, daß sie alle Phasen der Trauer und Depression durchlebt: erhöhte innerliche Beschäftigung mit dem Weggegangenen, Durchgehen aller Todesarten, die ihm zustoßen könnten, und gedankliche Vorwegnahme aller daraufhin im eigenen

* (Amphetaminsulfat) Psychoanaleptikum vom Amphetamintyp.
** (Amobarbitalnatrium) Hypnotikum.

Leben notwendigen Umstellungen. Obwohl diese Reaktion ein wirksamer Schutz gegen den Schock einer plötzlichen Todesnachricht sein kann, kann sie sich bei einem Wiedersehen auch als Nachteil herausstellen. Zum Beispiel beklagte sich ein gerade von der Front zurückgekehrter Soldat, daß seine Frau ihn nicht mehr liebe, und verlangte die sofortige Scheidung. In derartigen Fällen ist die Trauerarbeit offensichtlich so erfolgreich geleistet worden, daß die betreffende Person sich von ihren Bindungen völlig gelöst hat und die Umgewöhnung jetzt in der Weise erfolgen muß, daß wieder eine Beziehung zustande kommt. Es ist wichtig, diesen Faktor zu erkennen, da viele solcher Familientragödien durch vorbeugende Maßnahmen vermieden werden könnten.

Literaturauswertung

Viele der Beobachtungen, über die dieses Kapitel berichtet, sind nicht vollkommen neu. Verzögerte Reaktionen wurden schon von *Helene Deutsch* (1937) beschrieben. Für eine Schockbehandlung bei agitierten Depressionen nach einem Todesfall hat sich *Myerson* in einem Beitrag (1944) ausgesprochen. Pathologische Formen der Identifikation wurden an vielen Stellen in der psychoanalytischen Literatur behandelt, zum Beispiel wieder von *Murray* (1937). Die Zusammenhänge von Trauer und depressiven Psychosen wurden von *Freud* (1917), *Melanie Klein* (1940) und *Abraham* (1912) beschrieben. Mit Trauerreaktionen in Kriegszeiten hat sich *Wilson* (1941) beschäftigt. Die Reaktionen nach der Feuerkatastrophe im Coconut-Grove-Nachtclub wurden 1943 von *S. Cobb* und mir dargestellt. *Rosenbaum* (1944) berichtete über die Folgen kriegsbedingter Trennungen. Die Häufigkeit von Trauerreaktionen unter den psychogenen Faktoren bei Asthma bronchiale und rheumatischer Arthritis wurde von *Cobb, Bauer* und *Whitney* (1939) sowie *McDermott* und *Cobb* (1939) hervorgehoben.

Literatur

Abraham, K. (1912). Notes on the psychoanalytic investigation and treatment of manic-depressive insanity and allied conditions. In Selected Papers London: Hogarth Press, 1927. – *Cobb, S., Bauer, W.*, and *Whitney, I.* (1939). Environmental factors in rheumatoid arthritis. Journal of the American Medical Association 113: 668–670. – *Deutsch, H.* (1937). Absence of grief. Psychoanalytic Quarterly 6: 12–22. – *Freud, S.* (1917). Trauer und Melancholie. GW Bd. X, S. Fischer Verl., 428–446. – *Klein, M.* (1940). Mourning and its relation to manic-depressive states. International Journal of Psycho-Analysis 21: 125–153. – *Cobb, S.* and *Lindemann, E.* (1943). Neuropsychiatric Observations After the Coconut Grove Fire. Annals of surgery 117: 814–824. – *McDermott, N.*, and *Cobb, S.* (1939). Psychogenic factors in Asthma. Psychosomatic

Medicine 1: 204–341. – *Murray, H. A.* (1937). Visual manifestations of personality. Journal of Abnormal and Social Psychology 32: 161–184. – *Myerson, A.* (1944). The use of shock therapy in prolonged grief reactions. New England Journal of Medicine 230: 9ff. – *Rosenbaum, M.* (1944). Emotional aspects of wartime separations. Family, 24: 337–341. – *Wilson, A. T. M.* (1941). Reactive emotional disorders. Practitioner, 146: 254–258.

4. Kapitel

Individuelle Feindseligkeit und soziale Integration

Wie viele andere Wissenschaftler seiner Generation beunruhigte Lindemann das Problem der Gewalt und die Frage, wie Gewalt von gestörten Einzelpersonen – z. B. Hitler – auf Gruppen oder ganze Völker übertragen werden kann. Im Mai 1948 veranstaltete die American Psychiatric Association (APA) ein Symposium über die Ursachen von Feindseligkeit, anläßlich dessen Lindemann den im folgenden abgedruckten Beitrag vortrug.

Erwähnenswert ist, daß dieser Beitrag nicht in dem Publikationsorgan der APA veröffentlicht wurde, sondern in der relativ neuen Zeitschrift der Society for Applied Anthropology (Gesellschaft für Angewandte Anthropologie). Lindemann arbeitete seit kurzem mit einigen nichtärztlichen Kollegen zusammen, nachdem er ins Department of Social Relations der Harvard-Universität (Abteilung zur Erforschung sozialer Beziehungen) aufgenommen worden war. (1947 hatte er eine Einladung von Talcott Parsons und Clyde Kluckhohn angenommen, in der neuen Abteilung einen Kurs über Klinische Psychologie abzuhalten). Lindemann engagierte sich begeistert für die Integration anthropologischer, soziologischer und sozialpsychologischer Konzepte und er hoffte, daß „das Feld des sozialwissenschaftlichen Basiswissens, das sich gerade erst jetzt auftut", „zu einem Pflichtfach in der medizinischen Ausbildung" werden würde, „insbesondere die sozialwissenschaftlichen Erkenntnisse über die zwischenmenschlichen Beziehungen". Der erste Teil des folgenden Beitrags gibt einen Überblick über die zur Zeit seiner Entstehung existierenden Aggressionstheorien. Er zeigt Lindemann von einer lernenden Seite zu Beginn seiner Mitarbeit im Department of Social Relations. Der zweite Teil enthält seinen eigenen Beitrag zu dem Thema auf der Basis seiner klinischen Beobachtungen. *(Elizabeth B. Lindemann*

Feindseligkeit zwischen erwachsenen Menschen und Gruppen gibt heute nicht nur Psychiatern, sondern auch jedem auf der Welt Veranlassung zu tiefer Besorgnis, da die Zerstörungskraft der Vernichtungswaffen in einer rapiden Weise ständig anwächst. In den letzten Jahren sind sich die Psychiater immer stärker der Herausforderung bewußt geworden, die in der therapeutischen Bearbeitung von gewalttätigen Tendenzen bei Einzelnen, ganzen Nationen und bei verschiedenen Gruppen innerhalb von Nationen liegt.

Die Sozialwissenschaften sind wesentlich jünger als die Naturwissenschaften, und so fehlt es leider noch weithin an gut gesicherten Kenntnissen über so alltägliche Erscheinungen wie die Entstehung feindseliger Gefühle und Einstellungen und deren Umsetzung in feindselige Handlungen. Dieser Beitrag kann nur versuchen, die dabei involvierten Begriffe zu klären und die Richtung einer möglichen Lösung der durch Feindseligkeit verursachten Probleme anzudeuten. Ich beschränke mich dabei auf klinische Beobachtungen unter Hinweis auf einige Experimente aus der Sozialpsychologie.

Der Begriff *Feindseligkeit* oder *feindselige Impulse*, wie er in der Psychiatrie verwendet wird, ist enger gefaßt als der Begriff *Aggression*. Letzterer bezieht sich auch auf das Meistern und den entschlossenen Umgang mit einer Situation und die Durchführung bestimmter Maßnahmen, wobei die verletzende oder zerstörerische Qualität, die der Feindseligkeit innewohnt, oft völlig fehlen kann. Man kann die offene *feindselige Handlung* von der *feindseligen Emotion*, vom länger anhaltenden *feindseligen Gefühl* und von der *verdeckten Feindseligkeit* unterscheiden – letztere kann man nur aus verschiedenen, scheinbar nicht feindseligen Verhaltensfragmenten erschließen, die in ihrem Kontext, dem Handelnden unbewußt, einen oft als „unbewußte feindselige Intention" bezeichneten feindseligen Effekt haben.

Hier stellt sich sofort die grundlegende Frage, ob feindselige Impulse angeboren oder erworben sind. Seit *Cannon* (1915) wissen wir von den physiologischen Vorgängen bei Wutgefühlen und dem zugehörigen feindseligen Verhalten von Tieren. Zweifellos gibt es eine bestimmte physiologische Ausstattung, die feindselige Handlungen erst ermöglicht. *Bards* Arbeit über die simulierte Wut (1934), die später von *Rioch* (1940) weitergeführt wurde, hat uns Aufschlüsse gegeben über die notwendigen anatomischen Grundlagen für das Auftreten des Verhaltensmusters „Wut" im Anschluß an die Wahrnehmung feindlicher Stimuli. Der Mensch teilt mit bestimmten Fleischfressern das biologische Schema des Nahrungserwerbs, das – gegenüber anderen Lebewesen – räuberisch ist; die Fähigkeit zum Jagen, Festhalten, Töten und Verschlingen anderer Lebewesen ist in unserer biologischen Ausstattung verankert. In diesem Bereich stellt sich das Problem der Feindseligkeit nicht; erst wenn andere Menschen oder ihr Eigentum das Ziel von gewaltsamer Zerstörung werden, verwenden wir diesen Begriff.

Die Genetiker können uns keine Antwort auf die Frage geben, ob die Neigung zu mehr oder weniger starken feindseligen Handlungen bei Menschen angeboren ist. (Beispielsweise ist es möglich, mehr oder weniger aggressive Mäusestämme zu züchten. Sie wurden von *Allee* [1938] in Verbindung mit Problemen der Dominanz in Tierpopulationen untersucht.) Bisher scheint aber niemand Gene identifiziert zu haben, die mit dem Feindseligkeits-Potential des Menschen in Verbindung gebracht werden können. Allerdings können Unterschiede in der Skelettmuskulatur sowie die natürliche Ausstattung und Reserven für gewalttätiges Handeln sehr wohl die sozialen Faktoren bestimmen, von denen die Entwicklung eines mehr oder weniger starken Grades von Feindseligkeit abhängt. Ein kleingeratener Mensch, der sich über seinen kurzen Wuchs ärgert, und der Behinderte, der in seiner Bewegungsfreiheit eingeschränkt ist, können feindseliger sein als jemand, der groß und stark ist und dessen Stärke ihm Überlegenheit und emotionale Belohnungen sichert.

Die bei weitem wichtigeren Quellen der Feindseligkeit sind jedoch die *erlernten* Reaktionen, die durch die Art der *Sozialbeziehungen* etabliert werden, denen ein Mensch von Beginn seines Lebens an ausgesetzt ist, und durch die spezielle *Organisationsform der Gruppe*, zu der er gehört. Das Kind, das gelernt hat, seine Bedürfnisse zu befriedigen, ohne die Bedürfnisbefriedigung anderer zu beeinträchtigen, mußte bestimmte Verhaltensweisen aufgeben und durch andere ersetzen. Zugleich erfährt es aber, daß sein Vater einen Orden erhält, wenn er im Krieg einen Feind tötet, daß er bei seinen Freunden Ansehen gewinnen kann, vielleicht sogar elterliches Lob, wenn er auf der Straße einen anderen Jungen verprügelt, und daß die ganze Familie stolz ist, wenn sein Vater einen geschäftlichen Konkurrenten übertrumpft. Mit anderen Worten, es gibt erlaubte Feindseligkeit, deren Rechtmäßigkeit allgemein anerkannt ist, und illegitime Feindseligkeit. Es ist deshalb für unser Problem wichtiger, die in einer Gruppe jeweils erlaubten Formen von Feindseligkeit zu identifizieren, als nach einem Moralkodex zu suchen, der für die Bewertung feindseliger Handlungen im allgemeinen herangezogen werden könnte.

Scheinbar stellen wir eine alte Frage, wenn wir erneut nach der primären Quelle von Feindseligkeit im Umgang von Menschen miteinander fragen. Die einleuchtende Antwort, die von *Dollard et al.* (1939) gut belegt wurde, ist, daß Frustration – d.h. die Störung einer zielgerichteten Handlung – feindselige Impulse weckt; daß die Feindseligkeit zunimmt mit der Stärke der Störung und daß auf herausfordernde oder mit Verlust verbundene Situationen, die Frustration mit sich bringen, oft eine ganze Reihe von feindseligen Impulsen und Handlungen folgen. Die Frustrationstheorie zur Erklärung der Feindseligkeit* ist heute weithin akzeptiert. *Rosenzweig* (1944) ist dem extrapunitiven und intrapunitiven feindseligen Verhalten als Folge von Frustrationen nachgegangen, und die psychoanalytische Literatur ist voller Beispiele dafür, auf wieviel verschiedene Weisen die feindselige Reaktion – sei sie durch Frustration oder durch Deprivation ausgelöst – unterdrückt, verzögert, durch scheinbar nicht feindselige Reaktionen ersetzt, ja völlig verschwinden oder durch spätere Provokation reaktiviert werden kann.

In den letzten Jahren sind zunehmend Zweifel aufgekommen, ob der Frustrationssituation wirklich eine so exklusive Rolle bei der Entstehung von Feindseligkeit zukommt, wie man zunächst angenommen hatte. *David Levy* (1941) machte darauf aufmerksam, daß nicht jede Frustration zu Feindseligkeit führt. Sie kann auch zu einer Veränderung oder Intensivierung des

---

* Heute bekannt unter dem Namen Frustrations-Aggressions-Hypothese.

zielgerichteten Verhaltens führen. Es scheint, daß das Problem wesentlich komplexer ist und daß eine Vielzahl verschiedener Faktoren als mögliche Quelle von Feindseligkeit wirksam wird. Würde man solche Reaktionen nur unter ihrem individuellen Aspekt betrachten, ohne die Struktur der menschlichen Gruppe, in der sie auftreten, genügend zu beachten, so würde man die Lösung des Problems in einer unzulässigen Weise vereinfachen.

Zunächst sollen die *zeitlichen* Merkmale der frustrierenden Situation genauer dargelegt werden. Sicherheit kann man als den Zustand verstehen, in dem die üblichen Methoden, sich Zuwendung und Bedürfnisbefriedigung zu sichern, nicht als bedroht empfunden werden. Unsicherheit ist dann das Bewußtsein von einer drohenden *zukünftigen* Frustration. Eine wichtige Quelle der Befriedigung für einen Menschen ist sein Status innerhalb einer Gruppe; er begründet das Privileg, bestimmte Handlungen von anderen Gruppenmitgliedern zu erwarten, ebenso wie die Pflicht, bestimmte Erwartungen der anderen zu erfüllen. Eine Beeinträchtigung oder eine drohende Beeinträchtigung des Status in der Gruppe kann schon dadurch auftreten, daß sich die Anzahl der Gruppenmitglieder ändert: Wenn eine oder mehrere Personen zu einer Gruppe dazukommen oder sie verlassen, kann das eine Quelle von Feindseligkeit sein. Der Begriff *feindselige Spannung* wird verwendet, um einen Zustand der Bereitschaft zu feindseligen Handlungen angesichts einer solchen Bedrohung zu bezeichnen, auch wenn das Ziel der Handlung noch nicht feststeht. *Parsons* (1947) untersuchte unter dem Gesichtspunkt der Bedrohung der Sicherheit einige Merkmale der sozialen Systeme, in denen wir und unsere Patienten leben. Ihnen allen gemeinsam ist, daß Unsicherheit und, als Folge davon, feindselige Spannung erzeugt wird. Die große Mobilität, die instabile Familienstruktur mit einem selten anwesenden Vater und der nur widerwillig anwesenden Mutter, die mangelnde Kontinuität im Familien- und Berufsleben und die Erfahrung, von widersprüchlichen Ansprüchen und Forderungen, die erst durch die überstarke Entwicklung der Kommunikationskanäle möglich wurde, reduzieren allesamt die Wahrscheinlichkeit, daß die gegenwärtige Form sozialer Anpassung in absehbarer Zukunft mit Erfolg weiterbetrieben werden kann. Viele Kräfte, die von den Menschen ständig Übergänge von einem Bezugssystem zum anderen verlangen, rufen Feindseligkeit hervor, und oft werden sie personifiziert, um ein noch geeigneteres Ziel für feindselige Handlungen abzugeben. Selbst ein Mensch, der nicht in einem nennenswerten Maße frustriert ist, kann an einem feindseligen Gruppengefühl in Gruppen teilhaben, die Opfer willkürlich aufgezwungener Veränderungen sind oder sich dafür halten. Derjenige, der über ein großes Reservoir von feindseliger Spannung verfügt, wird dazu beitragen, daß das Gruppengefühl in einer Gruppenhandlung kanalisiert und zum Ausdruck gebracht wird.

Während der Faktor Unsicherheit den Begriff der Frustration um eine zeitliche Dimension erweitert, kann andererseits ein *quantitativer* Faktor eingeführt werden, wenn man berücksichtigt, daß eine Akkumulation kleinster Bedrohungen oder Provokationen denselben Effekt bei der Verursachung feindseliger Reaktionen haben kann wie ein einzelnes durchschlagendes Ereignis. Die Provokationen müssen nicht unbedingt frustrierende Erlebnisse sein. Die feindselige Handlung eines Menschen oder einer Gruppe kann eine feindselige Gegenreaktion als unmittelbare Antwort auf den eigentlichen Reiz hervorrufen. Die sogenannte zurückweisende Mutter oder die Gruppe, die ein Individuum mit einem feindlichen emotionalen Klima umgibt, können dadurch, daß freundliche Handlungen unterlassen werden, ebenso wie durch direktes feindliches Handeln ein wachsendes Reservoir an feindseliger Spannung erzeugen, das, um sich adäquat zu entladen, diesen Menschen auf immer primitivere feindselige Akte zurückgreifen läßt. *Newcomb* (1947) wies auf den Teufelskreis hin, daß Menschen oder eine Gruppe, wenn sie erst einmal die Bereitschaft zu einer feindseligen Reaktion entwikkelt haben, nach und nach ihre Kommunikationskanäle zum potentiellen Feind reduzieren und daß dadurch eine Korrektur der früheren Eindrücke von Feindseligkeit und anders geartete Erfahrungen verhindert werden. Die feindselige Isolation macht eine feindselige Spannung noch dauerhafter. Auch eine aus anderen Quellen stammende, lange aufgestaute Feindseligkeit wird dann auf den Feind gerichtet, und jeder Versuch ihn aus der Schußlinie zu nehmen, führt nur zu erneuter und noch größerer Feindseligkeit. Jeder Psychiater weiß, daß das Aussprechen von feindlichen Gefühlen und deren Überprüfung in der Schilderung des Individuums oder der Gruppe, die für die Entstehung der Feindseligkeit verantwortlich sind, ein zentrales Ereignis in einer erfolgreichen Behandlung darstellt, denn er selbst wird in der Übertragung des Patienten, vorübergehend zur Zielscheibe von dessen feindlichen Emotionen.

Die bisherige Diskussion deckt keineswegs alle Ursachen ab, die in Frage kommen können, aber wir haben jetzt doch eine Basis, um das Schicksal der feindseligen Impulse, wenn sie erst einmal entstanden sind, zu verfolgen. Wie andere grundlegende Impulse verlangt auch die Feindseligkeit nach einer *Handlung*, nämlich nach Beseitigung oder Vernichtung des auslösenden Reizes. Verschwindet der Reizauslöser, bevor er Ziel einer feindseligen Handlung werden konnte, dann bahnt diese sich gleichwohl einen Weg, indem sie auf ein *Ersatzziel* gelenkt wird. Die heftige Selbstbestrafung, die wir bei manchen Hinterbliebenen nach dem Tod eines von ihnen gehaßten Menschen erleben, verweist auf einen solchen Mechanismus.

Die direkteste und primitivste Form von feindseligem Handeln gegenüber einem Menschen oder einer Gruppe ist das Töten oder Verstümmeln. Aber es gibt darüber hinaus ein breites Spektrum anderer möglicher Aggressionsformen, angefangen von primitivem Verhalten bis hin zu den vielen subtilen Methoden, ein Opfer zu quälen und zu verfolgen, die auch in unserer Kultur noch möglich und sogar legal sind – zum Beispiel bösartiger Klatsch oder politische Erpressung. Allerdings scheint sich die feindselige Reaktion sehr bereitwillig in ihre primitivste Form zu verwandeln, wenn der Druck der feindseligen Spannung ein gewisses Maximum erreicht. Die Fülle destruktiver Phantasien bei frustrierten Menschen, die wütende Selbstzerstörung bei Melancholikern, das Arsenal von Ersatzreaktionen und mehr oder weniger gut getarnten Abwehrmechanismen gegen Feindseligkeit, die Reaktionsbildungen, die durch psychoanalytische Untersuchungen Allgemeingut geworden sind, müssen hier wohl kaum im einzelnen aufgeführt werden.

Betrachtet man die Beziehungen eines feindlich aufgebrachten Menschen zu seiner Gruppe, so zeigt sich, daß die feindselige Handlung unterbunden oder abgeschwächt werden kann, wenn etwa die Bestrafung durch die Gruppe oder die Selbstbestrafung durch unangenehme Schuldgefühle gegenüber anderen antizipiert werden. Allerdings kann ein aufgebrachter Mensch auch versuchen, die Einstellung seiner Gruppe zu seinen feindseligen Handlungen zu ändern, indem er diese in einen erlaubten oder legitimen Kontext einbettet. Eine Beobachtung auf unserer psychiatrischen Station im Massachusetts General Hospital soll dies illustrieren:

Eine 22jährige Frau, die in der erbitterten Rivalität mit einer hübscheren jüngeren Schwester unterlegen war, verharrte in den ersten drei Wochen nach ihrer stationären Aufnahme in ihrer Depressivität. Sie begann von sich aus kein Gespräch, antwortete auf Fragen so kurz wie möglich, aß wenig und reagierte auf keinen Versuch, ihr Interesse zu wecken. In den psychotherapeutischen Gesprächen bot sie keinerlei Material an.

Gegen Ende dieses Zeitraums begannen die anderen Patienten auf der Station, darüber zu reden, daß die Beschäftigungstherapeutin das Krankenhaus verlassen würde. Von der neuen Stelleninhaberin, einer jungen Frau, hieß es, daß sie sehr hübsch sei. Am nächsten Tag konnte man eine bemerkenswerte Änderung im Verhalten der Patientin und in ihrer Beteiligung am Gruppenleben beobachten. Sie war plötzlich der Mittelpunkt einer lebendigen Gruppe auf der Station, lachte und schwatzte fröhlich mit den anderen Patienten und wurde von allen als gute Freundin angesehen. Sie aß gut und zeigte keine Spur von Depression mehr. Wir entdeckten, daß sie ein Bridge-Marathon organisiert hatte, das die anderen Patienten auf der Station so beschäftigte und mit Begeisterung erfüllte, daß sie es für völlig legitim hielten, die Therapieangebote der neuen Beschäftigungstherapeutin abzulehnen.

Dieser Zustand hielt drei Tage an. Die ganze Station war glücklich, und die vielen kleinen täglichen Reibereien, die die Beziehungen von Schwestern und Patienten sonst belastet hatten, waren verschwunden. Die einzige, der es schlecht ging, war die Beschäftigungstherapeutin.

Doch am dritten Tag konnte der Stationsarzt, dem die neue Beschäftigungstherapeutin leid tat, eine Teilnehmerin des Turniers überreden, bei der Beschäftigungstherapie mitzumachen. Innerhalb weniger Stunden war das ganze neue Gruppenunternehmen zusammengebrochen, und die Patientin war wieder so isoliert wie zuvor. An diesem Abend unternahm sie einen Selbstmordversuch.

In dem hier geschilderten Beispiel hatte die Feindseligkeit der Patientin vorübergehend ein Ersatzziel gefunden. Die feindselige Handlung konnte auf eine legitime Weise durchgeführt werden, weil sie durch die gemeinsame Unternehmung in der Gruppe getarnt und von Schuld befreit worden war. Sobald die gemeinsame Aktion jedoch aufhörte, mußte sich die Feindseligkeit der Patientin wieder gegen sich selbst richten.

Solche Beobachtungen sind wahrscheinlich den meisten Psychiatern vertraut, die sich mit Therapiegruppen beschäftigen. Das Phänomen verdient jedoch, in weiteren systematischen Untersuchungen geklärt zu werden. Anscheinend verhält sich die Kontrollinstanz, die feindselige Handlungen erlaubt oder verbietet, flexibel und ändert sich mit der Einstellung der Gruppe. Umgekehrt läßt sich das in einer Gruppe vorhandene Potential an Feindseligkeit durch die Anwesenheit eines einzigen besonders feindseligen Gruppenmitglieds kanalisieren, d.h. auf bestimmte Ziele ausrichten. *Freuds* Analyse der Faktoren, die zum Morden und zur Gewalttätigkeit von Massen führen können, (1921) und *Redls* Beschreibung (1942) des Verhaltens von heranwachsenden Jungen, die sich in Gruppen oder Banden zusammengeschlossen hatten, in denen ein spezieller Verhaltenskodex feindselige Äußerungen innerhalb der Gruppe mit rigider Strenge kontrollierte und gleichzeitig feindliche Einstellungen und Handlungen gegen Nichtgruppenmitglieder begünstigte, liefern ausführliche Illustrationen für diese Art von Wechselwirkung zwischen Individuum und Gruppe.

Wie *Parsons* (1947) darlegte, müssen zur Entstehung einer Nation Spannungen innerhalb der Gruppe vermieden werden, und das ist einer der Gründe für die Bereitschaft zum Haß und dafür, daß andere nationale Gruppen zu Sündenböcken gemacht werden, wodurch die Gefahr von feindseligen Handlungen in Form eines Krieges steigt. Nationalismus, der Kampf für eine religiöse Lehre und die Aufrechterhaltung nationaler Überlegenheit sind anscheinend als Ziele zugleich breit genug angelegt und hinreichend vague, um die Feindseligkeit auf schlecht definierte und relativ unbekannte außenstehende Gruppen zu lenken.

Lewin, Lippitt und *White* (1939) zeigten in ihren bekannten Experimenten, daß der in einer bestimmten Gruppe vorherrschende *Organisationstyp* großen Einfluß auf die von den Gruppenmitgliedern erlebte und geäußerte Feindseligkeit haben kann:

Männliche Jugendliche wurden verschiedenen Gruppen zugeordnet, die sich im Führungsstil voneinander unterschieden. In einigen dominierte eine zentralisierte Führungsstruktur (sogenannter autokratischer Stil), in anderen wurden die gemeinsamen Unternehmungen von der ganzen Gruppe bestimmt (sogenannter demokratischer Stil). Die Gruppen wurden hinsichtlich des Ausmaßes an feindseligen Äußerungen und Kämpfen, die in bestimmten standardisierten Beobachtungszeiträumen aufgezeichnet wurden, miteinander verglichen. Es stellte sich heraus, daß die Mitglieder der sogenannten autokratischen Gruppe weitaus mehr offene Feindseligkeit zeigten als Teilnehmer der sogenannten demokratischen Gruppe, und daß die Jugendlichen ihre feindliche Einstellung je nach momentaner Gruppenzugehörigkeit änderten.

Für unsere Überlegungen besonders wichtig sind Situationen, in denen das *Gleichgewicht der Gruppe* plötzlich *gestört* ist. Menschen, bei denen sich eine feindselige Spannung in Situationen aufbaut, die sie sich vorher nicht vorstellen konnten, – zum Beispiel beim Verlust eines nahen Angehörigen oder im Anschluß an eine größere Operation – können sich in ihrem Gruppenverhalten auffallend verändern. Wir beschäftigen uns hier nicht mit der Frage, ob die Frustration, die der Verlust eines geliebten Menschen oder eines Körperorgans mit sich bringt, die primäre Ursache für die Feindseligkeit ist oder nicht. Vielmehr interessieren wir uns für das *gestörte Gleichgewicht im Umgang mit Bezugsgruppen*, das im Beziehungssystem solcher Menschen beobachtet werden konnte.

Ein deutlicher Anstieg der feindseligen Spannung scheint eine häufige Folge von Operationen zu sein. Eine unserer Patientinnen drückte dies in einer sehr direkten Form aus, indem sie in einer Nachuntersuchung nach einer Hysterektomie den Chirurgen in einem plötzlichen Ausbruch von Gewalttätigkeit niederschlug. Die Mehrzahl dieser Patienten zeigt jedoch verschieden starke Selbstbestrafungstendenzen, sie sind leicht reizbar, neigen dazu, mit ihren Kindern strenger als vorher umzugehen, und sehen allgemein die Menschen um sich herum kritischer. Gewaltdarstellungen in Filmen, im Radio oder in Zeitungen beeinträchtigen sie mehr als früher und sie sind verfolgt von Ängsten vor gewalttätigen Ereignissen und antizipieren alle möglichen gewaltsamen Verletzungen von Familienmitgliedern.

Dieser Zustand, den wir als *postoperativen Spannungszustand* bezeichnet haben, und der in seiner klinischen Symptomatik der reaktiven Depression nahekommt, erlangt dann besondere Bedeutung, wenn man ihn als Ereignis betrachtet, von dem ein ganzer Familienkreis betroffen ist. In einem solchen Kreis ängstigt der veränderte Zustand der Mutter zum Beispiel die Kinder, die ihr schlechtes Betragen für die Verstörung ihrer Mutter verantwortlich machen, oder den Ehemann, der sich von der Familie zurückzieht und dies damit rationalisiert, daß er die Kranke nicht stören wolle. Eine solche Auflösung der in der Familie üblichen Interaktionsmuster verstärkt die Bestürzung und Spannung der Patientin und führt zu einem Teufelskreis mehrfacher Fehlanpassungen.

Viele Fälle, in denen der Verlust des Verstorbenen schwer wiegt, zeigen mit überraschender Deutlichkeit, wie der Verlust eines Menschen, der ein wichtiges Bindeglied in den Interaktionen der Hinterbliebenen war, diese zu einer verspäteten Ausführung feindseliger Haltungen veranlaßt, die erst jetzt manifest werden. In unseren jüngsten Untersuchungen haben wir uns mit den Ursachen für bestimmte Inkorporationsphänomene beschäftigt, z. B. mit dem Phänomen, daß ein Hinterbliebener Persönlichkeitszüge oder Krankheitssymptome des verstorbenen Familienmitglieds annimmt. Eine Untersuchung der Interaktionsmuster der Familienmitglieder in solchen Fällen zeigte beispielsweise, daß in einer Familie die unerträgliche Feindseligkeit zwischen Mutter und Tochter erst nach dem Tod des Mannes manifest werden konnte.

Eine 18jährige junge Frau wurde von ihrer Mutter in der psychiatrischen Ambulanz vorgestellt, weil sie so steif und linkisch sei, mit niemandem auskomme und weil die Mutter „sie nicht mehr im Haus ertragen" könne. Die Mutter hatte der Tochter einen Platz im Junior College besorgt, aber die Patientin war schon nach wenigen Monaten nach Hause zurückgekehrt, und es kam wieder zu denselben feindseligen Szenen. Das Mädchen hatte sich bei der Schwester der Mutter beklagt und dadurch die Mutter noch mehr erbost. Wir erfuhren, daß der Ehemann vier Jahre zuvor gestorben war, und daß die Mutter ihn sehr vermißte, weil er der einzige gewesen sei, der mit dem Mädchen fertig wurde.

Im Verlaufe der Gespräche eröffnete uns die Patientin, daß sie eine glückliche Familie gewesen seien bis der Vater starb, daß die Mutter ihr dann während der Totenwache mangelnde Zuneigung vorgeworfen und sie gezwungen habe, in den Sarg zu schauen, obwohl sie sich davor fürchtete. Damals habe sie begonnen, ihre Mutter zu hassen, und darüber war sie jetzt sehr bestürzt. Sie hatte Angst, daß sie in der Lage sein könnte, ihrer Mutter etwas anzutun. Für ein Mädchen hatte sie sich oft ungewöhnlich stark gefühlt. Sie ging mit langen, männlichen Schritten und hielt sich sehr aufrecht. Jungen interessierten sie nicht, eher fühlte sie sich zu Mädchen hingezogen, hatte aber nur wenig soziale Kontakte. Sie bereitete sich darauf vor, zur Armee zu gehen, da ihr Vater bei der Marine gewesen war. Der sie überwältigende Haß gegen die Mutter war ihr größtes emotionales Problem.

In diesem Fall können wir vermuten, daß der ödipale Konflikt, der zu Lebzeiten des Vaters verdeckt war und die Hoffnung auf eine Lösung noch nicht ausschloß, nach dem Tod des Vaters in seiner primitivsten Form aufbrach. In einer solchen Situation kann es dann dazu kommen, daß entweder die Mutter oder die Tochter einen verzweifelten Versuch unternimmt, an der Anwesenheit des Vaters festzuhalten, indem sie sich seine Persönlichkeitszüge einverleibt oder so handelt wie er.

Die Feindseligkeit, die ein Ausdruck des Ungleichgewichts in der Familie nach dem Verlust eines ihrer Mitglieder ist, kann dadurch noch komplizierter werden, daß einer der Hinterbliebenen auch bestimmte Merkmale der sozialen Rolle, die der Verstorbene früher hatte, übernimmt.

Ein 10jähriger Junge beunruhigte nach dem Tod des Vaters seine Mutter durch Ausbrüche von Feindseligkeit und provozierendes Verhalten. Er verlangte, mit der gleichen Achtung und Zuneigung behandelt zu werden wie früher sein Vater und mit einer Verantwortung betraut zu werden, für die er noch nicht reif genug war. In den Gesprächen mit dem Psychiater wurde deutlich, daß ihm nicht bewußt war, wie wenig seine Ansprüche gerechtfertigt waren. Sie verschwanden erst, nachdem seine schwere Verlustreaktion gründlich durchgearbeitet worden war.

In einem anderen Fall stießen wir auf das gestörte Gleichgewicht in einer Familie, in der die Mutter den Bruder eines Mannes heiratete, der sie sitzengelassen hatte. Der elfjährige Sohn kam wegen einer Enteritis regionalis und deutlicher Unterernährung zu uns in Behandlung.

Im Verlauf der Gespräche mit einer geschulten Sozialarbeiterin erkannte die Mutter unter schweren Schuldgefühlen, daß der Patient, der ihrer Meinung nach dem abweisenden Schwager glich, das Ziel starker feindseliger Impulse geworden war, die ihr vorher nicht bewußt gewesen waren. Die Gespräche mit dem Jungen ergaben, daß er Angst hatte, von der Mutter verlassen zu werden. Als sie ihn zu einer Schieloperation ins Krankenhaus brachte, ohne ihn vorher darauf emotional vorbereitet zu haben, glaubte er, daß seine Befürchtungen wahr würden. Damals hatte seine Anorexie und die intestinale Erkrankung begonnen.

Auf Anraten der Sozialarbeiterin änderte die Mutter ihr Verhalten gegenüber dem Jungen, der mit zusätzlicher psychotherapeutischer Hilfe in drei Monaten 21 Pounds (= ca. 9,5 kg) zunahm. Jetzt aber entwickelte der Vater eine schwere Anorexie mit einem Gewichtsverlust von 33 Pounds (= ca. 15 kg). Außerdem klagte er über Apathie und Niedergeschlagenheit mit suizidalen Tendenzen. Im Lauf der Gespräche mit dem Psychiater erkannte der Vater, daß er nun zum neuen Ziel der Feindseligkeit seiner Frau geworden war, ohne daß einer von ihnen dies bemerkt hatte. Ein Teufelskreis war in Gang gekommen, indem ihre Nörgeleien und Kritik ihn veranlaßt hatten, außer Haus zu essen und erst spät nach Hause zu kommen, was wiederum dazu führte, daß ihm von der Frau mangelndes Interesse an seiner Familie vorgeworfen wurde. Es kam erst zu einer Versöhnung, nachdem seine Frau bei ihm durchgesetzt hatte, daß er seine Sekretärin entließ, bei der er Zuwendung und Trost gesucht hatte.

Nachdem der Vater die Gunst der Mutter zurückerlangt hatte, verlor der Junge wiederum den Appetit. Er beschwerte sich über die „Gemeinheit“ seiner Mutter und vermißte jegliche Zeichen von Zuneigung, die er zuvor erhalten hatte. Er benötigte erneut psychotherapeutische Hilfe.

Unterdessen besprach die Sozialarbeiterin mit der Mutter deren übermäßige Feindseligkeit und die Notwendigkeit, dafür ein Ziel außerhalb der Familie zu finden, um die Familienmitglieder zu schützen. Die Mutter nahm in einem Kaufhaus eine Stelle an, in der sie gewisse Aufsichtsfunktionen hatte. Dies gab ihr die legitime Möglichkeit, mit dem ihr unterstellten Personal aggressiv und kritisch umzugehen. Es bedurfte noch weiterer umfangreicher Gespräche, bis die Feindseligkeit, die ursprünglich von der Zurückweisung durch ihren Schwager herrührte, abgebaut werden konnte.

Im Sinne einer Epidemiologie emotionaler Störungen läßt sich diese Frau als „Krankheitsträger" für emotionale Störungen betrachten. Es ist deutlich, daß das Anwachsen ihrer inneren Feindseligkeit und feindlichen Spannung eine ebenso *pathogene Wirkung* hatte wie etwa eine Typhuskolonie in einem Typhusträger*. Die Art, wie die Störung sich in einer Gruppe ausbreitet, sowie die kritische Analyse anderer Formen der Verbreitung könnten ein lohnender *Forschungsschwerpunkt* für den soziologisch orientierten Forscher sein.

Schlußfolgerung

Abschließend müssen wir wohl betonen, daß wir hinsichtlich des Verstehens der komplizierten Prozesse, die sich im Individuum bei der Entwicklung und Entladung von Emotionen abspielen, wie bei den beschriebenen mit Feindseligkeit verbundenen Prozessen, noch immer am Anfang stehen. In der Vergangenheit bezog die Psychiatrie den größten Teil ihres Wissens aus der detaillierten Analyse isolierter Individuen. In der Forschung hat man diese zu oft so betrachtet, als lebten sie in einem sozialen Vakuum, ohne Beziehungen oder Interaktionen mit anderen Menschen um sie herum. In der Therapie wurden sie zu oft in neue Gruppen innerhalb einer Institution gesteckt, in denen soziale Interaktionen oder Anstöße dazu entweder nicht eingeplant waren oder nicht kritisch beobachtet und kontrolliert wurden. Heute müssen wir uns genau diesen vernachlässigten Aspekten zuwenden. Wir dürfen auf neue Erkenntnisse hoffen, wenn wir unsere zukünftigen Untersuchungen unmittelbar auf die *emotionalen Anpassungsleistungen* von Patienten *in Gruppen* richten. Die gesicherten Erkenntnisse, die hier dargestellt wurden, zeigen, daß unsere Hoffnungen durchaus berechtigt sind.

Bei künftigen Untersuchungen dieser Art müssen wir uns die Erkenntnisse und Einsichten der Sozialpsychologie und Anthropologie zunutze machen. Mit ihrer Hilfe, und mit dem Ziel einer psychodynamisch verstandenen Psychiatrie vor Augen – desintegrierte und schädliche emotionale Reaktionen bei Patienten ebenso wie bei normalen Menschen unter Kontrolle zu bringen – können wir in nicht allzulanger Zeit den Grundstein für eine *präventive Psychiatrie* legen, die ihren Platz und Wirkungsbereich in der Gemeinde hat, d.h. unmittelbar an dem Ort, wo die Menschen wohnen.

---

* Vgl. Fußnote in Kapitel 5, S. 78.

Literatur

Allee, W. C. (1938). Social Life of Animals. New York: Norton. – *Bard, P.* (1934). On emotional expression after decortication with some remarks on theoretical views. Psychological Review 41:309–329; 424–449. – *Cannon, W. B.* (1915). Bodily Changes in Pain, Hunger, Fear, and Rage. New York: Appleton. – *Dollard, J., et al.* (1939). Frustration and Aggression. New Haven: Yale University Press. – *Freud, S.* (1921). Massenpsychologie und Ich-Analyse. GW Bd. XIII, S. Fischer Verl., 71–161.– *Levy, D.* (1941). The hostile act. Psychological Review 48:355–361. – *Lewin, K., Lippitt, R.*, and *White, R. K.* (1939). Patterns of aggressive behavior in experimentally created „social climates." Journal of Social Psychology 10:271–299. – *Newcomb, T. M.* (1947). Autistic hostility and social reality. Human Relations 1:69–85. – *Parsons, T.* (1947). Certain primary sources and patterns of aggression in the social structure of the western world. Psychiatry 10:2. – *Redl, F.* (1942). Group emotion and leadership. Psychiatry, 573–96. – *Rioch, D. M., Wislocki, G. B.*, and *O'Leary, J. L.* (1940). A précis of preoptic hypothalamic and hypophyseal terminology. Research in Nervous and Mental Diseases 20. – *Rosenzweig, S.* (1944). An outline of frustration theory. Personality and the Behavior Disorders. New York: Ronald Press.

5. Kapitel

Seelische Gesundheit – eine dynamische Interpretation

Es war ein langer Weg von Lindemanns Beobachtungen des Gruppenverhaltens auf einer geschlossenen Station bis zur Untersuchung der Faktoren, die seelische Gesundheit und Krankheit in einem offenen Gemeinwesen beeinflussen. Was ist seelische Gesundheit, und wie äußert sie sich im Leben einer Gemeinde? Konnte er als Psychiater, der ständig mit abweichendem Verhalten zu tun hatte, überhaupt etwas über die *gesunde* Persönlichkeit sagen?

In diesem Kapitel verbindet Lindemann zur Beantwortung dieser Fragen die vertikale Sichtweise der Persönlichkeitsentwicklung aus der Tiefenpsychologie mit der horizontalen Sichtweise des Menschen in der Gesellschaft aus Soziologie und Anthropologie. Das Ergebnis ist sein eigenes Idealbild der reifen Persönlichkeit.

Er beschreibt hier auch, wie sich menschliche Gesellschaften in Art und Ausmaß der Belastungen, die sie ihren Mitgliedern – Kindern und Erwachsenen – zumuten, unterscheiden sowie in den Ressourcen, die sie zur Bewältigung solcher Belastungssituationen bereitstellen. Als Aufgabe und Ziel des in Kapitel 6 geschilderten Wellesley-Gemeinde Projekts nannte Lindemann ein besseres Verständnis dafür, wie diese Belastungen und Hilfen in der gegenwärtigen Gesellschaft funktionieren.

(Elizabeth B. Lindemann)

Gordon, O'Rourke, Richardson und *Lindemann* (1952) haben in einer gemeinsamen Publikation vorgeschlagen, Gesundheit und Krankheit als ein *Kontinuum* aufzufassen, wobei an den beiden Extremen der Skala der Idealfall Gesundheit und Krankheit sich polar gegenüberstehen. Dieser Gedanke fordert uns dazu heraus, den Begriff seelische Gesundheit neu zu definieren, Kriterien für graduelle Unterschiede zu finden und nach Bedingungen zu suchen oder diese herzustellen, unter denen seelische Gesundheit erforscht werden kann.

Eine Übersicht über die Definitionen von *seelischer Gesundheit,* läßt eine Vielzahl von Bedeutungen und Konzepten erkennen, jedoch scheint es auch einige gemeinsame Nenner zu geben (*Senn* 1950). Einigkeit scheint darüber zu bestehen, daß seelische Gesundheit nicht einfach nur die Abwesenheit von seelischer Krankheit bedeutet, sondern etwas Positives, das man näherungsweise mit den Worten *vollständiges physisches, psychisches und soziales*

Wohlbefinden umschreiben kann. Diese Umschreibung ist allerdings so weit gefaßt, daß sie eher eine Zielvorstellung als eine reale Größe oder einen realen Zustand bezeichnet. *Freud* definierte seelische Gesundheit schlicht als die Fähigkeit zu lieben und zu arbeiten, worunter er auch die Fähigkeit zu liebevollen und verantwortungsbewußten Beziehungen zu anderen verstand. Geht man noch etwas weiter, dann ist es notwendig, sich eines ganzen Komplexes von Aussagen zu bedienen wie dies z. B. in der folgenden Passage aus einer Arbeit von *Rennie* und *Woodward* (1948) geschehen ist:

„Sehr einfach ausgedrückt, sprechen wir dann von einer reifen und psychisch gesunden Persönlichkeit, wenn sie (1) Selbstachtung und -vertrauen hat und – da sie ihren wahren Wert kennt – keine Zeit damit vergeudet, dies sich selbst und anderen zu beweisen; wenn sie (2) andere Menschen akzeptiert, mit ihnen arbeitet und in den meisten Fällen gern mit anderen zusammen ist; wenn sie (3) ihre Arbeit, Freizeit, ihre Aufgaben in der Familie und im sozialen Leben zuversichtlich und engagiert und mit einem Minimum von Konflikten, Angst oder Feindseligkeit ausfüllt."

Für einen biologisch orientierten Psychiater ist Gesundheit Homöostase, harmonische Integration aller Funktionen und maximale Entfaltung der Entwicklungsmöglichkeiten. Ein Sozialwissenschaftler würde dagegen erklären: „Seelische Gesundheit heißt, mit seiner Kultur in Einklang leben" (*Ahrensberg*, persönliche Mitteilung). *Erik H. Erikson* (1950) weist auf die Entwicklungsstadien des heranwachsenden Kindes hin und betont, daß die wesentlichen Bestandteile von seelischer Gesundheit jeweils zum richtigen Zeitpunkt angelegt werden müssen, z. B. Vertrauen im Gegensatz zu Mißtrauen, Autonomie in sozialen Beziehungen im Gegensatz zu Abhängigkeit und Initiative im Gegensatz zu Hemmungen, die aus Schuldgefühlen resultieren.

Und *Marie Jahoda* (1950), die nach Kriterien suchte, die sowohl auf den einzelnen Menschen wie auf die Gruppe zutreffen, stellte fest: (1) ein psychisch gesunder Mensch versucht, seine Umwelt eher aktiv zu gestalten als sich den Umweltgegebenheiten kritiklos und passiv anzupassen; (2) er bewahrt seine Persönlichkeit, d. h. er verfügt über eine stabile innere Integration, die aber der Flexibilität im Verhalten, die er zur Gestaltung seiner Umwelt braucht, nicht entgegensteht; (3) er nimmt die Welt und die an ihn und seine Fähigkeiten gestellten Anforderungen richtig wahr.

Eine Analyse all dieser Aussagen müßte uns zu dem Schluß führen, daß der Begriff „seelische Gesundheit" sich darauf bezieht, wie ein Mensch mit dem Druck fertig wird, den seine menschliche Umwelt auf ihn ausübt. Wir haben den Grad der Integration der verschiedenen Teile des Selbst erwähnt. Die Integration von Individuum und kulturellen Verhaltensmustern, denen es entsprechen soll, und der Entwicklungsprozeß mit allen Übergängen zwischen den verschiedenen Ebenen von unterschiedlichen Funktions- und Anpassungsleistungen verlaufen nicht immer glatt und konfliktfrei.

An dieser Stelle kommen die Beschreibungen und Definitionen von seelischer Gesundheit denen der *Reife* nahe, ein Begriff, der in der Psychiatrie oft benutzt wird, und der sowohl psychische Gesundheit als auch eine positive Einschätzung von seiten des Beobachters bezeichnet. Reife als seelische Gesundheit kann von einem bestimmten Menschen subjektiv verstanden werden oder als deskriptive Kategorie, derer sich eine andere Person bedient, und diese beiden Sichtweisen stimmen keineswegs immer überein. *Leon Saul* (1947) hat ein Buch über die Einschätzung von Menschen als mehr oder weniger reif geschrieben.

Ich selbst bin bei dem Versuch, das Problem zu klären, zu folgender Formulierung gelangt: Reife wird in einer Abfolge von Stufen erreicht, von denen jede dem betreffenden Entwicklungsniveau angemessen ist, jede unter Schwierigkeiten erreicht wird, die bis auf einen kleinen Rest überwunden werden, der oft so bedeutungslos ist, daß er beinahe übersehen wird und doch in die folgende Stufe oder Entwicklungsstufen integriert wird. Dieser kleine Rest kann ein wunder Punkt sein, der zu einer Erkrankung disponiert, oder er kann sich bei Belastungen zu einem Zeitpunkt bemerkbar machen, wenn er nicht mehr angemessen oder in Einklang mit dem Entwicklungsstadium des übrigen Organismus ist. Dies nennen wir dann *unreif.*

Im wissenschaftlichen Sprachgebrauch ist der Ausdruck *unreif* zunächst wertfrei. Ein unreifer Vogel ist einer, der seine volle Größe und Stärke noch nicht erreicht und noch nicht alle seine Fähigkeiten entwickelt hat. Wir sprechen nur dann in einem etwas abwertenden Sinn von „unreif“, wenn Verhaltensweisen, die in einem früheren Entwicklungsstadium angemessen waren und mit dem damals erreichten Wachstumsstadium in Einklang standen, überdauern oder später wieder auftreten, während von einem Beobachter voll entwickelte Reife aller Lebensfunktionen vorausgesetzt wird. Mit anderen Worten: Das Gefälle zwischen dem Verhalten, das man unter den gegebenen Umständen und unter Berücksichtigung des Bildungsniveaus und des sozialen, ethischen und religiösen Hintergrundes von einem Menschen erwarten kann, und seinem tatsächlichen Verhalten wird oft in Reifegraden ausgedrückt. Daraus folgt, daß es von den Erwartungen der Umwelt an einen Menschen abhängt, ob er als reif bezeichnet wird, und daß Unreife um so eher manifest werden kann, je mehr Leistungsanforderungen man an einen Menschen stellt. Man kann sogar sagen, daß die Wachstumskurve in Form einer immer besseren Beherrschung von Fertigkeiten und einer zunehmenden Entwicklung von Fähigkeiten von einer parallelen Kurve steigender Anforderungen an einen Menschen begleitet wird, da wir uns angewöhnt haben, auf jeder Entwicklungsstufe ein bestimmtes Verhalten zu erwarten.

Was ein Kind tun darf, gilt nicht für einen Erwachsenen, weil wir von diesem mehr Verantwortung fordern und ihm mehr Macht anvertrauen. Ändern wir aber den Kontext der Anforderungen, in dem sich ein bestimmter Mensch bewegt – wie z. B. in der Psychoanalyse, wo wieder alles oder fast alles erlaubt ist, wie damals in der Kindheit – oder wird in der Hypnose suggeriert, daß es wieder in Ordnung ist, sich wie ein dreijähriges Kind zu benehmen – so wird man beobachten können, wie schnell jemand zu Formen des Handelns, Denkens, Fühlens und Sprechens zurückkehrt, die für längst überwunden geglaubte und schon lange aufgegebene Entwicklungsstadien charakteristisch und angemessen sind.

Die Balance, das *Gleichgewicht* zwischen den *Leistungsanforderungen und den Fähigkeiten, diesen Ansprüchen zu genügen,* scheint mir der *Kern des Reifeproblems* zu sein. Ich ziehe folgende Kriterien zur Beschreibung eines reifen Menschen vor: (1) Er sollte die Aufgaben, die er sich selbst und die die Gesellschaft an ihn stellen, unter voller Ausnutzung seiner Fähigkeiten erfüllen können, ohne daß er dabei durch emotionale Spannungen behindert wird; (2) er sollte die alltäglichen Belastungen ohne Desintegration oder Symptombildung bewältigen können, indem er die entstandenen Spannungen in entlastender und letztlich konstruktiver Weise abführt; (3) er handelt, ohne andere krank zu machen, d.h. daß er weder Hilfeleistungen versagt oder die Freiheit anderer Menschen einschränkt, die diese für ihre positive Entwicklung benötigen, noch sie durch Liebes- und Belohnungsforderungen dermaßen ausbeutet, daß ihnen für ihre eigenen Aufgaben nur wenig Energie bleibt; (4) er kann seine Wahrnehmung von Menschen und Situationen an der Realität orientieren und verfälscht das Bild, das er sich von ihnen macht, nicht durch Projektion seiner eigenen Bedürfnisse.

Um Personen auf einer Reifeskala einzuordnen, müssen wir die Erkenntnisse der klinischen Psychiatrie berücksichtigen, die es uns ermöglichen, zwischen Reife und *Pseudoreife* zu unterscheiden, bei welcher unter der Oberfläche einer scheinbar guten Anpassung schwere Entwicklungsschäden verborgen sind. Oft stellt der Psychiater fest, daß er es mit Menschen zu tun hat, deren Verhalten, – obwohl von Familienmitgliedern oder Freunden als ideal bezeichnet – bei genauerer Untersuchung nicht der Bewältigung unerwünschter Reaktionen oder Triebe dient, sondern der Verdrängung dieser Energien, die sich normalerweise in irgendeiner Form von konstruktiv-aggressivem Verhalten äußern würden. Überfreundlichkeit kann eine Maske sein, hinter der sich Feindseligkeit oder innere Leere verbergen; andere nehmen eine Märtyrerhaltung ein oder opfern sich bereitwillig für andere auf, die sie dann um so besser kontrollieren können.

Ist es der Sexualtrieb, der verdrängt wird, so können verschiedene schwere Störungen der sexuellen Genußfähigkeit die Folge sein. Eine solche gehemmte Entwicklung des Sexual- oder Aggressionstriebes rührt oft von einer Überstimulierung her – d.h. einer starken Erregung dieser Triebe zu einem Zeitpunkt, zu dem der Betreffende noch zu jung und zu unerfahren war, um sie zu verstehen oder damit umzugehen. Wir sprechen in einem solchen Fall von einem *traumatischen Erlebnis.*

Unter Umständen werden diese unreifen „Inseln" in der Persönlichkeitsstruktur erst anläßlich einer Krise manifest, oder zu einem Zeitpunkt zu dem von dem Betreffenden die legitime Ausdrucksform dieser Triebe erwartet wird, zum Beispiel bei sexuellem Handeln in der Ehe, oder wenn es auf aggressive Durchsetzungsfähigkeit ankommt, zum Beispiel wenn der Betreffende sich gegen Übergriffe oder feindselige Provokationen wehren muß. Fehlende Triebbefriedigung und der Spannungsdruck, die aus einem solchen Reiz ohne adäquate Reaktion oder Umwandlung der Energie in eine akzeptable Ausdrucksform resultieren, können dann zu sekundären Beeinträchtigungen der ganzen Persönlichkeit führen, mit anderen Worten: zu einer Neurose.

Nach dem derzeitigen Stand unseres Wissens ist es für Eltern, die ihr heranwachsendes Kind fördern wollen, unerläßlich, daß sie das den einzelnen Wachstumsstadien angemessene Verhalten jeweils solange zulassen, bis das Kind dieses Stadium meistern und zu einer höheren Stufe der Persönlichkeitsentwicklung fortschreiten kann, indem es die jeweiligen Befriedigungen genießen kann und die stufengemäßen Fähigkeiten und Fertigkeiten vollständig beherrscht. Wenn Eltern von ihrem Kind vorzeitig ein Verhalten verlangen, das noch nicht altersgemäß ist, müssen sie damit rechnen, daß Entwicklungsreste aus früheren Stadien zu einer unpassenden Zeit wieder auftauchen.

Durch Verdrängung kann eine äußerliche Übereinstimmung mit Verhaltensweisen oder Handlungsmustern von Erwachsenen erreicht werden, jedoch ohne daß deren Bedeutung oder Verwendungsarten und ihre zulässigen Modifikationen wirklich verstanden worden wären, und ohne daß frühere Entwicklungsstadien überwunden sind – also dadurch, daß Triebimpulse und Versuchungen aus dem Bewußtsein verdrängt werden, die, bei besserer Anleitung durch eine angemessene und zuverlässige Kontrolle gemeistert worden wären. Was verdrängt wird, ist nicht unter Kontrolle; die in dem abgewehrten Gedanken gebundene Energie kann nicht in konstruktive Bahnen gelenkt werden, und das verdrängte Material wird wahrscheinlich – verzerrt und verschlüsselt – im unrechten Augenblick wieder auftauchen.

Es ist jetzt wohl an der Zeit, daß wir das Bild, das wir uns von der Entwicklung machen, auch positiv ausfüllen. Wie gesagt, können die Reste früherer Entwicklungsstufen Probleme verursachen. Aber diese ganz frühen Entwicklungsstadien – die überwunden werden müssen, und die, wenn sie falsch gehandhabt oder gewaltsam verkürzt werden, zu Krankheitsherden in der heranreifenden Persönlichkeit werden – bilden auch die Grundlage für jenen Ausdrucksreichtum, der im gesunden Kind lebendig und wirksam bleiben muß, wenn es sich zu dem kreativen und zum gesellschaftlichen Leben aktiv beitragenden Menschen entwickeln soll, den wir uns wünschen.

Ein reifer Mensch zeichnet sich zum Beispiel nicht durch Furchtlosigkeit aus, wie viele meinen, sondern durch seine Fähigkeit, im tiefsten Innern zu empfinden, wenn er sich fürsorglich um andere kümmert und diese sich um ihn, wenn er sich nach Nähe zu anderen sehnt, und wenn er um seiner selbst willen geschätzt werden möchte. Diese Gefühle, die schon zu den frühesten Entwicklungsstadien des Kleinkindes gehören, müssen auch bei einem reifen Erwachsenen vorhanden sein. Der Unterschied zwischen Kind und Erwachsenem liegt in der Verwendung dieser Gefühle. Das bedeutet, beim Erwachsenen sind diese Gefühle eingebettet in ein komplexeres System, dessen Zielsetzungen weiter gespannt sind und das mehr Menschen umfaßt.

Man kann ferner unterscheiden zwischen einem Menschen, der durch seine ausgeprägte Fähigkeit zu zwischenmenschlichen Beziehungen reifer geworden ist, und einem anderen, der, obwohl scheinbar gut integriert, dennoch Spuren einer besonderen *Verarmung* zeigt, die daher rühren, daß während der entscheidenden Jahre seiner Persönlichkeitsentwicklung zu wenig liebenswerte und nachahmenswerte Vorbilder vorhanden waren. Ein Beispiel ist der Wissenschaftler, der in seinem Laboratorium sehr kompetent ist und beim Gedankenaustausch mit Kollegen auf Fachtagungen ausgesprochen reif erscheinen mag, der aber in all seinen anderen menschlichen Beziehungen vollkommen verarmt ist. Er weiß vielleicht nicht einmal, wie er mit seiner Familie oder anderen Menschen in seiner Umgebung, die zufällig nicht seine Fachsprache sprechen und nicht seine Interessen haben, reden oder was er ihnen gegenüber empfinden soll. Ein solcher Mensch zieht sich dann möglicherweise aus allen menschlichen Kontakten zurück und kapselt sich ab – ein Punkt, der schnell erreicht ist, wenn jemand nach der Devise lebt, daß er sich mindestens auf einem Gebiet so gut auskennt, daß er gewöhnlichen Sterblichen von seinem Wissen nicht gut etwas mitteilen kann.

Um eine solche Verarmung zu vermeiden, müssen Eltern selbst angemessene Vorbilder sein und dafür sorgen, daß auch genügend andere Vorbilder für ihr Kind da sind, um eine gewisse Flexibilität und Auswahl zu ermöglichen. Sie müssen ihrem Kind genug Zuwendung geben, damit in ihm der Wunsch wachwerden kann, die geliebten Beziehungspersonen nachzuahmen und von ihnen geschätzt zu werden.

Eine solche Verarmung kann aber auch die Folge des mißverstandenen Wunsches sein, dem Kind die denkbar beste Umgebung und Erziehung zu bieten und ihm alle unangenehmen Situationen zu ersparen. Beispielsweise hindern Eltern, in deren Augen andere Kinder auf der Straße schlechte Gesellschaft für ihr Kind sind, und die glauben, daß nur sie allein alle nötigen Vorbilder abgeben, ihr Kind daran, die sozialen Fähigkeiten zu entwickeln, die für eine genügend große Auffächerung der zwischenmenschlichen Beziehungen unerläßlich sind. Diese Fertigkeiten können nur erlangt werden, indem das Kind die verschiedenen Formen von Verhalten erwirbt und einübt, die unterschiedliche Menschen, denen es später begegnen wird, kennzeichnen. Die schlechten Ausdrücke, die albernen Witze, die kleinen schmutzigen Geschichten, die das Kind von der Straße heimbringt, die schlechte Aussprache oder lokale Mundart können verboten oder verurteilt werden. Besser ist es, dem Kind zu erklären, daß sie zu bestimmten Gelegenheiten und Leuten besser passen als zu anderen.

Der innerlich reiche Mensch dagegen hat viele Menschen lieben und sich an ihnen orientieren können. Er hat gelernt, die verschiedenen Charakterzüge zu unterscheiden, er hat ausprobiert, welche ihrer Verhaltensweisen und Einstellungen zu ihm selbst passen und in welchen Gruppen sie angebracht sind, und er hat allmählich das aufgegeben, was nicht zu seinem Lebensstil paßt. Seine Identifikationen sind vielfältig, aber harmonisch. Er hat nicht nur die schlechten Gewohnheiten der Kindheit abgelegt, sondern auch einige jener Züge und Verhaltensweisen überwunden, die von den Erziehungspersonen sehr geschätzt wurden, und die für ein früheres Stadium noch immer wünschenswert sein mögen. Ein solcher Mensch braucht nicht in der Weise auf seine Triebe zu reagieren, daß er sich von Gruppen fernhält, die durchaus für ihn in Frage kommen, er muß nicht emotional erstarren oder sich hinter einer Mauer verschanzen. Vielmehr kann er, wenn sich die Notwendigkeit dazu ergibt, energisch und angemessen reagieren und er hat einen ausreichend großen Sicherheitsabstand gegenüber der Gefahr, daß sich emotionale Spannungen aufstauen und genügend alternative Möglichkeiten der Spannungsabfuhr, so daß er das Zusammensein mit vielen unterschiedlichen Menschen genießen und sich mit ihnen freuen kann.

Es ist eine der spezifischen Beschränkungen unserer Gesellschaft, daß sie oft Leistungen auf einem begrenzten Gebiet übermäßig honoriert, nicht aber ein warmherziges Familienleben, intensive Freundschaften und vielfältige Aktivitäten. Erfolg und öffentlicher Beifall sind demjenigen sicher, der schneller am Fließband arbeitet, mehr Policen verkauft oder mehr wissenschaftliche Arbeiten veröffentlicht hat. Die Belohnung für Reife in den zwischenmenschlichen Beziehungen und Lebenskunst aber muß dagegen aus der eigenen Erfahrung kommen. *William Whyte* (1943) hat in seinem Buch „Street Corner Society“ an Falldarstellungen gezeigt, welche Folgen sich für die Mitglieder einer ethnischen Gruppe ergeben, wenn sie sich für die eine oder andere Alternative entscheiden.

Die oben zitierten Definitionen von seelischer Gesundheit betonen die *Integration des einzelnen in die Gesellschaft,* man muß aber gleichzeitig sehen, daß die Integration eines Menschen in seine Familie, seinen Freundeskreis, den Kreis der Kollegen oder in eine der Gruppen unseres politischen und kulturellen Lebens *nur in dem Maße* ein Zeichen von Reife ist, wie *diese Gruppen selbst die Reifekriterien erfüllen,* die wir im Hinblick auf die Einzelpersönlichkeit besprochen haben.

In unserer Kultur gibt es unvermeidliche Quellen von Spannungen und Belastungen, mit denen ein reifer Mensch umgehen können muß. Es gibt außerdem Gruppen, die so fehlgeleitet sind, daß nur ein kranker oder angeschlagener Mensch sich damit zufrieden geben und es dort aushalten kann. Mit anderen Worten, ein reifer Mensch ist in seine Bezugsgruppen integriert, aber er muß auch genug Abstand haben, um sie kritisch einschätzen zu können und um aktiv auf Veränderungen hinzuwirken, so daß die betreffende Gruppe oder Institution nicht verkommt.

Einem reifen Menschen kann eine sehr schwierige Entscheidung abverlangt werden, wenn er einen Kurs einschlagen muß, der zwar gemessen an einem übergeordneten Wertsystem richtig ist, aber mit den zu diesem Zeitpunkt geltenden Gruppennormen nicht übereinstimmt. Dies gilt seit jeher als eines der schmerzlichsten menschlichen Dilemmata, denn mit ziemlicher Sicherheit wird die empörte kulturelle Umgebung sich dafür rächen.

Wollte man herausfinden, wie hoch der Anteil von psychisch gesunden oder emotional reifen Menschen in einem bestimmten Gemeinwesen ist und wollte man deren räumliche und zeitliche Verteilung sowie die Schwankungen dieser Verteilung im Hinblick auf Wirt, Erreger und Umwelt* ermitteln, so würde man sowohl einen Satz meßbarer Kriterien als auch Methoden benötigen, mit denen man verschiedene Grade von seelischer Gesundheit zweifelsfrei feststellen kann. Nur eine ziemlich differenzierte Untersuchung der individuellen Persönlichkeit (z.B. *White* 1948), die auch dessen enge Freundschaften, die Leistung am Arbeitsplatz und den subjektiv erreichten Harmoniezustand zwischen den verschiedenen Bereichen des Selbst einbezieht, könnte ein Urteil über graduelle Unterschiede von seelischer Gesundheit erlauben. Jedoch sind im Hinblick auf die speziellen Fähigkeiten und spezifischen Gruppenbeziehungen im Rahmen von bestimmten Sozialsystemen, zum Beispiel in der Familie (*Bowlby* 1951), Schule (*Redl* und *Wattenberg* 1951), Militär (*Ludwig* 1947) oder Industrie (*Whitehead* 1938) auch begrenztere Untersuchungen möglich.

Eine besondere Bedeutung kommt dem bei führenden Persönlichkeiten in einem Gemeinwesen vorhandenen Maß an seelischer Gesundheit zu und zwar sowohl bei offiziellen Führungspersonen wie bei Menschen, die andere durch ihre Ratgeber- oder Schrittmacherfunktion beeinflussen (*Adorno u.a.* 1950). Untersuchungen über Hitler und andere Massenführer haben eindrucksvoll nachgewiesen, daß in Gemeinwesen, die solche Führer an die Spitze setzen, Reife keine Voraussetzung dafür ist, zu Ansehen zu gelangen.

Natürlich findet man in einer Bevölkerung auf allen sozialen und wirtschaftlichen Ebenen Männer und Frauen, die sich durch besondere Reife bzw. seelische Gesundheit auszeichnen, aber auch gestörte Persönlichkeiten. Jüngere Untersuchungen, z.B. die Untersuchung des alten „Feldwebelsyndroms" in der Armee und die Elektrizitätswerke-Studie über die Produktivität von Industriearbeitern (*Whitehead* 1938) haben gezeigt, daß das vor-

---

* Lindemann benutzt hier für sein Konzept der seelischen Gesundheit das klassische Modell der Infektionskrankheiten mit den drei Elementen: 1. Wirt (Organismus), 2. Erreger (z.B. ein Virus) und 3. Umwelt (z.B. schlechte Wohnverhältnisse), die zusammen für den Ausbruch einer Infektionskrankheit verantwortlich sind. Siehe dazu auch die Ableitung dieses Konzepts in Kapitel 9 und die Abbildung in Kapitel 11).

handene Maß von individueller seelischer Gesundheit durch eine gezielte Veränderung der menschlichen Umwelt aufrechterhalten, verringert oder erhöht werden kann und zwar innerhalb einer erheblichen Bandbreite: Ein gut abgestimmtes Arbeitsteam steigert die Produktivität und selbst ein gesunder und psychisch stabiler Soldat bricht zusammen, wenn er von immer mehr für ihn emotional bedeutsamen Menschen getrennt wird.

An solchen Untersuchungen wird schnell deutlich, daß Menschen sich in ihren Bedürfnissen im Hinblick auf zwischenmenschliche Beziehungen stark unterscheiden. Für die ideale gesunde Persönlichkeit mögen viele verschiedene Situationen und Beziehungskonstellationen mit ihrem Wohlbefinden vereinbar sein; andere dagegen können sich nur dann entfalten, wenn sie einen bestimmten Typ von Menschen in ihrer Nähe haben oder sie fühlen sich nur in Paarbeziehungen sicher. Sie erscheinen gesund in der kleinen Welt, die sie für sich eingerichtet haben, dekompensieren aber vielleicht bei einem schweren Verlust, der diesen Lebenskreis drastisch verändert.

Unsere eigenen Untersuchungen über Verlusterlebnisse, speziell im Zusammenhang mit psychosomatischen Störungen oder Persönlichkeitsveränderungen, zeigen deutlich, daß die *emotional bedeutsame menschliche Umgebung* in eine Untersuchung über seelische Gesundheit mit einbezogen werden muß. Es ist in der Tat besonders wichtig, vor allem auch die Gruppe von Menschen zu erfassen, die um eine bestimmte Person zentriert eine soziale Einheit bildet, und deren Struktur und Funktionen in Gestalt von Erleichterungen, aber auch Behinderungen von Interaktionen zu untersuchen. Es gibt darin gesundheitsfördernde Menschen, die andere stützen, wie auch solche mit einer ausgesprochen pathogenen Wirkung.

Auch Sozialanthropologen sind sich des Gesundheitsproblems in verschiedenen Gesellschaften zunehmend bewußt geworden und haben angefangen, sich für die vorherrschenden Glaubensvorstellungen und Werthaltungen in den verschiedenen Kulturen zu interessieren, besonders für Bräuche, die bei den unvermeidlichen Lebenskrisen zur Anwendung kommen. Geburtsfeiern, Initiationsriten, Heiratszeremonien und Begräbnisfeierlichkeiten sind Beispiele dafür, wie die Gemeinschaft im Rahmen ihrer jeweiligen kulturellen Tradition mit einschneidenden Ereignissen im Leben jeder Familie umgeht. Ansätze zur Erforschung kultureller Unterschiede und vergleichende Untersuchungen über den Einfluß früher Kindheitserfahrungen auf das Erwachsenenverhalten wie die von *Kluckhohn* (1944) und *Murdock* (1949) sind besonders wichtige Beiträge zum besseren Verständnis dessen, was den Prozeß der Entwicklung emotionaler Gesundheit wirklich bestimmt. In unserer westlichen Kultür kann die Beobachtung des Gruppenverhaltens von Kindern im Kindergarten- und Grundschulalter sowie eine sorgfältige Untersuchung mütterlicher Erziehungspraktiken viel zum Verständnis der Persönlichkeitsentwicklung beitragen.

Was wir bisher wissen, kann in vieler Hinsicht über vorläufige Schlußfolgerungen nicht hinausgehen. Es gibt genügend bewiesene Befunde, die uns Mut machen, aber es sind immer noch nicht genug, um absolute Gewißheit zu geben. Wir Psychiater werden verstärkt unsere Hilfe in den *kritischen Phasen des Lebenszyklus* anbieten müssen und dazu müssen wir in allen Einzelheiten wissen, welche Mittel zur erfolgreichen Bewältigung einer solchen Situation geeignet sind und welche nicht. Auf diese Weise wird es auch möglich sein, Unterschiede im menschlichen Verhalten und Erleben besser zu erklären und Bedingungen herzustellen, die einer größtmöglichen Zahl von Menschen das größtmögliche Maß an seelischer Gesundheit zu erreichen erlauben.

Literatur

Adorno, T., Frenkel-Brunswick, E., Levinson, D. J., Sanford, R. N., Aron, B., Levin, M. H., Morrow, W. (1950). The Authoritarian Personality. New York: Harper. 1950. – *Ahrensberg, C.* Personal communication to the author. – *Bowlby, J.* (1951). Maternal Care and Mental Health. Geneva: World Health Organization. – *Erikson, E. H.* (1950). Childhood and Society. New York: Norton. – *Gordon, J. E., O'Rourke, E., Richardson, F. L. W.*, and *Lindemann, Erich* (1952). The biological and social sciences in an epidemiology of mental disorder. American Journal of Medical Sciences 223:316–343. – *Jahoda, M.* (1950). The healthy personality. In a reprint of a Report of the House Conference on Child Health. New York: Josiah Macy Foundation. – *Kluckhohn, C.* (1944). Navaho Witchcraft, Papers of the Peabody Museum, Harvard University, vol. 22, no. 2; Boston: Beacon Press, 1962. – *Ludwig, A.* (1948). Neuroses in soldiers following prolonged combat exposure. Bulletin of the Menninger Clinic 11:15–23. – *Murdock, G. P.* (1949). Social Structure. New York: Macmillan. – *Redl, F.*, and *Wattenberg, W.* (1951). Mental Hygiene in Teaching. New York: Harcourt Brace. – *Rennie, T.*, and *Woodward, L.* (1948). Mental Health in Modern Society. New York: The Commonwealth Fund. – *Saul, L. J.* (1947). Emotional Maturity. Philadelphia: Lippincott. – *Senn, M.*, (1950). Symposium on the healthy personality. New York: Josiah Macy Foundation. – *White, R. W.*, (1948), The Abnormal Personality. New York: Ronald Press. – *Whitehead, T. N.*, (1938). The Industrial Worker. Cambridge: Harvard University Press. – *Whyte, W. F.* (1943). Street Corner Society. Chicago.

6. Kapitel

Das Wellesley Projekt

Es ist geradezu paradox, daß Lindemann die Planung und Durchführung des Wellesley-Projekts – ein Modellversuch zur Einrichtung eines gemeindenahen Gesundheitsdienstes – als seine bedeutendste Leistung ansah, jedoch das Buch, das er darüber schreiben wollte, nie fertigstellte.

Das folgende Kapitel wurde mit seiner Hilfe aus mehreren Berichten zusammengestellt, die zu verschiedenen Gelegenheiten für ein unterschiedliches Fachpublikum angefertigt worden waren. In diesem Beitrag werden einige Besonderheiten des Modellversuchs geschildert: Die Beteiligung der Einwohner an der Analyse der Auswirkungen ihres kollektiven Verhaltens auf die seelische Gesundheit; die Beratungen mit Repräsentanten der verschiedenen helfend tätigen Berufsgruppen in dieser Gemeinde, vor allem die Gruppentreffen mit Geistlichen aller Konfessionen; die Zusammenarbeit mit öffentlichen Schulen und Kindergärten; und die Entwicklung von Forschungsprojekten, die Aufschluß über die ganze Bandbreite von Reaktionen auf typische Krisensituationen im normalen Leben einzelner bzw. der gesamten Familie – wie z.B. beim Schulanfang oder Beginn einer Berufsausbildung – geben sollten. Die Beschreibung eines Gesundheitsdienstes, der, statt auf einzelne Patienten, auf Familien ausgerichtet ist, ist nichts Neues aus heutiger Sicht, doch als man damit begann, dieses Konzept zu praktizieren, war es noch sehr ungewöhnlich.

Wenn auch die Wirklichkeit des Wellesley-Projekts hinter den ursprünglichen Erwartungen zurückgeblieben ist, so war dieser Versuch doch sehr fruchtbar für die sozialpsychiatrische Bewegung in den USA und woanders. Auch andere bekannte Forscher – z.B. die Leightons, Rennie, Gruenberg und die Tavistock-Gruppe in England – arbeiteten zu der Zeit mit interdisziplinären Konzepten auf dem Gebiet der seelischen Gesundheit. Doch im Falle Lindemanns stellte das aus den Untersuchungen über Trauerreaktionen abgeleitete *Lebenskrisenkonzept* eine Art Linse dar, durch die die Unmenge der in einer Gemeinde auftretenden verwirrenden Ereignisse geordnet und sinnvoll interpretiert werden konnten. Dies führte zu gezielten Strategien im Hinblick auf eine *vorbeugende Krisenintervention.*

(Elizabeth B. Lindemann)

Wir entschieden uns für Wellesley, einen Vorort von Boston, um dort ein gemeindenahes Zentrum für seelische Gesundheit (Community Mental Health Center), das auch Ausbildungs- und Forschungszwecken dienen sollte, einzurichten. Wir hofften, daß die Einwohner der Gemeinde die

Dienste eines solchen Zentrums während der fünfjährigen Erprobungszeit, die von der Grant Foundation finanziert wurde, annehmen und später bereit sein würden, die neue Einrichtung selbst zu tragen. Wellesley wurde ausgewählt, weil diese Gemeinde sich zur Mitarbeit bereit erklärt hatte und weil es sich um eine für viele amerikanische Großstädte typische Vorortgemeinde mit großenteils Mittelschichtbevölkerung handelte. Als das Projekt 1948 startete, hatte Wellesley annähernd 20000 Einwohner, bzw. 8000 Familien.

Die von dieser neuen Einrichtung angebotenen Dienste sollten fünf Aufgaben erfüllen: (1) Es sollte eine Anlaufstelle für Notfälle bei seelischen Störungen sein. (2) Emotionale Störungen sollten schon im Anfangsstadium entdeckt und Methoden für eine effektive Vorsorge entwickelt werden. Es sollten (3) Aufschlüsse über die Verteilung der emotionalen Störungen in der Gemeinde gewonnen und Methoden entwickelt werden, mit denen die Schwankungen der Verteilung über einen längeren Zeitraum erfaßt werden können. (4) Sollte sich das Zentrum mit den Aktivitäten anderer in dieser Wohngemeinde schon vorhandener Berufsgruppen und sozialer Einrichtungen vertraut machen, deren Tätigkeit sich in kurativer oder präventiver Weise auf die seelische Gesundheit auswirkt, und es sollte für die weitere Entwicklung dieser Aktivitäten konsiliarisch zur Verfügung stehen. (5) Sollte sich das neue Zentrum an den Planungen der Gemeinde im Wohnungsbau, bei der medizinischen Versorgung, Erziehung und Schule, sowie Freizeit und Wohlfahrt beteiligen, um die unabdingbaren Voraussetzungen von seelischer Gesundheit in diesen Bereichen zur Geltung zu bringen.

Wir glaubten, daß sich eine solche Einrichtung auch als Außenstelle für die Ausbildung von Fachleuten in der Sozial- und Gesundheitsverwaltung sowie für Psychiater und Psychologen eignen würde. Wir hofften außerdem dadurch Zugang zur normalen Wohnbevölkerung zu bekommen, um die Wechselwirkungen von emotionalen Störungen und Struktur und Funktionen des sozialen Umfeldes zu untersuchen.

Wir stellten ein interdisziplinäres Team zusammen, anfänglich in der traditionellen klinischen Kombination von Psychiatern, Psychologen und psychiatrisch geschulten Sozialarbeitern. Dazu kam noch eine Forschungsgruppe mit einem Sozialpsychologen, einem Soziologen und einem Anthropologen. Der interdisziplinäre Charakter des Programms zeigte sich auch in einem übergeordneten Steuerungsgremium, in dem der klinische Leiter des Massachusetts General Hospital und Ärzte und Professoren aus verschiedenen Abteilungen der Harvard Medical School sowie Wissenschaftler aus anderen Fakultäten der Harvard Universität vertreten waren.

Zusammenarbeit mit der Bevölkerung

Wir gingen von einem *Aktionsforschungsmodell* aus, das heißt, daß die Bürger über eine Reihe von Laienausschüssen, in denen unsere Mitarbeiter als Berater hinzugezogen waren, an der Planung der Dienste und dem Forschungsprogramm des Zentrums unmittelbar mitwirkten. Diese Form der Organisation beeinflußte natürlich die Auswahl der Forschungsschwerpunkte, da die Einwohner bestimmte Ansätze ablehnten, doch hatte sie den Vorteil, daß die Arbeit auf anderen Gebieten durch ihre aktive Mitarbeit erleichtert wurde.

Es wäre relativ einfach gewesen, mit einem fertigen Organisationsplan und einem, auf unsere Forschungsziele zugeschnittenen Programm in die Stadt zu kommen. In diesem Falle wäre unser Team aber wahrscheinlich ein Fremdkörper im Leben der Gemeinde gewesen. Wir hätten aber auch jede Art von genauerer Strukturierung unserer Tätigkeit auf unbestimmte Zeit zurückstellen und darauf warten können, daß sich die Bedürfnisse der Gemeinde spontan herausschälen würden. Stattdessen versuchten wir, die Bewohner dazu anzuregen, die aus ihrer Sicht vordringlichen Probleme zur Untersuchung und weiteren Planung zu benennen, wobei wir hofften, unsere Forschungsinteressen damit in Einklang bringen zu können.

Wir baten also den Gemeinderat, ein Exekutivkomitee aus fünfzehn Gemeindemitgliedern zu benennen. Es entstand ein Komitee, in dem acht Geschäftsleute oder andere Laien vertreten waren, die in der Stadt bekannt waren und sich für seelische Gesundheit interessierten, neben sieben weiteren Gemeindevertretern, die beruflich in irgend einer Weise mit Problemen in zwischenmenschlichen Beziehungen zu tun hatten. Dieses Komitee half uns bei der Entwicklung eines Netzwerks von Unterausschüssen, in denen jeweils Teammitglieder und Bewohner der Stadt mitarbeiteten. Die Ausschüsse hatten die Aufgabe, aufgrund einer genaueren Analyse von insgesamt sieben Bereichen des öffentlichen Lebens typische Situationen einzugrenzen, in denen unsere Gruppe am nützlichsten sein könnte. Folgende Ausschüsse wurden ins Auge gefaßt: Familiendienst, Kirchen, Schule und andere Einrichtungen des öffentlichen Erziehungs- und Bildungswesens, ärztliche Versorgung, Arbeitswelt und Beschäftigungsprobleme, Freizeit und Nachbarschaft sowie Umweltprobleme. Der zuletzt genannte Ausschuß interessierte sich auch für die Frage, welcher Teil der Bevölkerung für psychische Störungen besonders anfällig war, wobei allgemein angenommen wurde, daß der mobile Teil der Bevölkerung, die neu Zugezogenen und diejenigen, die oft innerhalb der Stadt umzogen, eine höhere Anfälligkeitsrate als die Alteingesessenen aufweisen würden.

In diesen sieben Ausschüssen wurde das Service-Angebot entworfen und die speziellen Forschungsvorhaben diskutiert und abgeklärt. In keinem Falle gingen Angebote ausschließlich vom Zentrum für seelische Gesundheit aus.

Wir legten auch besonders großen Wert darauf, daß die Bürger für die richtige Art der Öffentlichkeitsarbeit und die Aufgabe, anderen Einwohnern der Stadt das Vorhaben zu erläutern, selbst verantwortlich waren.

Die Klinischen Dienste

Unser Ziel war nicht, eine klinische Einrichtung zur langfristigen Behandlung einer kleinen Zahl von Einzelfällen aufzubauen, sondern eine Stelle einzurichten, um Familien und anderen sozialen Gruppen in Notsituationen zu helfen und sie bei der Entwicklung geeigneter Maßnahmen zur Überwindung der Krise auf einem ihnen angemessenen Niveau zu unterstützen. Die Frage, wer in einer Gruppe „der Patient" war, ließen wir oft unbeantwortet: Die Betonung lag auf den *pathologischen Beziehungen*, da andere Personen, die auf den sogenannten Patienten eine pathogene Wirkung hatten, vielleicht viel wichtiger waren, als die Person, die die ersten Beschwerden entwickelt hatte. Eine Veränderung des Beziehungssystems, dem der designierte Patient ausgesetzt war, war nicht nur für diesen sinnvoll, sondern wahrscheinlich auch für die anderen Mitglieder seiner Bezugsgruppe, die keine Symptome entwickelt hatten. Das heißt: Es mußte zwar einen Kern von traditionellen Therapieangeboten geben, jedoch sollte auch den Familienmitgliedern und Beziehungspersonen des Patienten in anderen sozialen Gruppen besondere Aufmerksamkeit gewidmet werden. Deshalb mußte gegebenenfalls für eine längerfristige Behandlung der Weg zu anderen therapeutischen Einrichtungen geebnet werden und der eigentliche therapeutische Kontakt unserer Einrichtung mußte sich auf die unmittelbare *Krisenintervention* beschränken, einschließlich der Planung bestimmter Maßnahmen, die das Wiederauftreten der pathogenen Umstände verhindern sollten.

In diesem Zusammenhang interessierten wir uns immer mehr für die Umstände, unter denen Lebensbedingungen, die längere Zeit toleriert werden, plötzlich als *pathologisch* wahrgenommen werden, so daß sie dann eine weitere Störung des Gleichgewichts in einer Gruppe bewirken. Diesen Punkt wollen wir an folgendem Fall erläutern:

Ein vierzehnjähriger Junge galt als der Schuldige in einem turbulenten Streit, bei dem ein sexuelles Vergehen mit im Spiel und ein anderer Junge verprügelt worden war. Beide Jungen waren in einer Jugendorganisation, die auf den moralischen Ruf ihrer Mitglieder besonders stolz war. Eine Untersuchung des Falles ergab: (1) daß der Beschuldigte und einige andere Jungen bereits zuvor Ähnliches getan hatten, ohne daß die Erwachsenen sich darüber aufgeregt hätten; (2) daß die Väter der beiden betreffenden Jungen aufgrund persönlicher und geschäftlicher Rivalitäten miteinander im Streit lagen; (3) daß der Leiter der Gruppe sich um den Beschuldigten besonders gekümmert hatte, weil er zeigen wollte, daß man einem nicht immer angepaßten Jugendlichen durch eine verständnisvolle Betreuung helfen kann; (4) daß dieser Leiter, der erst kürzlich in die Stadt gezogen war, zum Feind- und Haßobjekt eines Teils der Erwachsenen geworden war, zu denen auch die beiden Väter gehörten, und daß der Skandal sich (5) dermaßen zuspitzte, daß der Gruppenleiter von seinem Amt zurücktreten mußte. Das Gleichgewicht der Gruppe als ganzer war so beschaffen, daß die Bedürfnisse der Erwachsenen bei den Jugendlichen delinquentes Verhalten förderten; die Jungen trugen die Feindseligkeiten der Eltern aus, und deren Treiben wurde umgekehrt wieder zu einer nützlichen Waffe in der Hand der Erwachsenen.

Ein weiteres Beispiel waren Beschuldigungen gegen den alten Hausmeister einer Schule wegen angeblichen sexuellen Fehlverhaltens, die diesen schließlich zur Aufgabe seines Postens zwangen. Eine Untersuchung des Falles ergab, daß fünf Mädchen im Pubertätsalter, die bisher mit dem netten alten Mann unschuldig gespielt hatten, kürzlich zu Hause vor dem ‚gefährlichen Spiel mit Männern' gewarnt worden waren. Die Wortführerin der Mädchen, die aus einer italienischen Familie mit engen verwandtschaftlichen Bindungen stammte, hing sehr an einem anderen alten Mann, ihrem Großvater, der trotz des Protestes der Mutter die Enkelin weiterhin sehr umwarb. Eine angemessene Behandlung des Falles mußte alle Faktoren berücksichtigen: das Schicksal des Hausmeisters, die Befürchtungen der Schulverwaltung und die Neigung der Mädchen zu einer hysterisch neurotischen Entwicklung.

Die Beratungen mit den Helferberufen

Um die richtige Umgangsweise mit einer Situation im voraus übersehen und Maßnahmen vorschlagen zu können, die sich mit den Auffassungen und Toleranzgrenzen von verschiedenen im sozialen Sektor tätigen Berufsgruppen vereinbaren ließen, mußten wir die Arbeitsweisen und Werthaltungen von Geistlichen aller Konfessionen, Lehrern, praktischen Ärzten und Mitarbeitern der Sozial- und Justizbehörden als den wichtigsten Repräsentanten von Helferberufen in einer Gemeinde kennenlernen. Es war deshalb notwendig, sich regelmäßig mit jeder dieser Berufsgruppen zu treffen, um die jeweiligen Standpunkte und Ansichten über aufgetretene Probleme und emotionale Störungen auszutauschen und um die wichtigsten Voraussetzungen bei der Beurteilung des Falles und übliche Vorgehensweisen von einer Fachsprache in die andere zu übersetzen.

Unsere Untersuchungen über Trauer hatten deutlich werden lassen, daß Pfarrer als eine Gruppe unter den Helferberufen in ihrer Gemeinde einen wichtigen Beitrag zur seelischen Gesundheit leisten können. Das Geistlichenkomitee bildete eine Arbeitsgruppe, in der die Pfarrer der verschiedenen protestantischen Kirchen, ein katholischer Priester und der Rabbiner der kleinen jüdischen Gemeinde vertreten waren. Es waren insgesamt zwölf

Geistliche, die sich zunächst vierzehntägig und später monatlich trafen, um über die emotionalen Probleme ihrer Gemeindemitglieder zu sprechen, wobei sie sich von einem Psychiater und einem Soziologen unseres Zentrums beraten ließen. In den Sitzungen wurde darüber gesprochen, welche Personen und Familien mit welcher Art von emotionaler Störung sich eher an den Pfarrer um Hilfe wenden, im Unterschied zu denjenigen, die der Psychiater gewöhnlich zu sehen bekommt. Wir haben die verschiedenen Arten der Hilfestellung, die die Kirchen zur Unterstützung in den großen Lebenskrisen – Geburt, Pubertät, Heirat, Schwangerschaft und Tod – entwickelt haben, untersucht und sie mit den Vorgehensweisen verglichen, die heute als Psychotherapie bezeichnet werden. Wir versuchten, uns darüber klarzuwerden, an welchen Stellen der Bewältigung eines Problems Pfarrer zögern, einen Psychiater hinzuzuziehen und umgekehrt Psychiater Widerstände haben gegen die Beteiligung von Pfarrern.

Die Diskussionen mit den Geistlichen entwickelten sich über eine Reihe von Zwischenstufen, die – wie sich herausstellte – auch für andere Berufsgruppen, bei deren Beratungen wir konsiliarisch hinzugezogen wurden, typisch waren. Die ersten Anfragen liefen darauf hinaus, dem Zentrum Personen schicken zu dürfen, die eindeutig krank waren und deren Betreuung die Möglichkeiten der Geistlichen überstieg. Daraufhin wurde unserem „Human Relations Service“ wie das Zentrum für seelische Gesundheit genannt wurde, eine beachtliche Zahl von Patienten mit Psychosen und schweren Neurosen, die die Pfarrer mangels einer psychiatrischen Einrichtung am Ort bislang betreut hatten, zur Begutachtung zugeführt. Wir vermieden es, Patienten vom Zentrum aus in psychiatrische Krankenhäuser zu überweisen. In einigen wenigen Fällen, in denen dies erforderlich war, informierten wir den Pfarrer, über den der Kontakt zustandegekommen war, daß dies durch den zuständigen Arzt am Ort abgewickelt werden könnte.

In unseren Sitzungen wurden auch Fälle von chronischen Störungen besprochen, um verständlich zu machen, warum frühere psychiatrische Behandlungen keine Besserung bewirkt hatten, so daß die Pfarrer akzeptieren konnten, daß sie dem Patienten nicht helfen konnten und sich deshalb keine Vorwürfe machten. Viele Pfarrer waren durchaus ziemlich erfolgreich im Umgang mit einer Reihe von emotional gestörten Menschen unter ihren Gemeindemitgliedern. Bei einigen Problemen waren sie selbst zuversichtlich, sie in den Griff zu bekommen, bei anderen fühlten sie sich allerdings auch dann noch verpflichtet, sie weiter zu betreuen, wenn diese Personen ihnen zur Last wurden, indem sie übermäßig viel Zeit und Aufmerksamkeit beanspruchten. In solchen Fällen hatten unsere Teammitglieder die Aufgabe, die spezielle Situation, in der sich die betreffende Person befand, gemeinsam mit dem Pfarrer durchzugehen. Kümmerte sich z. B. die Familie um diesen Menschen und wie verständnisvoll war die Nachbarschaft? Wir waren sehr beeindruckt davon, wie in einigen Nachbarschaften Mitbürger, denen man allgemein vertraute, in den umliegenden Familien sehr erfolgreich für eine positivere Einstellung zu Menschen mit seelischen Störungen warben. Wir nannten sie bald die „informellen Führer" und rechneten mit ihnen als einer Helfergruppe.

Aus diesen Gesprächen entwickelte sich eine zweite Form der Zusammenarbeit, die wir später *psychosoziale Gesundheitsberatung* nannten (*Caplan* 1970). Der Pfarrer wendet sich mit einem Problemfall in seiner Gemeinde nicht an uns, damit wir diesen Fall übernehmen, sondern er möchte beraten werden, wie er sich gegenüber der betreffenden Person und deren Familie verhalten soll und was er tun kann. In diesen *Konsultationsgesprächen* ging es zunächst vor allem um die Vermittlung von grundlegenden Kenntnissen über emotionale Störungen und Probleme der Anpassung an ein irgendwie geartetes soziales System. Bald war es dann auch möglich, mit den Pfarrern gemeinsam Gründe herauszufinden, warum das betreffende Gemeindemitglied gerade zu diesem bestimmten Zeitpunkt zum Problemfall geworden war und mit ihnen Aspekte ihrer eigenen Einstellungen und Überzeugungen zu besprechen, die ihren Umgang mit eben diesem Fall so besonders erschwerten.

Natürlich entwickelten sich eine Reihe von Diskussionen über die Grenzen zwischen Seelsorge als einer religiösen Tätigkeit und Psychotherapie als einer Form von medizinischer Behandlung. Für die Entwicklung eines Programms für seelische Gesundheit schien es ebenso unklug, aus Geistlichen Psychotherapeuten machen zu wollen, wie es unklug gewesen wäre, wenn die Psychiater angefangen hätten, religiöse Themen und Werte zu bearbeiten. Damit der Pfarrer seine eigentliche Funktion in der Gemeinde erfüllen kann, muß er auch weiterhin das Verhalten seiner Gemeindemitglieder und ihrer Familien unter dem Aspekt der religiösen Sinngebung und des Ethos seiner Kirche betrachten. Eine zentrale Bedeutung für die Rolle des Geistlichen haben Grundfragen des Lebens wie: Das Dazugehören im Unterschied zum Ausgeschlossen-Sein oder nirgends Hingehören, Schuld und Vergebung und der Glaube, in dem sich die im Lichte dieser Überzeugung einzig wahre Beschaffenheit der Welt offenbart, ebenso wie viele Fragen zum Beitrag des Einzelnen zur Religionsgemeinschaft als ganzer. Der Psychiater kann aufgrund seiner wissenschaftlichen Kompetenz – auch in Biologie und Psychologie – dazu beitragen, das diagnostische und therapeutische Wissen über die psychologischen Mechanismen des Patienten zu erweitern. Er kann die Grenzen der Entwicklungs- und Wandlungsfähigkeit eines Menschen aufzeigen und auf ungenutzte Ressourcen, die durch eine Psychotherapie mobilisiert werden können, hinweisen.

Nach vielen Klagen der Pfarrer über zu wenig echte Hilfe von seiten der Medizin in schwierigen Fällen, verlagerte sich die Diskussion auf das weite Feld der Funktion der Kirche in der Gemeinde und auf die innere Organisation religiöser Institutionen. Neben seiner Funktion als Prediger und Seelsorger für seine Kirchenmitglieder ist der Pfarrer Organisator eines elaborierten Systems von Gruppenaktivitäten und Ritualen anläßlich wichtiger Abschnitte im Lebenszyklus der Gemeindemitglieder: Feierlichkeiten zur Taufe, Konfirmation, Trauung sowie Trauergottesdienste und Gedenkfeiern. Regelmäßig gibt es fast in allen Gemeinden Gruppen für die unterschiedlichsten Altersgruppen und speziellen Lebenssituationen, z. B. Gruppen für verheiratete Paare, Mütter, alleinerziehende Eltern etc.

Manche Pfarrer fragten sich besorgt, welche Bedeutung ihre zeremoniellen Handlungen für die Gemeindemitglieder bei so stark emotional besetzten Ereignissen wie Hochzeiten und Beerdigungen haben. Viele Diskussionen entwickelten sich über die Probleme der Zusammenarbeit mit Ärzten in den letzten Lebensmonaten eines Menschen, der unheilbar krank ist. Wieviel sollte man diesem Menschen sagen und wieviel sollte die Familie wissen? Wie konnte beiden bei der Bewältigung der mit Tod und Trauer verbundenen Probleme geholfen werden? Ein gemeinsames Treffen mit der Ärztegruppe förderte enorme Unterschiede der einzelnen Kirchen in den Ritualen, Wertvorstellungen und Vorgehensweisen während einer solchen Krise zutage. Inzwischen war auch deutlich geworden, daß die regelmäßigen Treffen der Geistlichen in unserem Zentrum diesen die Chance boten, miteinander über die Grenzen ihrer Konfessionen hinweg zu kommunizieren und Informationen über die gegenseitigen Orientierungen zu gewinnen, was ihr Verständnis von gemeinsamen Problemen auf dem Gebiet der seelischen Gesundheit sehr förderte.

Fragen zum Gruppenleben in der Kirchengemeinde führten zu dem Wunsch, daß Vertreter unseres Zentrums vor verschiedenen Gruppen dieser Gemeinden sprechen sollten, z. B. zu einer Gruppe von Jugendlichen über Sexualität und Ehe. Es entwickelte sich auch eine Diskussion über die Wahl von Gruppenleitern im Hinblick auf deren Eignung und die Supervision ihrer Arbeit. Ein Problem war, wie man damit umgehen soll, wenn Freiwillige ein bestimmtes Amt übernehmen wollen, für das sie offensichtlich nicht geeignet sind. Die Kriterien für die Wahl einer Person in ein Amt – Reife und relative Konfliktfreiheit – mußten erklärt werden. Mit wachsendem Interesse wurden gruppendynamische Themen diskutiert, wie die Größe und die besonderen Tätigkeitsfelder einer Gruppe.

In diesen Diskussionen wurden den beteiligten Berufsvertretern die Grenzen des vorhandenen Wissens immer deutlicher bewußt, ebenso wie die vielen Möglichkeiten zur gemeinsamen Forschung und Problemlösung im Hinblick auf die *Antizipation* der regelmäßigen Abläufe bei der Entstehung emotionaler Störungen. Zum Beispiel mag ein Pfarrer nun genauer erkennen, in welcher spezifischen Phase der Ehe ein Paar die Scheidung in Erwägung zieht und unter welchen Umständen dies geschieht, und er wird vielleicht auch überlegen, ob diese Entwicklung nicht schon zur Zeit des Traugesprächs hätte vorausgesagt werden können. Oder, ein anderes Beispiel: Läßt sich schon bei der Beerdigung etwas über die Wahrscheinlichkeit sagen, daß der Verlust von einem Angehörigen mit einer pathologischen Reaktion beantwortet wird? Angesichts der Notwendigkeit, Krisensituationen in dieser Weise systematischer zu untersuchen, wurde die Ausbildung von Theologen überprüft und erwogen, das Ausbildungsprogramm zu ergänzen. Es gab eine spürbare Bereitschaft, an der Erforschung der Zusammenhänge von seelischer Gesundheit mitzuwirken, jedoch war damit eine Reihe weiterer Fragen verbunden: Konnten Gemeindemitglieder in Forschungsprojekten als Informanten eingesetzt werden oder in Screenings* zur näheren Bestimmung der in einer Gemeinde vorhandenen seelischen Gesundheit? Wir mußten klarstellen, daß die Auswahl einer Untersuchungsgruppe ein kompliziertes Problem ist, bei dem die Begeisterung der Teilnehmer nur ein Faktor ist.

Die Erfahrungen mit dem Pfarrerkomitee illustrieren die vier Arten von Überlegungen und gemeinsamen Anstrengungen, die im Verlauf einer interprofessionellen Arbeit auf dem Gebiet der seelischen Gesundheit auftauchen können: (1) Der Patient wird zur Behandlung direkt an psychiatrische Fachkräfte überwiesen; (2) psychiatrische Fachkräfte übernehmen konsiliarische Aufgaben bei Problemen, die in der Hand von nichtpsychiatrischen Betreuern bleiben; (3) Diskussionen über institutionelle Regeln und Routinehandlungen, die letztere zur Festigung der Persönlichkeit und Vermeidung von emotionalen Schwierigkeiten entwickelt haben und (4) gemeinsame Untersuchung und Planung im Hinblick auf Faktoren, die offenbar gute oder aber schlechte Ergebnisse bewirken können und zwar sowohl auf individueller wie auch auf institutioneller Ebene.

Die Rolle des Zentrums für seelische Gesundheit als neutraler Versammlungsort zur Besprechung gemeinsamer Probleme wurde immer deutlicher. Dadurch half das Zentrum den verschiedenen in der Gemeinde tätigen sozialen Einrichtungen, adäquate Kommunikationsmöglichkeiten zu entwickeln und nicht isoliert und in gegenseitigem Konkurrenzkampf nebeneinander her zu existieren. Vor der Bildung des Pfarrerkomitees hatte es keine Einrichtung für einen regelmäßigen Austausch unter den Geistlichen als Gruppe gegeben. Ähnlich kamen in dem Komitee für Familiendienste Personen zusammen, die beruflich oder ehrenamtlich in der Wohlfahrtspflege tätig waren und tauschten sich über ihre Aufgaben und Arbeitsweisen aus. Es wurde nach Wegen gesucht, die Dienste unseres Zentrums mit diesen bestehenden Einrichtungen zu koordinieren. Mit einigen von ihnen wurden regelmäßige Fallbesprechungen vereinbart, die zu wertvollen Hilfen für die Tätigkeit dieser Einrichtungen wurden. Doch stieß unser ursprüngliches Vorhaben, die dort geführten Fallkarteien durchzuschauen, um etwas über die Häufigkeit von psychischen Störungen zu erfahren, auf Widerstand und

* screening = in der empirischen Sozialforschung die erste Phase der groben Auslese in einem stufenweise durchgeführten Selektionsprozeß zur Feststellung der Untersuchungsgruppe bzw. zur Diagnostik in der klinischen Psychologie.

wurde zugunsten einer fragebogenartigen Erhebung über „Gefährdungen" der seelischen Gesundheit aufgegeben.

Bei unseren Kontakten mit einer dieser Einrichtungen, die größtenteils mit ehrenamtlichen Helfern arbeitete, fiel uns das starke Bedürfnis von Frauen aus der Mittelschicht auf, den Familiendienst als Gelegenheit zu einer ehrenamtlichen Mitarbeit zu benutzen, womit ihre Energien in ein sozial nützliches Betätigungsfeld gelenkt, und Bekanntschaften und ihr Stolz, zum Gemeinwohl beitragen zu können, gefördert wurden. Durch die zunehmende Professionalisierung dieser Einrichtungen wurde ihnen diese Möglichkeit jedoch immer mehr genommen und dadurch kam es zu unmißverständlichen Feindseligkeiten gegenüber den professionellen Mitarbeitern. Sehr auffallend waren auch die Unterschiede in den Werten, Zielen und Praktiken von Pflegeberufen und Sozialarbeitern. Unvermeidliche gegenseitige Spannungen verhinderten eine effektive Zusammenarbeit bis ein Forum eingerichtet wurde, auf dem die verschiedenen Gruppierungen ihre Einstellungen vergleichen und aggressive Gefühle gegenüber den Mitgliedern der anderen Berufsgruppe abbauen konnten.

Das öffentliche Schulsystem wurde zum wichtigsten Gebiet der konsiliarischen Beratung und gemeinsamen Planung. Das städtische Komitee für seelische Gesundheit, das unseren Start in Wellesley unterstützt hatte, war besonders besorgt über Schwangerschaften von High-School-Schülerinnen. Es schien, daß ein zusammen mit Erziehern durchgeführtes Programm zur Erhaltung von seelischer Gesundheit nicht nur einen beachtlichen Beitrag zur seelischen Gesundheit in der Gemeinde insgesamt leisten, sondern auch unseren Forschungsinteressen zugute kommen würde. Das Schulsystem ist wie das Militär oder Industrieunternehmen ein Ort, an dem sich Gruppen von Individuen regelmäßig für eine längere Tätigkeitsdauer gemäß genau definierten Interaktionsregeln treffen. Deshalb versprechen Untersuchungen von solchen Sozialsystemen zuverlässige Daten.

Bereits vor unserer Zeit hatte sich die Gemeinde Gedanken über vorbeugende Maßnahmen im Hinblick auf delinquentes Verhalten von Jugendlichen gemacht. Es hatte Versuche gegeben, die Lehrer mit Checklisten zu versehen, mit deren Hilfe Schüler, die eventuell psychiatrische Hilfe benötigen, festgestellt und gemeldet werden können. Eine der Aufgaben des gemeinsam mit uns gegründeten Schulkomitees bestand darin, diese Bemühungen zu überprüfen. Das Komitee kam zu dem Schluß, daß gelegentliche Berichte über auffällige Verhaltensweisen eines bestimmten Kindes oder einer Gruppe von Kindern wenig Sinn haben, wenn die Beobachtungen der Lehrer nicht anhand einer zusammenhängenden Datensammlung überprüft werden können, die von dem Moment an, in dem das Kind in die Schule kommt, angelegt wird. Wir kamen überein, daß dazu unbedingt eine Untersuchung der emotionalen Entwicklung des Kindes zusätzlich zu der körperlichen Untersuchung beim Schuleintritt nötig wäre und daß beide Untersuchungen aufeinander abgestimmt sein sollten. Mit anderen Worten: Die Beurteilung der emotionalen Entwicklung sollte Teil des Gesamtpaketes einer umfassenden Untersuchung des Gesundheitszustandes sein. Wir begannen also mit verschiedenen Methoden zur Feststellung von seelischer Gesundheit im Vorschulalter zu experimentieren, was ein wichtiger Forschungsschwerpunkt wurde, der zur Entwicklung des „*Preschool Checkup*", einem Präventionsmodell führte.

Durch die gemeinsame Planung eines Vorschuluntersuchungsprogramms kam es zur Zusammenarbeit und manchmal auch zum Wettstreit zwischen dem Human Relations Service und dem öffentlichen Schulsystem. Dadurch war ein intensiver Austausch mit der höchsten Verwaltungsebene gewährleistet. Die gemeinsamen Planungen regten außerdem dazu an, die Prinzipien und Methoden zur Feststellung und Sicherung von seelischer Gesundheit ständig zu hinterfragen und in bezug auf ihre Gebrauchsfähigkeit zu überprüfen. Im Laufe der Zeit wurde auch ein konsiliarisches Beratungsangebot für Klassenlehrer, und andere, mit speziellen Aufgaben betraute Personen, z. B. Vertrauenslehrer und Tutoren und für das Verwaltungspersonal ausgearbeitet, so daß für diese Gelegenheit bestand, psychosoziale Probleme von Schülern oder Schülergruppen mit Mitarbeitern des Zentrums zu besprechen. Familien von Schülern, bei denen psychiatrische Hilfe angezeigt schien, wurden zur klinischen Abklärung ins Zentrum gebeten. Unser Mitarbeiterstab beteiligte sich auch an verschiedenen von der Schule initiierten Fortbildungsveranstaltungen und an Sitzungen, auf denen wir über die Ergebnisse unserer Forschungsarbeit berichteten.

Im öffentlichen Schulsystem der benachbarten Stadt Weston wurde ein zweites Programm entwickelt. In diesem Falle kreisten die Beratungen um das Programm des „Guidance Departments" der Schule, dessen Leiter an der Frage interessiert war, ob soziale und emotionale Probleme von High-School-Schülern, bereits in der Grundschule hätten entdeckt und prophylaktisch behandelt werden können. Wir schickten eine Sozialarbeiterin unseres Zentrums in die Familie, wenn nach Auffassung der Lehrer bei einem Grundschulkind Probleme bestanden. Wir gingen also hier etwas anders vor als in Wellesley.

Eine dritte Möglichkeit mit den Erziehern in Kontakt zu kommen, erlangten wir über die Kindergärten, die in dieser Mittelschichtgemeinde eine wichtige Rolle spielten. In einem der Kindergärten konnten wir eine Untersuchung über den Umgang der Erziehungspersonen mit der Aggression von Kindern durchführen. Später gelang es, die Mitarbeiter der verschiedenen Kindergärten zu monatlichen Treffen zusammenzubringen, bei denen psychosoziale Fragen und Probleme diskutiert wurden ähnlich wie vorher in der Pfarrergruppe.

Die Entwicklung einer optimalen Beziehung zu den verschiedenen Gruppen dieser Gemeinde, mit denen wir zusammenarbeiteten, hing offensichtlich sehr davon ab, inwieweit wir uns in deren bevorzugten Interaktionsstil einfühlen konnten. Nicht alle fühlten sich bei dem psychiatrischen Modell – Sitzen und Miteinander-Sprechen – wohl. Jede Berufsgruppe und ihre Untergruppen hatten in ihrer Abteilung oder Einrichtung jeweils eigene Gepflogenheiten, wann, wo, wielange und mit wem Informationen ausgetauscht wurden. So fiel es z.B. den Ärzten äußerst schwer, die oft ausgedehnten Komiteesitzungen in ihrem vollen Terminplan unterzubringen. Die Zusammenarbeit mit diesen Gruppen gestaltete sich in Form von Überweisungen an unseren klinischen Dienst, und wir handhabten diese Fälle dann als Konsiliarsdienst. Einige Jahre später haben wir für Pädiater eine Art Balint-Gruppe durchgeführt, da bei diesen inzwischen ein größeres Interesse für die psychologischen Aspekte ihrer Tätigkeit entstanden war. Ein Mitglied dieser Gruppe übernahm dann für eine Amtsperiode den Vorsitz im Direktorium unseres Zentrums. Auch die Polizei nahm hin und wieder Kontakt mit uns auf bei Krisen, die ihrer Meinung nach mit psychosozialen Problemen zu tun hatten.

Interdisziplinäre Zusammenarbeit

Bei all diesen Bemühungen um eine Zusammenarbeit mit den verschiedenen Helferberufen sowie auch hinsichtlich der weiterreichenden Frage, ob die Gemeinde uns akzeptieren würde, haben uns die Sozialwissenschaftler des Teams unschätzbare Hilfe geleistet. Sie gaben uns einen Orientierungsrahmen an die Hand, der den Einstieg in die lokalen Institutionen ermöglichte, ohne die in dem jeweiligen Sozialsystem vorhandene Hierarchie und Rollenverteilung zu stören. Sie wußten auch, wie sich für jeden Teil der Gemeinde die Übereinstimmung bzw. Abweichung von dem jeweils eigenen sozialen Normensystem ermitteln ließ, die eine therapeutische Intervention notwendig machen würde. Da wir bei Überweisungen an unseren klinischen Dienst auf der Grundlage des Prinzips tätig wurden, eher Gruppen als Einzelne zu untersuchen, mußten unsere Kliniker mit den institutionellen und kulturellen Besonderheiten dieser Gruppen vertraut gemacht werden. Deshalb war es richtig, das Zentrum mit einem interdisziplinären Team zu besetzen. Dies stand im Gegensatz zu *Leightons* Modell, in dem das klinische und das Forschungsteam voneinander getrennt arbeiteten, um jegliche Beeinflussung der Forschungsergebnisse zu vermeiden. Wir hielten dagegen in der Explorationsphase unserer Untersuchung eine maximale Beteiligung aller Disziplinen an dem Programm für wünschenswert.

Im Idealfall war der gesamte Mitarbeiterstab – diejenigen, die sich in erster Linie mit Patienten beschäftigten und diejenigen, die für die Forschung gekommen waren – mit der Doppelaufgabe der Entwicklung eines therapeutischen Angebots und der Erweiterung des klinisch relevanten Wissens konfrontiert. Doch es zeigte sich, daß interdisziplinäre Arbeit keine leichte Aufgabe ist. Zwar können die Begriffe und Inhalte von Anthropologie und Soziologie einem Psychiater und Psychologen relativ leicht verständlich gemacht werden. Dennoch gibt es mindestens vier größere Hindernisse bei der Zusammenarbeit:

1. Das Interesse des Psychiaters bleibt eher patientenzentriert und auf intrapsychische Phänomene gerichtet, selbst wenn er einen Beitrag in einem sozialwissenschaftlichen Forschungskontext leisten möchte. Die Aussagen des Soziologen mögen ihm wie oberflächliche Verallgemeinerungen erscheinen, die mit dem individuellen Fall, um den er sich kümmert, überhaupt nichts zu tun haben.
2. Der Psychiater hat im allgemeinen eine eher optimistische Einstellung und neigt dazu, sich auf eine zentrale Frage zu konzentrieren und dabei eine Reihe von mitbeteiligten Variablen zu ignorieren oder zu unterschätzen. Der Sozialwissenschaftler stellt dagegen eher die Bedeutung vieler Variablen in Rechnung. Seine Einstellung ist eher pessimistisch insofern, als er an eine wirksame Veränderung durch gezielte Einwirkung nicht oder nur schwer glauben kann, und weil er den Psychiater ständig daran erinnert, wie langwierig und zögernd der Prozeß der Erarbeitung von wissenschaftlich gesichertem Wissen verläuft.
3. In einem System mit einem klinischen Dienst als Kernstück gibt es außerdem Probleme mit der Statushierarchie, und es gibt Rivalitäten hinsichtlich der Frage der Interviewtechnik, die in den einzelnen Disziplinen traditionsgemäß wie ein Heiligtum betrachtet wird.
4. Schließlich gibt es einen grundlegenden Unterschied in der Orientierung gegenüber dem, was als „das Problem" angesehen wird: Der Psychiater möchte eine Grundlage für sein praktisches Handeln bekommen, während der Sozialwissenschaftler einen gegebenen Sachverhalt mit dem Ziel einer umfassenden theoretischen Klärung erhellen will.

Es ist notwendig, miteinander in Kontakt zu kommen und sich viel besser kennenzulernen, als wir ursprünglich dachten und auch die Wertorientierungen der anderen zu tolerieren. Wünschenswert ist auch die Bildung von Arbeitsgruppen mit unterschiedlichen internen Strukturen, in denen jede der beteiligten Disziplinen einmal die Führung übernehmen kann. Alle Vereinbarungen, die in Konferenzen erzielt werden, können sich als hohl und unsicher für die weitere Planung erweisen, wenn diese motivationalen Faktoren nicht berücksichtigt werden.

Forschung

Unsere Planung der Forschungsarbeiten stützte sich auf folgende Konzepte:

1. *Die emotional wichtige menschliche Umwelt,*

2. *Häufigkeit und Dauer der sozialen Interaktionen,*
3. *Rollenverteilung innerhalb des sozialen Systems,*
4. *Gleichgewicht und Ungleichgewicht dieses Systems in Krisenzeiten.*

Die wichtigsten Annahmen lauteten: Führt eine Situation zu einem Ungleichgewicht eines sozialen Systems – einer Familie oder einer anderen sozialen Gruppe – dann müssen sich die Mitglieder dieser Gruppe neu orientieren. Eine solche Neuorientierung kann als angemessene Reorganisation und Verarbeitung der veränderten Lebensumstände erfolgen oder als fehlangepaßte Reaktion. Auch Reaktionsweisen, die zunächst als gelungene Neuorientierung erscheinen, können sich bei näherem Hinsehen als Vorläufer einer späteren Störung erweisen.

Der Ausgangspunkt für Studien, in denen wir diese Annahmen untersuchten, waren – wie schon in den Kapiteln zu Beginn dieses Buches beschrieben – Untersuchungen über schwere Trauerreaktionen, in denen wir „normale", erfolgreiche Trauerarbeit einerseits und krankhafte Versuche der Anpassung an das veränderte Beziehungsumfeld andererseits unterschieden haben, z. B. psychotische, psychosomatische und psychoneurotische Reaktionsformen sowie gewisse Formen der Persönlichkeitsveränderung die den Funktionsspielraum des Überlebenden nur noch mehr einschränken.

Es schien uns wichtig, darüber hinaus andere *Krisen- oder Schwellensituationen,* die bei drastischen Veränderungen in den Lebensumständen eines Menschen auftreten, aufzuspüren, welche es ermöglichen würden, die Reaktionen von Menschen mit unterschiedlichen Persönlichkeitsstrukturen und Bewältigungsstrategien zu untersuchen. Eine spezielle Form der Krisensituation tauchte immer wieder in unserem klinischen Versorgungsdienst auf, wenn nämlich Patienten aus einem psychiatrischen Krankenhaus in ihre Familien zurückkehrten. Diese Situation war für uns geradezu exemplarisch für die besondere Art von klinischer Untersuchung, auf die es in einem gemeindenahen Versorgungsmodell ankommt: daß eben nicht das betreffende Individuum, sondern die ganze Gruppe, der es angehört, behandelt und untersucht wird. Wir entwickelten Berichtsbögen, um Daten über den Zustand des sozialen Beziehungssystems, die „emotional bedeutsame Umwelt" des Patienten zu sammeln. Außerdem untersuchten wir die Neuverteilung der Rollen, die stattfinden mußte, um das zurückkehrende Mitglied wieder aufzunehmen und konnten so aufzeigen, warum diese Menschen so häufig in kurzer Zeit wieder krank werden. Wir sammelten Fallbeispiele, anhand derer wir deutlich machen konnten, was jeweils in den Familien geschah, um die Reintegration des betreffenden Familienmitgliedes zu verhindern.

Zur systematischen Erforschung von größeren Bevölkerungsgruppen war es jedoch notwendig, verschiedene Teile der Gemeinde zur Mitarbeit zu motivieren. Es gelang uns, eine Gruppe von Familien mit Kindern im Kindergartenalter und einen großen Prozentsatz von Familien mit Kindern, die gerade in die Schule kamen, als freiwillige Probanden zu gewinnen. Diese

Untersuchungen verhalfen uns zu einem besseren Verständnis der unterschiedlichen Reaktionsweisen auf psychosoziale Belastungssituationen.

Die Kindergarten-Untersuchungen wurden von den Sozialwissenschaftlern in unserem Team entwickelt, um bestimmte Aspekte des Familienlebens in der amerikanischen Mittelschicht zu erforschen, die für die seelische Gesundheit relevant sein könnten. Sie beschrieben, wie einzelne Familien oder Familienmitglieder ein spezielles Problem in der normalen Entwicklung eines Kindes bewältigen, z. B. wie sie damit umgehen, wenn sich das Kind aggressiv verhält. *Naegele* hat in seiner Untersuchung Mütter von Kindergartenkindern darüber befragt, wie sie Aggressionen und Feindseligkeit bei sich, ihren Kindern und ihren Männern typischerweise beschreiben würden, und wie sie sich in einer solchen Situation normalerweise verhalten. Dieses Material wurde ergänzt durch Daten über die soziale Struktur dieser Familien. Eine ähnliche Untersuchung von *Aberle* und *Naegele* (1952) über die Väter derselben Familien, zeigte die Aufteilung des väterlichen Interesses zwischen Arbeit und Familie und gab uns einen Eindruck davon, wie Jungen im Kindergartenalter ins Zentrum der Aufmerksamkeit ihrer Väter rücken, die sich schon zu diesem Zeitpunkt um den späteren beruflichen Erfolg ihrer Söhne sorgen, während Mädchen in dieser Hinsicht vom Vater relativ wenig Beachtung erfahren.

Untersuchungen über Kinder und ihre Familien in der Übergangsphase beim Schuleintritt zielten auf die Umstellung von Familienmitgliedern, wenn das Kind aus dem Haus geht und die Schule besucht, und darauf, wie das Kind selbst die neue Lebenserfahrung meistert (*Gruber* 1954, *Elizabeth B. Lindemann* und *Ross* 1955, *McGinnis* 1954). Durch mehrere Gruppentreffen mit den Eltern konnten, wie bei den Studien über die Trauer, typische Verläufe von Antizipation, Verwirrung und Ungleichgewicht im Erleben dieser Familien aufgedeckt werden, die der Umstellung vorausgingen (*Klein* und *Ross* 1958). Eine freiwillige Vorschuluntersuchung, die wir der Gemeinde anboten und jährlich in unserem Human Relations Service durchführten, gab uns die Möglichkeit, die Mütter einzeln zu interviewen und das Kind in einer Spielsituation zu beobachten. Bei diesem relativ kurzen Kontakt wollten wir herausfinden, welche Art von emotionaler Bewältigung in der betreffenden Familie vorherrschend war, welche Situation das Kind wahrscheinlich erfolgreich meistern und in welchen es möglicherweise versagen wird. Indem wir eine Krisensituation simulierten – Trennung des Kindes von der Mutter – wollten wir Reaktionen auf spätere Krisen prognostizieren. Wir hofften, daß mehrjährige Erfahrungen mit dieser freiwilligen Vorschuluntersuchung möglicherweise in Untersuchungen, die die ganze Bevölkerung einbeziehen, einmünden würden, in denen Kinder, die für Schwierigkeiten in der Schule oder ein späteres Versagen anfällig sind, identifiziert werden könnten, so daß ihnen mit präventiven Maßnahmen geholfen werden kann (*Klein* und *Elizabeth B. Lindemann* 1964).

Eine ähnliche Querschnittsstudie zum Problem von Schwellensituationen wurde in der Krankenpflegeschule des Newton-Wellesley-Krankenhauses durchgeführt. Diese Untersuchung zeigte die großen Schwierigkeiten von Schwesternschülerinnen im ersten Ausbildungsjahr auf, sich in die neue berufliche Rollensituation hineinzufinden (*Rosenberg* und *Fuller* 1955). Die Abbruchquote im ersten Ausbildungsjahr wurde dadurch bedeutend gesenkt, daß den Schülerinnen durch Gruppendiskussionen eine Hilfestellung bei der psychischen Verarbeitung ihrer neuen Erfahrungen gegeben wurde. Dabei erfuhren wir, daß die Schülerinnen mit dem Lernstoff die geringsten Probleme hatten, aber erhebliche Schwierigkeiten mit der Annahme ihrer neuen beruflichen Rolle und Identität (*Rosenberg* und *Fuller* 1957). Dies ist ein weiteres Beispiel für Aufgaben im Bereich der seelischen Gesundheit, bei denen es nicht um die Verhinderung einer bestimmten Erkrankung geht, sondern um eine Vielzahl von ungünstigen Folgen einer nicht bewältigten Krisensituation, wie z. B. Studienabbruch aus nicht ganz geklärten Gründen oder falsche Berufswahl.

Ein Ziel unserer Arbeit waren Längsschnittstudien, die im Kindergartenalter oder schon früher einsetzen, und in denen die Kinder durch die ganze High-School-Zeit hindurch und darüber hinaus verfolgt werden können, aber dieses Ziel stellte sich als sehr schwierig heraus. Als ersten Schritt machten wir eine Follow-up-Untersuchung bei den Kindern, die an der Vorschuluntersuchung teilgenommen hatten, wobei wir die Beobachtungen von Lehrern und Eltern heranzogen, um die Voraussagen unseres Teams zur Eingewöhnungsfähigkeit der Kinder in der neuen Schulsituation zu überprüfen (*Elizabeth B. Lindemann et al.* 1967).

Das Problem der *Verteilung von emotionalen Störungen* in dieser Gemeinde gingen wir mit den klassischen Methoden der Epidemiologie an. Wir stellten die Hypothese auf, daß es in jeder Gemeinde eine bestimmte Anzahl von Fällen gibt, die den einschlägigen Berufsgruppen und Institutionen bekannt sind, sowie eine Dunkelziffer von emotional gestörten Menschen, von denen nur die Betroffenen selbst, ihre Familien oder Institutionen außerhalb der Stadt wissen. Wir nahmen außerdem an, daß die Verteilung der Störungen unter dem Aspekt der unterschiedlichen Belastungen in den verschiedenen geographischen Regionen oder Wohngegenden, die unterschiedlichen sozialen Strukturen entsprechen, gesehen werden müßte. Tatsächlich war Wellesley nur oberflächlich gesehen homogen; in Wirlichkeit gab es in diesem Vorort von Boston ziemlich gegensätzliche Wohngebiete oder Viertel, mit Grenzen, die für die jeweiligen Bewohner eine große Bedeutung hatten und die, wie sich später zeigte, auch unser Versorgungsangebot und unsere Forschungen berührten (*Lewis* 1956). Andererseits war es offenbar ziemlich zufällig, welche Problemfälle mit psychosozialen Implikationen zu den verschiedenen Berufsgruppen in der Stadt gelangten. Es stellte sich auch heraus, daß in Wellesley im Vergleich zu einem Stadtteil mit niedrigerem

Einkommen wie Roxbury eine größere Tendenz bestand, psychotische Patienten zu Hause zu behalten als sie in Krankenhäuser einweisen zu lassen (*Kaplan, Reed* und *Richardson* 1956). Eine Ausweitung dieser epidemiologischen Betrachtungen auf Landesebene wurde dadurch begünstigt, daß Dr. *Warren Vaughan,* ein Mitglied unseres Teams, mit dem Bericht des Massachusetts Department of Mental Health über die staatlichen psychiatrischen stationären Einrichtungen und Ambulanzen beauftragt wurde (*Vaughan, Conwell* und *Kaplan* 1953). Die sozialen und emotionalen Belastungen eines Umzuges nach Wellesley oder beim Umzug von einem Stadtteil in einen anderen wurde von einem Anthropologen unseres Teams, *L. Thoma,* untersucht. Wir berichten darüber im folgenden Kapitel.

Zusammenfassend ist zu sagen, daß das Wellesley-Projekt ein erster Versuch war, ein gemeindenahes Zentrum für seelische Gesundheit zu entwikkeln. Das Forschungsprogramm war kein einheitlicher Block, sondern setzte sich aus vielen individuellen Projekten zusammen, die entsprechend den Problemstellungen, die sich aus den Tätigkeitsfeldern des Zentrums ergaben, entwickelt wurden. In 15 Jahren lernte unser Zentrum rund 2000 Familien kennen. Die uns überwiesenen Fälle von emotionalen Störungen reichten von floriden Psychosen über Psychoneurosen bis hin zu Delinquenz und psychosomatischen Störungen. Zusätzlich zu der zeitlich begrenzten direkten klinischen Versorgung von Einzelpersonen und Familien wurde ein sehr differenziertes Konsultationsprogramm mit den öffentlichen Schulen von Wellesley und Weston durchgeführt, wie auch mit der Krankenpflegeschule des Newton-Wellesley Krankenhauses, mit den Geistlichen aller Konfessionen in der Stadt, mit den Wohlfahrtseinrichtungen und Justizbehörden. Das Zentrum wurde zu einer Feldstation für die Ausbildung in Gemeindepsychologie von Psychiatern, Psychologen und Sozialarbeitern, die durch Stipendien des National Institute of Mental Health unterstützt und vom Massachusetts General Hospital geleitet wurde.

Es war uns gelungen, ein Zentrum für seelische Gesundheit zu schaffen, das in seinen expliziten und impliziten Zielsetzungen den Erwartungen und Bedürfnissen einer Mittelschichtbevölkerung in einem Großstadtvorort voll entsprach: Förderung und Erfolg ihrer Kinder, Eindämmung von abweichendem Verhalten und Versagen sowie Früherkennung von möglichen Gesundheitsrisiken. Die Bewohner dieser Gemeinde waren zu einer kooperativen Planung bereit und zur Entwicklung eines eigenen Maßnahmenkatalogs, bei dem sie auf unsere fachliche Beratung zurückgriffen.

Literatur

Aberle, D. F., und *Naegele, K. D.* (1952). Middle class fathers' occupational role and attitudes toward children. American Journal of Orthopsychiatry 22: 366–378. – *Caplan, G.* (1970). The Theory and Practice of Mental Health Consultation. New York: Basic Books. – *Gruber, S.* (1954). The concept of task-orientation in the analysis of play behavior of children entering kindergarten. American Journal of Orthopsychiatry 24: 326–335. – *Kaplan, B.*, *Reed, R. B.*, and *Richardson, F. L. W., Jr.* (1956). A comparison of the incidence of hospitalized and non-hospitalized psychoses in two communities. American Sociological Review 21: 472–479. – *Klein, D. C.*, and *Lindemann, Elizabeth.* (1964). Approaches to pre-school screening. Journal of School Health 34: 365–373. – *Klein, D. C.*, and *Ross, A.* (1958). Kindergarten entry: a study of role transition. In: Orthopsychiatry and the School, ed. M. Krugman, pp. 60–69. New York: American Orthopsychiatric Association. – *Lewis, G.* (1956). A technique in social geography for the delimitation of urban residential subregions. Unpublished dissertation, Harvard University. – *Lindemann, Elizabeth* and *Ross, A.* (1955). A follow-up study of a predictive test of social adaptation in preschool children. In: Emotional Problems of Early Childhood, ed. G. Caplan, pp. 79–93. New York: Basic Books. – *Lindemann, Elizabeth, et al.* (1967). Predicting school adjustment before entry. Journal of School Psychology 6: 24–42. – *McGinnis, M.* (1954). The Wellesley Project program of preschool emotional assessment. Journal of Psychiatric Social Work 24: 135–141. – *Naegele, K. D.* (1951). Some problems in the study of aggression in middle-class American families. Canadian Journal of Economics and Political Science 27: 65–75. – *Rosenberg, P.*, and *Fuller, M.* (1955). Human relations seminar: a group work experiment in nursing education. Mental Hygiene 39: 406–432. – *ders.* (1957). Dynamic analysis of the student nurse. Group Psychotherapy 10: 22–37. – *Vaughan, W. T., Jr.*, *Conwell, M.*, and *Kaplan, B.* (1953). Survey of community psychiatric resources in Massachusetts. Conducted by Harvard University School of Public Health, Department of Mental Health. East Gardner, Massachusetts.

7. Kapitel

Umzug als Krise

Mehrere Faktoren veranlaßten Lindemann zur Untersuchung der Frage, wie sich die Umsiedlung der Bevölkerung des Bostoner Stadtteils West End, der dem Bau von Hochhäusern und Bürogebäuden weichen mußte, auf die seelische Gesundheit auswirkt. Ein in diesem Kapitel im Vordergrund stehendes Motiv bestand darin, den Anwendungsbereich und Nutzen seiner Krisentheorie durch den Vergleich der Reaktionen von zwei unterschiedlichen Populationstypen zu vergrößern.

Eine weitere Überlegung, die sich aus seinem eigenen Umzug von der School of Public Health zurück zum Massachusetts General Hospital ergab, um die Nachfolge von Stanley Cobb anzutreten, war der Wunsch, das Thema anklingen zu lassen, das ihn in seiner neuen Position am meisten bewegen sollte: die Bedeutung der mitmenschlichen Umwelt für seelische Gesundheit und Krankheit. Zwischen der Bevölkerung des West End und dem Massachusetts General Hospital bestand eine für beide Seiten wichtige Beziehung. Das Zerschneiden dieser Verbindung aufgrund des Sanierungsprogramms konnte an keiner der beiden Parteien spurlos vorübergehen und könnte – so die Vermutung – bei den Umgesiedelten zu einem Anstieg der Erkrankungen führen. Zur Untersuchung dieser Fragen war, wie schon bei dem Wellesley-Projekt die Mitarbeit von Sozialwissenschaftlern im Forschungsteam notwendig.

Durch seine Mitarbeit im Ausschuß des National Institute of Mental Health (NIMH) zu sozialen und physikalischen Umweltfaktoren als Determinanten von seelischer Gesundheit, der bei Eingeweihten den scherzhaften Beinamen „Dr. Leonhard Duhls Weltraumkadetten“ – nach einer damals in den USA sehr populären Fernsehsendung – erhielt (der Ausschußvorsitzende, Leonard Duhl, gewann als Psychiater und Pionier auf dem Gebiet der Umweltplanung zur Förderung von seelischer Gesundheit internationale Anerkennung) galt Lindemanns Interesse nun auch der Frage, wie sich Regierungsmaßnahmen auf die Bewältigungsmuster einer Gemeinde auswirken. Die Diskussionen im Ausschuß, dem auch Rechtsanwälte, Stadtplaner und Sozialwissenschaftler angehörten, vermittelten ihm viele Anregungen. Lindemanns Anliegen, die Auswirkungen der Stadtsanierung auf die Bevölkerung des West-End zu untersuchen, wurde vom NIMH im Rahmen eines Forschungsprojekts für die Dauer von 5 Jahren unterstützt.

(Elizabeth B. Lindemann)

Im Zusammenhang mit unseren Studien über Trauerprozesse als mögliche Vorläufer von bestimmten somatischen Erkrankungen, begannen wir, uns für den Trauerzustand als solchen zu interessieren. Wir gelangten bald zu der Überzeugung, daß wir Lebenskrisen und Übergangsphasen aufgrund einschneidender Erfahrungen – wie z. B. Trauer, ein Zustand zwischen Gesundheit und Krankheit – noch viel besser verstehen müssen, um fehlangepaßte Reaktionen durch eine rechtzeitige Intervention zu verhüten.

Wir entwickelten mehrere Hypothesen über plötzliche Veränderungen in sozialen Systemen, die für die Betroffenen eine gefährliche Situation darstellen können, weil solche Veränderungen oft Reaktionen erfordern, die im alltäglichen Reaktionsrepertoire nicht vorhanden sind und die sowohl eine Reorganisation des sozialen Systems als auch intrapsychische Veränderungen notwendig machen. Wir unterschieden zwischen schlecht und gut adaptiertem Krisenverhalten, trennten defensive Reaktionen von gesunden Bewältigungsmechanismen und suchten nach verschiedenen Wendepunkten oder Schwellensituationen im Lebenszyklus, an denen wir die Reaktionen und Entscheidungen beobachten und Hinweise auf Bedingungsfaktoren in dem jeweiligen sozialen System erhalten konnten, die das Ergebnis schon vorwegnahmen.

Eine solche Schwellensituation im Sinne eines die Lebensumstände verändernden Einschnitts ist der Wohnortwechsel. In Wellesley, einem Vorort von Boston, und im West End, einem städtischen Arbeiterviertel, konnten wir die kontrastierenden Bedingungen eines Wohnungswechsels in unterschiedlichen Gemeinden erforschen.

Von seelischen Problemen, die etwas mit einem Ortswechsel zu tun haben, erfuhren wir erstmals durch die Behandlung von Klinikpatienten aus Wellesley. Die Tendenz der amerikanischen Mittelklasse, sich selbst und die Familie zu „entwurzeln“, scheint unvermeidbar geworden zu sein, oft sogar erwünscht und für diejenigen, die Karriere machen wollen, lebensnotwendig. Doch obwohl der Wohnortwechsel von der Gesellschaft positiv bewertet wird, haben viele ihre Schwierigkeiten damit, selbst dann, wenn der Umzug einen höheren Status, eine attraktivere Umgebung und bessere Schulen mit sich bringt. Es war offenkundig, daß die hohe Mobilität unter bestimmten Teilen der Bevölkerung von Wellesley sowohl für den Einzelnen als auch für die Gemeinde bestimmte Gefahren in sich barg.

Eine andere Art von Mobilität liegt vor, wenn diese einer ganzen Bevölkerung durch nicht von ihr beeinflußbare Umstände aufgezwungen wird, wie etwa bei einer Massenevakuierung in Kriegszeiten oder – in kleinerem Rahmen – bei einem geplanten Abbruch und Wiederaufbau eines Stadtviertels. Die sogenannte Stadtsanierung des West End von Boston in den fünfziger Jahren bot uns Gelegenheit, die Auswirkungen einer erzwungenen Mobilität auf die seelische Gesundheit einer Arbeiterbevölkerung mit den Beobachtungen zu vergleichen, die wir in Wellesley gemacht hatten.

Zu Beginn unserer Tätigkeit in Wellesley fiel uns auf, daß sehr viele neue Familien in die Stadt zogen und Sozialstruktur und Verwaltung einer starken

Belastung ausgesetzt waren. Unsere Mitarbeiter aus der Bevölkerung hofften, daß wir unter den Neuhinzugezogenen besonders viele mit pathologischen Merkmalen entdecken würden. Anstatt aber nun nur unter den Neuhinzugezogenen nach Fallbeispielen zu suchen, erforschten wir, was der Wechsel für die Neuankömmlinge wie auch für die seit langem Ortsansässigen bedeutete. Interviews gaben Aufschluß über die komplexen und variationsreichen Prozesse, die diese Mittelschichtgemeinde entwickelt hatte, um neue Bewohner zu integrieren und zu kontrollieren. Die Interviews ließen auch die negativen Auswirkungen erkennen, die ein Wohnungswechsel in manchen Fällen auf die seelische Gesundheit haben kann, angefangen vom Zerreißen wichtiger persönlicher und familiärer Bindungen bis hin zur Abstempelung von Familien als Sündenbock, die in ihrer neuen Umgebung als abweichend wahrgenommen werden.

Manchmal ist die Familie bereits mehrmals umgezogen und hat gewisse Fertigkeiten entwickelt, die den Wechsel erleichtern. Dennoch bedeutet ein solches Ereignis oft eine unerwartete Krise für ein oder mehrere Mitglieder der Familie, weil Beziehungen zu engen Freunden, Schulkameraden und Peergruppen auseinanderbrechen. Die Familie als Ganzes hat eine schwierige Zeit vor sich, wenn sie sich an einen neuen Lebensstil gewöhnen und neue Kontakte knüpfen muß. Erfolg oder Scheitern der Bemühungen, den damit einhergehenden Streß zu bewältigen, hängen unter anderem davon ab, inwieweit die aufnehmende Gemeinde den Assimilationsprozeß unterstützt.

Gemeinden unterscheiden sich erheblich in bezug auf die Art und das Ausmaß, in denen sie solche Schwierigkeiten antizipieren und die zeitlose Feindseligkeit von Altem und Neuem verringern. So können sie die erfolgreiche Adaptation der Neuankömmlinge erleichtern oder verhindern wollen, auf jeden Fall haben sie aber Kriterien dafür, wen sie akzeptieren möchten. Eine Erhebung der in den Jahren 1953 und 1954 nach Wellesley neu hinzugezogenen Familien zeigte, daß die Auswahl von Familien, die für die Stadt als annehmbar galten und von denen man erwarten konnte, daß sie bereitwillig integriert würden, von Maklern vorgenommen wurde. Bei den Ausgewählten handelte es sich vorzugsweise um Weiße mit angelsächsisch-protestantischem Hintergrund, einer entsprechenden Bildung, beruflichem Status und Umgangsformen. Personen mit einer anderen ethnischen Abstammung wurde von der Wohnungssuche abgeraten oder man zeigte ihnen nur schlechte Unterkünfte. War die Familie nach diesem Selektionsprozeß eingezogen, folgten von seiten der ortsansässigen Geschäfte, Schulen und Kirchen verschiedene Bemühungen, um das Kennenlernen und die Integration zu erleichtern. Viele unterschiedliche Clubs boten Möglichkeiten zum Anknüpfen sozialer Kontakte wobei es eine hierarchische Rangordnung gab, indem die neu Hinzugezogenen zunächst in den unteren Rängen aufgenommen wurden, um allmählich zu größerem Ansehen und Einfluß auf die Angelegenheiten der Stadt zu gelangen.

Klinische Beobachtungen zeigten, daß vor allem Frauen unglücklich waren, wenn sie nicht relativ rasch in Organisationen aufgenommen wurden, in denen sie eine bedeutendere Rolle mit öffentlicher Reputation übernehmen konnten. Sowohl auf Männer wie Frauen wurde ein starker Druck ausgeübt, an bestimmten Aktivitäten wie Mitarbeit in einem Ausschuß und Geldsammelaktionen teilzunehmen, und Familien, die nicht mitmachten, konnten rasch als Sündenböcke zur Zielscheibe der allgemeinen Ablehnung werden, insbesondere indem sie von sozialen Ereignissen ausgeschlossen wurden. In solchen Fällen wurden die Kinder oft als Störenfriede auffällig und aufgrund *dieser* Probleme kamen die Eltern ins Zentrum für seelische Gesundheit. Unsere Aufgabe war es dann, der Familie verstehen zu helfen, warum sie zum Sündenbock abgestempelt wurde und wie dieser Prozeß rückgängig gemacht werden könnte. Emotionale Schwierigkeiten zeigten sich viel häufiger bei Kindern als bei Erwachsenen, da kaum an die Krise, die der Wohnungswechsel in den verschiedenen Altersgruppen auslösen kann, gedacht worden war.

Bei den Frauen, denen wir zu helfen versuchten, entdeckten wir, daß sie ein großes Bedürfnis nach quasi-intimen Kontakten außerhalb der eigenen Familie hatten. Dies wurde zu einem Hauptthema als wir Familien untersuchten, die sich von einem Innenstadtviertel mit engen verwandtschaftlichen und freundschaftlichen Banden kommend, in den eher unpersönlichen Vororten verloren.

Im Mittelpunkt der West End-Studie stand die Arbeiterbevölkerung dieses Stadtteils von Boston, wo im Rahmen eines Stadterneuerungs- oder Slumsanierungsprojekts rund 2500 Familien umgesiedelt werden mußten. In Wellesley lag der Forschungsschwerpunkt auf gesunden oder ungesunden Integrations- und Bewältigungsmustern einzelner Neuankömmlinge sowie auf den unterschiedlichen und komplexen Prozessen, die ein Vorort mit Mittelschichtbevölkerung entwickelt hatte, um diese zu integrieren und zu kontrollieren. Wir hatten jetzt Gelegenheit, eine große Bevölkerungsgruppe zu untersuchen, die *gemeinsam* vor einer unangenehmen Situation stand: eine von außen auferlegte Krise, die das Verlassen der Wohnung und die Suche nach einer neuen Unterkunft in fremder Umgebung bedeutete. Wir wollten herausfinden, ob *Unterschiede in der Bewältigung dieser Krise* mit folgenden speziellen Faktoren zusammenhingen: daß die Mobilität *erzwungen* und nicht frei gewählt worden war; daß Individuen vor eine *gemeinsame* Herausforderung gestellt waren; und schließlich, daß die emotionalen und materiellen Ressourcen *typisch für eine Arbeiterbevölkerung* waren.

Im Gegensatz zu vielen anderen Studien, die sich mit der Häufigkeit von psychischen Störungen im Zusammenhang mit Migration und Wohnortwechsel beschäftigt haben (*Murphy* 1965, *Eaton*), handelte es sich bei der West End-Studie nicht um eine primär epidemiologische Erhebung. Der theoretische Schwerpunkt stand unter dem Einfluß der kurz vorher von

Hamburg und Mitarbeitern durchgeführten Untersuchungen über typische Anpassungsmuster in verschiedenen schweren Belastungssituationen wie z. B. die Eingewöhnung von Erstsemesterstudenten im College, die Reaktion auf lebensbedrohende Verletzungen und der bevorstehende Verlust eines Kindes, das unheilbar erkrankt ist (*Coelho* und *Hamburg* 1963, *Hamburg* 1953, *Chodhoff, Friedman* und *Hamburg* 1964). Aufgrund dieser Beobachtungen sowie aufgrund der Erfahrungen mit Trauerreaktionen, die *Engel* (1961), *Schmale* (1958) und wir selbst gemacht haben, konnten wir damit rechnen, daß das adaptive Verhalten einer Gemeinde, die im Begriff war, ihre Existenz *als Gemeinde* zu verlieren, bestimmte kognitive Elemente wie die systematische Beschaffung von Informationen enthalten würde; außerdem gewisse affektive Komponenten wie Trauer und Angst und schließlich Formen von zukunftsorientiertem Verhalten, indem in der veränderten Situation neue Kontakte gesucht und erprobt werden.

Außerdem erwarteten wir, daß diese Studie mehr Informationen über die gemeinsamen kulturellen Werte und Abwehrmechanismen einer Arbeiterbevölkerung liefern würde. Das reichhaltige deskriptive Material, das *Oscar Lewis* (1966) über mexikanische und puertorikanische Unterschichtgemeinden vorgelegt hat, vermittelt ein lebendiges Bild von der besonderen „Kultur der Armut". Der historische Platz dieser Bevölkerungsgruppe in einem größeren gesellschaftlichen Verband, ihr gemeinsames Schicksal im Kampf um die Verbesserung des Lebensstandards angesichts von enormer Ungleichheit, immer wiederkehrenden Frustrationserfahrungen und Mißlingen ihrer Bemühungen, scheinen die Determinanten eines hochgeschätzten Lebensstils zu sein, der energisch gegen jede Einmischung von außen verteidigt wird und dessen charakteristische Merkmale ein starker innerer Zusammenhalt und gegenseitige Hilfe sind. Wir wollten in unserer Population von 10000 Umsiedlern nach solchen kulturspezifischen Wert- und Verhaltensmustern suchen und dabei vor allem etwas über diejenigen kulturellen Faktoren erfahren, die mit verschiedenen Krankheiten und Erkrankungen oder anderen Problemen, welche unsere Hilfe erforderten, zusammenhängen könnten.

Die Bedeutung einer solchen Untersuchung wurde vom National Institute of Mental Health anerkannt, das im Jahr 1956 der Psychiatrischen Abteilung des Massachusetts General Hospital Mittel zur Verfügung stellte, um ein *Zentrum für Gemeindeforschung* einzurichten. *Marc Fried*, ein Sozialpsychologe, übernahm die Koordination der Forschungsprojekte.

Eine erste anthropologische Studie wurde von *Herbert Gans* (1962) durchgeführt. Dabei zeichnete sich das Bild einer Gemeinde ab, die einen bäuerlichen Lebensstil bewahrt und jahrzehntelang als Eintrittstor für immigrierte Familien gedient hatte. Obgleich die Bewohner eine Mischung aus Italienern, Polen, Juden und Nordamerikanern darstellten, hatten sie einen gemeinsamen Lebensstil entwickelt, in dem verwandtschaftliche Bande und gegenseitige Hilfe in der Nachbarschaft eine besonders große Rolle spielten. Alles was außerhalb des West End lag, galt in den Augen der Bewohner als fremdes Territorium. Der Lebensstil der amerikanischen Mittelklasse wurde abgelehnt. Peergruppen mit starken gegenseitigen Loyalitätsbindungen und eindeutig festgelegter Führung bestimmten das Alltagsleben. Intellektuelle Leistungen wurden abgewertet. Wenn jemand wegziehen mußte, dann kehrte er später oft ins West End zurück, selbst wenn der Umzug aufgrund eines sozialen Aufstiegs erfolgt war, um seine Loyalität und Verbundenheit zu demonstrieren.

Die sozialen Einrichtungen einschließlich des Krankenhauses mit seiner ambulanten und stationären Versorgung und des Nachbarschaftszentrums* wurden von den Leuten als Teil ein- und desselben Systems von informellen, wechselseitigen Verpflichtungen aufgefaßt, in welchem der Arzt oder Sozialarbeiter eher als Partner in einem dauerhaften persönlichen Loyalitätsverhältnis betrachtet wird als unter dem Aspekt einer begrenzten vertraglichen Vereinbarung über eine bestimmte Art von Dienstleistung. Erst als uns dies klar geworden war, konnten wir verstehen, warum eine einmal in der Klinik hergestellte Arzt-Patient-Beziehung zu unerwünschten Abhängigkeitsreaktionen zu führen schien, indem der Patient nicht bereit war, sich von einem bestimmten Arzt oder anderen Mitarbeitern zu trennen.

Ganz offensichtlich gab es in der Bevölkerung keinerlei Antizipation, Planung oder Vorbereitung im Hinblick auf die Sanierungskrise. Für diese Menschen war es unvorstellbar, daß ein Viertel, welches ihnen als sehr gut bewohnbar erschien und das mit beneidenswerten Freizeiteinrichtungen ausgestattet war, von den verantwortlichen Entscheidungsgremien als entbehrliches Slumgebiet definiert und sogar vernichtet werden sollte. Erst als die Bulldozer eintrafen, gab es Massenversammlungen und Protestmärsche zum Rathaus. Auf die lange Zeit vorherrschende Apathie und Leugnung folgten nun überstürzte Bemühungen um neue Unterkünfte und lautstarke Rufe nach Hilfe, die die Umsiedlungsbehörde oder andere Einrichtungen geben sollten.

Die Bevölkerung fühlte sich durch den erzwungenen Wohnungswechsel von der kommunalen Regierung im Stich gelassen. Es stellte sich aber heraus, daß die Bewohner dieses Stadtteils ihren politischen Einfluß, den sie in früheren Wahlperioden gehabt hatten, verloren hatten, und daß sie als Wählergruppe uninteressant geworden waren. Statt durch Eigeninitiative und eine angemessene Vertretung in den politischen Gremien ihren Einfluß geltend zu machen, hatten sie sich ganz auf die kurzfristige Hilfe von professio-

---

* Dabei handelt es sich um eine Einrichtung, die den Bewohnern zur Freizeitgestaltung und Weiterbildung zur Verfügung steht. Die Einrichtung geht auf die „settlement house movement" im 19. Jahrhundert in England zurück, eine Initiative von einigen sozial eingestellten Bürgerlichen, um in den Slums der englischen Großstädte eine Verbesserung der Lebensbedingungen der Armen zu erreichen.

nellen Einrichtungen wie den Familiendienst, das Nachbarschaftszentrum und das Massachusetts General Hospital verlassen und waren allmählich von diesen professionellen Ressourcen ziemlich abhängig geworden. Es war deshalb um so schwieriger, diese Menschen zu verpflanzen und in ihren neuen Wohngebieten an andere Ressourcen anzubinden.

Auch einige Mitarbeiter der sozialen Einrichtungen weigerten sich noch bis wenige Wochen vor Beginn der Abbrucharbeiten daran zu glauben, daß die Sanierungsaktion tatsächlich durchgeführt werden würde, obwohl in den Medien ununterbrochen darüber berichtet wurde. Ebenso wie Einzelpersonen und Familien waren diese Institutionen mit dem Problem konfrontiert, eine neue Unterkunft zu finden.

Da in einer Arbeiterbevölkerung ein gewisses Mißtrauen Fremden gegenüber weit verbreitet ist, ebenso wie die Erwartung, ausgebeutet zu werden, nahmen wir an, daß sich am ehesten in einer Krisensituation Zugangsmöglichkeiten eröffnen würden. Und genau so war es. In der ersten Phase der Untersuchung waren die Mitglieder eines rasch gegründeten Komitees, in dem auch Mitarbeiter der Umsiedlungsbehörde vertreten waren, froh über die Gelegenheit, sich mit Mitarbeitern des psychiatrischen Dienstes an unserem Krankenhaus zu treffen, um die Misere vieler Bürger zu besprechen, für die die Umsiedlung kaum zu verkraften war. Auf diese Weise konnten wir als teilnehmende Beobachter den Umsiedlungsprozeß miterleben. Die zweite Phase bestand aus einer systematischen Befragung, die von *Fried* und seinen Mitarbeitern auf der Grundlage breitangelegter Interviews vor und nach dem Umzug durchgeführt wurde. Die Interviewer wurden von der Bevölkerung anfangs mit der Hoffnung empfangen, daß durch ihren Einfluß das Sanierungsprogramm gestoppt werden könnte.

Eine genauere Untersuchung bei einer Stichprobe von annähernd 500 Familien lieferte die Daten für eine umfassende Studie über den Lebensstil in einem Arbeiterviertel (*Fried* 1973). Anstelle der Kleinfamilie der Mittelklasse, die in den Vororten von unpersönlichen Einrichtungen (professioneller oder privatwirtschaftlicher Art) versorgt werden, trafen wir hier auf eine Bevölkerung, in der die emotionale und materielle Unterstützung großenteils durch die komplexen Bande von Großfamilien und Quasi-Familiengruppen gewährleistet war. Die Zersplitterung dieser sozialen Netzwerke, die die Umsiedlung der einzelnen Haushalte in Form einer Zerstreuung über das ganze Großstadtgebiet bewirkte, führte zu zahlreichen trauerähnlichen Reaktionen und zu vielfältigen pathologischen Erscheinungen. Maßnahmen zur Erleichterung der erforderlichen Umstellung wie eine Betreuung im Einzelfall und finanzielle Unterstützung, erwiesen sich als unzureichend. Die Familien kämpften um die Wiederaufnahme der vertrauten Beziehungen, nachdem sie über alle Stadtteile verstreut waren. Von Zeit zu Zeit kehrten einzelne in ihr ehemaliges Viertel zurück und standen auf der Straße herum, wo einst ihre Häuser gestanden hatten.

Eine weitere Datenquelle waren die Statistiken über Kontakte mit sozialen und medizinischen Einrichtungen vor und nach der Umsiedlung: In der Bevölkerung des Sanierungsgebiets hatten auch einige Menschen mit psychotischen Zustandsbildern gelebt, die in der Nachbarschaft toleriert und nicht als medizinisches Problem angesehen worden waren. Im Zuge der Umsiedlung war ihre Unterbringung unmöglich geworden, so daß eine psychiatrische Versorgung erforderlich wurde.

Als wir die Umgesiedelten nach dem Umzug besuchten, stießen wir auf ein großes Maß von Niedergeschlagenheit und Trauer; die meisten waren an dem neuen Wohnort noch nicht wieder heimisch geworden. Am stärksten waren diejenigen betroffen, deren Freundschafts- und Verwandtschaftsnetzwerke durch die Umsiedlung zerrissen worden waren. Dies war vor allem bei den Älteren der Fall. Einige Leute freuten sich allerdings auch über den Wechsel und vermißten nichts. „Doch die Reaktionen der Mehrheit sind präzise wohl mit dem Begriff ‚*Ausdrucksformen von Trauer*' beschrieben. Diese äußerten sich in dem Gefühl eines schmerzlichen Verlustes, in ungestillter Sehnsucht, einer insgesamt niedergedrückten Stimmung, in häufig auftretenden Symptomen psychischer oder physischer Erschöpfung und übermäßigen Anstrengungen, die sie die Umstellung auf die veränderte Situation kostete, in einem Gefühl der Hilflosigkeit und gelegentlichen Äußerungen von direkter wie auch verschobener Wut und schließlich in Tendenzen zur Idealisierung des verlorenen Wohngebiets" (*Fried* 1963, S. 151).

Von 250 weiblichen Befragten berichteten 26%, daß sie zwei Jahre nach dem Umzug immer noch traurig oder bedrückt waren; und weitere 20% gaben an, während eines längeren Zeitraumes (sechs Monate bis zwei Jahre) traurig oder niedergeschlagen gewesen zu sein. Eine ziemlich schwere Trauerreaktion konnte somit bei insgesamt 46% der befragten Frauen festgestellt werden. Bei den Männern war der Prozentsatz nur geringfügig niedriger (38% von 316). Der wahre Anteil depressiver Reaktionen war aber zweifellos höher, da viele Frauen und Männer, die keine Angaben über Trauer oder Niedergeschlagenheit gemacht hatten, eindeutig depressive Antworten auf andere Fragen gaben (*Fried* 1963).

Als Begleiterscheinung der Reorganisation der Alltagsrolle und -routine, die durch die Verpflanzung in eine andersgeartete, großstädtische Umgebung notwendig geworden war, konnten auch paranoide Reaktionen zusammen mit Depressionen auftreten. Zum Beispiel zog ein Ehepaar – Mitte dreißig Jahre alt –, in eine Vorstadtgegend, in der es sich als direkte Nachbarn eines Oberleutnants und seiner Frau wiederfand mit denen sie keinerlei soziale Beziehungen haben wollten. Die Frau vermißte außerdem ihren täglichen Gang zum Lebensmittelladen an der Ecke, wo sie immer Bekannte getroffen und Neuigkeiten ausgetauscht hatte. Da sie keinen Führerschein hatte, kaufte ihr Mann jetzt die Lebensmittel in einem Supermarkt ein. Dadurch wurde sie um etwas gebracht, was sie aufgrund ihrer italienischen

Herkunft als einen wichtigen Teil ihrer weiblichen Rolle ansah. In ihrem untätigen und depressiven Zustand entwickelte sie Phantasien über Frauen, die ihr Mann im Supermarkt treffen könnte, die sie rasend eifersüchtig machten. Die psychologischen Determinanten ihres Kummers waren ihr in keiner Weise bewußt. Kurzgefaßt bedeutet das, wie *Fried* (1965) es ausgedrückt hat:

„*Die Bewältigung der Verpflanzung in eine neue soziale Umgebung und Wohngegend mit den damit verbundenen neuen Erfahrungen, der Verlust einer Situation des Eingebettetseins in einen vertrauten und geliebten Ort, der mühselige Kampf mit Herausforderungen, die man nicht gesucht hat und die oft die vorhandenen psychologischen und sozialen Ressourcen übersteigen, führen notwendigerweise zu äußerst schwierigen Problemen.* Die Tatsache, daß weniger als ein Drittel der gesamten Stichprobe mit dem Umzug zugleich zufrieden und glücklich war, zeigt, ein wie kleiner Teil einer Arbeiterbevölkerung überhaupt für einen solchen Wechsel bereit ist. Hypothetisch kann Umsiedlung als Chance für Veränderung, mehr Assimilation und soziale Mobilität verstanden werden. Doch die Freiheit, diese Gelegenheit zu nutzen, muß erst innerlich erworben und Teil des Anpassungspotentials eines Individuums werden."

Stadtplaner haben sich im Zusammenhang mit anderen Sanierungsprogrammen an unseren Ergebnissen interessiert gezeigt. Für diese in erster Linie ist hervorzuheben, daß sich die West-End-Bevölkerung als Objekt von Verwaltungsmaßnahmen erlebte ohne Gelegenheit zu einer verantwortlichen Beteiligung an der Planung der eigenen Zukunft. Das Mitspracherecht der Bürger wurde daraufhin zu einem obligatorischen Bestandteil von staatlichen Umsiedlungsprogrammen gemacht. Aber auch dies ist eine neue Rolle für Menschen, die bisher noch keine Chance hatten, so etwas zu praktizieren! Verantwortliche Beteiligung kann man von Menschen nicht einfach über Nacht verlangen. Sie kann nur allmählich entwickelt werden, wobei in der Anfangsphase Mißtrauen, Wut und Niedergeschlagenheit erwartet und akzeptiert werden müssen. Versammlungen, bei denen Menschen schreien und aufeinander böse werden, wie wir sie bei späteren Sanierungsprogrammen erlebten, können eine heilsame Phase für das Wachstum als Gemeinde sein, obwohl sie die Öffentlichkeit alarmieren und den politischen Prozeß stark belasten.

Als Experten für seelische Gesundheit haben wir Veranlassung zu der Hoffnung, daß der Druck der Krise auf größere Bevölkerungsgruppen gemildert werden kann, wenn man den politischen Machthabern begreiflich machen kann, daß die betroffene Gruppe ihre Emotionen, die der ersten Phase des Trauerprozesses bei einem einzelnen Menschen entsprechen, austragen können muß. Doch ist dies allein noch nicht ausreichend, wenn nicht andere Phasen der Bewältigung ebenfalls unterstützt werden, z.B. durch eine angemessene Art und Weise, die mit der Krise verbundenen Probleme mitzuteilen, genügend Zeit, um mehrere alternative Lösungen durchzuspielen, und durch eine wirklich verantwortliche Vertretung und Mitsprache der Betroffenen im Entscheidungsprozeß.

Es erhebt sich außerdem die Frage, wie bei einer solchen Krise professionelle Einrichtungen am besten helfen können. Wir waren betroffen darüber, welche Schwierigkeiten eine Arbeiterbevölkerung – vor allem, wenn sie unter Druck steht – damit hat, die verschiedenen öffentlichen Einrichtungen und professionellen Hilfsangebote zu nutzen. Ein Zentrum, in dem durch ein vielfältiges Beratungsangebot medizinische und juristische Probleme, sowie Erziehungs-, Ausbildungs- und Berufsfragen unter einem Dach behandelt werden können, mit Vorkehrungen zum Informationsaustausch und einem Vergleich der Beiträge dieser unterschiedlichen Fachvertreter ist vor allem in Krisenzeiten wünschenswert.

Literatur

Coelho, G. V., and *Hamburg, D. A.* (1963). Coping strategies in a new learning environment. Archives of General Psychiatry 9. – *Chodoff, P. S.*, *Friedman, S. B.*, and *Hamburg, D. A.* (1964). Stress, defences and coping behavior observations in parents of children with malignant disease. American Journal of Psychiatry 120: 743–749. – *Eaton, J. W.*, ed. Migration and Social Welfare Symposium. New York: National Association of Social Workers. – *Engel, G. L.* (1961). Is grief a disease? Psychosomatic Medicine 23: 18–22. – *Fried, M.* (1963). Grieving for a lost home. In The Urban Condition, ed. *L. J. Duhl*, pp. 151–171. New York: Basic Books. – *ders.* (1965). Transitional functions of working-class communities. In Mobility and Mental Health, ed. M. B. Kantor. Springfield, Ill.: Charles C. Thomas. – *ders.* (1973). The World of the Urban Working Class. Cambridge: Harvard University Press. – *Gans, H.* (1962). The Urban Villagers. Glencoe, Illinois: Free Press. – *Hamburg, D. A.* (1953). Psychological adaptive processes in life-threatening injuries. Washington, D. C.: United States Government Printing Office. – *Lewis, O.* (1959). Mexican Case Studies in the Culture of Poverty. New York: Random House. – *Murphy, J. M.* (1965). Migration and Mental Health. New York: Milbank Memorial Fund. – *Schmale, A. H.* (1958). Relationship of separation and depression to disease. Psychosomatic Medicine 20: 259–277.

8. Kapitel

Vorbeugende Krisenintervention

Mit diesem Beitrag, der 1961 in Kopenhagen auf einem Kongreß über angewandte Psychologie vorgetragen wurde, wollte Lindemann ursprünglich Möglichkeiten aufzeigen, wie Psychologen zur Verminderung von seelischen Erkrankungen in der Bevölkerung beitragen könnten. Die Arbeit faßt Lindemanns Gedanken zur *vorbeugenden Medizin* zusammen. Er beginnt mit den Beobachtungen über Verlusterlebnisse und zeigt, wie die dabei gewonnenen Erkenntnisse auf andere Krisensituationen übertragen und dann im alltäglichen Leben einer Gemeinde sowie im Krankenhaus weiterverfolgt wurden, indem gleichzeitig die Zusammenarbeit mit anderen Berufsgruppen als ein Vehikel zur Krisenintervention genutzt wurde. Das Kapitel schließt mit einer Aufzählung von Funktionen, die der Psychologe im Dienst der seelischen Gesundheit ausüben kann.

Lindemann hielt diese Arbeit für eine seiner besten. 1964 änderte er sie leicht ab, um mehr auf Psychiater als auf Psychologen abzustellen und trug sie 1965 in der neuen Fassung auf dem 6. Internationalen Kongreß für Psychotherapie in London unter dem Titel „The Timing of Psychotherapy" vor. Daß er den Vertretern zweier verschiedener Disziplinen dieselbe Rolle bei der Erhaltung des gesunden Menschenlebens zuwies, weist darauf hin, daß Lindemann unter dieser Rolle etwas verstand, was für alle, die in der Gesundheitsfür- und -vorsorge tätig sind, gilt, und es erinnert daran, daß er selbst ursprünglich als Psychologe ausgebildet wurde und gearbeitet hat.

(Elizabeth B. Lindemann)

Die vorbeugenden Maßnahmen zur Verhinderung von Geisteskrankheiten haben erste Früchte getragen. Die rechtzeitige Anwendung von Penizillin verhindert heute fast alle Fälle von Zerebralparese. Eine bessere Kontrolle bei der Verwendung von Giften in der industriellen Fertigung ließ Psychosen wie die „mad hatters" verschwinden. Frühe ärztliche Maßnahmen bei Enzymdefekten, wie z. B. bei der Stoffwechselstörung Phenylketonurie haben dazu beigetragen, die Entstehung von geistigen Behinderungen einzudämmen. Es ist uns aber bisher nicht gelungen, jene Faktoren in den Griff zu bekommen, die nach frühen traumatischen Erlebnissen oder beim Fehlen wichtiger Umweltfaktoren in kritischen Stadien der Persönlichkeitsentwicklung zu einer Neurose oder Psychose führen können. Dies ist deshalb nicht überraschend, weil die Persönlichkeitstheorie immer noch ein äußerst umstrittenes Gebiet ist und weil es bis heute nicht möglich war, Untersuchungen mit der erforderlichen Genauigkeit und Komplexität durchzuführen, um eindeutige Schlußfolgerungen über den Zusammenhang von schädlichen Ereignissen und pathologischen Entwicklungen zu ziehen.

Wir glaubten in dieser Frage einen Durchbruch erzielen zu können, wenn wir uns von den Begrenzungen des Untersuchungsansatzes, die uns die traditionellen Methoden der klinischen Diagnose in Gestalt von in sich geschlossenen Krankheitsbildern wie Neurose und Psychose auferlegten, befreien würden. Wir stellten bei unseren Untersuchungen die implizite Annahme aller medizinischen Krankheitstheorien in Frage, daß emotionale Störungen auf bestimmte Individuen beschränkt seien und mußten demzufolge einen Weg finden, um die zwischenmenschliche Komponente und die Wechselseitigkeit von Reaktionen innerhalb von Sozialsystemen, die bei emotionalen Störungen eine Rolle spielen, miteinzubeziehen. Deshalb suchten wir nach Ereignissen, die einschneidende Veränderungen der zwischenmenschlichen Beziehungen bewirken und dadurch möglicherweise zu einer Erkrankung führen. Eine Gelegenheit, derartiges zu beobachten, bot sich nach der Brandkatastrophe in einem Bostoner Nachtclub, als sehr viele Menschen mit schweren Brandverletzungen stationär behandelt werden mußten. Die Chirurgen forderten psychologische und psychiatrische Hilfe an, weil viele Patienten ihre Mitarbeit bei der Behandlung verweigerten. Es stellte sich bald heraus, daß die Ungewißheit über das Schicksal ihrer Familienangehörigen und die Trauer über deren Tod ein ernsthaftes Hindernis für eine erfolgreiche Rekonvaleszenz der Patienten waren.

Untersuchungen über Verlust- und Trauerreaktionen geben uns ein Modell zum Verständnis von emotionalen Störungen an die Hand, die Vorläufer von echten seelischen Krankheiten sein können oder zumindest medizinisch relevante Varianten der emotionalen Befindlichkeit. Immer wenn wir nach seelischer Gesundheit statt Krankheit fragen und wenn es um auf eine ganze Gemeinde bezogene Maßnahmen zur Vorbeugung von seelischer Krankheit geht, müssen wir zwischen gutartigen und gefährlichen Signalen unterscheiden können. *Freud* (1917) selbst unterschied die positiven Formen der Trauer von den bösartigen Erscheinungen der Melancholie. In unseren eigenen früheren Untersuchungen beschäftigten wir uns mit dem Problem der Trauer als einer psychogenen Determinante von Colitis ulcerosa und als ein schwerwiegendes Hindernis bei der Genesung, worauf wir, wie schon erwähnt, bei der Behandlung von Verletzten nach einer Brandkatastrophe stießen. Seit damals ist eine erstaunliche Fülle von Informationen über Trauer- und Trennungsreaktionen zusammengetragen worden, so z.B. von *Bowlby* (1958, 1961) und *Spitz* (1958), die sich besonders mit Kindern beschäftigt haben, während *Engel* (1953, 1961) und *Schmale* (1958) die Beziehung zwischen Trauer und somatischen Erkrankungen in einem breiteren Bezugsrahmen untersuchten und *Barry* (1954) in einer statistisch belegten Untersuchung dem Zusammenhang zwischen dem Verlust der Eltern, dem Alter der Kinder zum Zeitpunkt des Verlustes und einer späteren Erkrankung dieser Kinder nachging.

Ich möchte hier noch einmal die wichtigsten Komponenten des Trauerprozesses hervorheben, um die physiologischen, psychologischen und sozialen Faktoren zu spezifizieren, die mit der Schwere und dem möglichen Mißlingen des Trauerprozesses einhergehen. Ferner soll gezeigt werden, wie diese Beobachtungen und Ergebnisse für vorbeugende Maßnahmen in verschiedenen Lebenssituationen, die leicht zu seelischen Erkrankungen führen können, genutzt wurden.

Systematisch durchgeführte Interviews mit einer großen Zahl von Personen zwischen 12 und 60 Jahren, die gerade einen Angehörigen verloren hatten, verhalfen uns zu einer genaueren Umschreibung des Trauersyndroms und derjenigen Prozesse, die wir bei *in sich begrenzten* Formen eines solchen Zustands fanden, im Unterschied zu anderen, die *unangepaßt* sind und sich zu Zustandsbildern weiterentwickeln, die sich nicht mehr von einer Erkrankung unterscheiden. Mit gutem Grund konnten wir annehmen, daß es sich bei vielen dieser Reaktionen, seien sie nun psychosomatisch, psychoneurotisch oder psychotisch, um *Substitute für normale Trauerreaktionen* handelte, und daß es zu keiner Lösung kam, weil die wesentlichen Elemente der Trauerarbeit nicht zugelassen wurden.

Auf jeden schweren Trauerfall, der die unwiederbringliche Trennung und den plötzlichen Abbruch von Beziehungen zu einer anderen, emotional wichtigen Person bedeutet, folgt normalerweise ein *psychologisches Störungssyndrom:* vermehrte Beschäftigung mit dem Bild des Verstorbenen, ein schmerzliches Sich-Vergraben in emotionales Leid; *physiologische Störungen:* Appetitverlust, Erschöpfung, abnorme Atmung; und *Störungen in den sozialen Beziehungen:* Feindseligkeit, Hilflosigkeit und Unfähigkeit mit anderen in Beziehung zu treten. Mit Hilfe der *Trauerarbeit* gelingt es, diesen abnormen Zustand zu überwinden, so daß das Syndrom, dessen Intensität schwankt, allmählich auf ein erträgliches Maß zurückgeht, bis es schließlich ganz verschwindet. Die Trauerarbeit umfaßt drei wichtige Schritte: (1) das Akzeptieren der schmerzlichen Gefühle, (2) die aktive Rückerinnerung an verschiedene, gemeinsam mit dem verlorenen Menschen erlebte Situationen und Ereignisse und (3) das allmähliche Einüben und Erproben neuer Interaktionsmuster und Rollenbeziehungen, die die Funktionen, die der Verstorbene im Leben des Überlebenden ausfüllte, teilweise ersetzen können.

Mit anderen Worten: Die ursprüngliche Verwirrung und Ratlosigkeit, die nach einem solchen Verlust auftritt, wird von dem Prozeß der Trauerarbeit abgelöst, in dessen Verlauf der Betroffene bei sich selbst das Gefühl des leidvollen Schmerzes zuläßt und dadurch meistert, daß er sich in systematischer Weise mit all dem auseinandersetzt, was ihn früher mit dem Verstorbenen verband und sich nun die Frage stellt: „Und was werde ich jetzt tun?“ Diese in sich begrenzte Trauerreaktion steht im Gegensatz zu den Reaktionsverläufen, die wir bei Patienten mit verschiedenen Erkrankungen fanden, die ein medizinisches Eingreifen erforderlich machten.

Zum Beispiel erwies sich die Colitis ulcerosa als eine psychosomatische Erkrankung, die häufig nach einer unbewältigten Trauerreaktion auftritt. Andere Patienten entwickelten neuroseähnliche Erscheinungen: Sie liefen von einem Arzt zum anderen wegen Krankheitssymptomen, die der Verstorbene zuletzt hatte und die sie unbewußt neu inszenierten, was ihnen oft die Etikettierung „Hypochonder“ einbrachte. Eine andere Form der Erkrankung kann fälschlicherweise als Schizophrenie diagnostiziert werden, wenn die Ich-Identität des Hinterbliebenen mit dem Ich der verstorbenen Person vermengt wird. Der Überlebende handelt oder verhält sich wie der Verstorbene oder er entwickelt das Gefühl, aus zwei Personen zu bestehen.

Schließlich stoßen wir auf ein für alle abnormen Trauerzustände typisches Phänomen: Anormal Trauernde haben offensichtlich Schwierigkeiten, das Bild des Verstorbenen in sich wachzurufen; sie kämpfen mit einer ihnen selbst unverständlichen exzessiven Feindseligkeit und treffen oft unkluge Lebensentscheidungen, indem sie z.B. aus der Gegend wegziehen, Freunde aufgeben oder die Habe des Verstorbenen wegschließen. Wir haben es also in einigen Fällen mit gelingenden, d.h. den veränderten Umständen Rechnung tragenden, und in anderen mit pathologischen, also nicht zu einer Neuorientierung oder Reintegration führenden Reaktionen auf ein bestimmtes soziales Ereignis – nämlich den Abbruch aller Beziehungen zu einem emotional wichtigen Menschen – zu tun.

Bei der ulzerösen Kolitis konnten wir die Wirkung einer psychologischen Intervention besonders gut beobachten, da die Diarrhöe ein empfindsamer Indikator für Schwankungen im Schweregrad dieser Erkrankung ist. Es stellten sich zwei maßgebliche Zugangswege heraus: (1) Der traditionelle Ansatz des Psychiaters, der den Patienten mit seinem Verlust konfrontiert und ihm beim Trauern hilft und (2) das, was wir als *Rollenübernahme-Therapie* bezeichnet haben, d.h. der Therapeut nutzt die große Bereitschaft des Trauernden, die charakteristischen Züge des Verstorbenen auf ihn zu übertragen. Bei dieser zweiten Vorgehensweise handelt der Arzt so, als ob er die verstorbene Person wäre und ermöglicht dem Patienten während der akuten Phase der Erkrankung eine Beziehung, die der verlorenen Beziehungskonstellation ähnelt.

Trauerreaktionen können unmittelbar nach einem Verlust oder mit Verzögerung auftreten. So zeigte z.B. ein junges Mädchen, das ebenso wie ihre Geschwister in einem Heim untergebracht wurde, nachdem die Mutter plötzlich verschwunden war, zu diesem Zeitpunkt keine sichtbare Reaktion, entwickelte aber schwere Angstzustände und eine blutige Diarrhöe als sie vier Jahre später erfuhr, daß ihre Mutter nicht, wie sie geglaubt hatte, gestorben war, sondern die Familie verlassen hatte. Die Krankheit brach aus, nachdem das Mädchen gerade als Hausmädchen in eine neue Familie vermittelt worden war. Statt nun zu versuchen, die Patientin psychotherapeutisch zu behandeln, entschlossen wir uns, die ursprüngliche Familie möglichst wiederherzustellen, indem das Mädchen wieder mit ihrem Vater und den Brüdern zusammenleben konnte. Dies gelang, und in den folgenden fünfzehn Jahren hatte die Patientin keinen Rückfall.

Während man die körperlichen Erkrankungen in der Regel im Allgemeinkrankenhaus sieht, gibt es bestimmte psychologische Reaktionen, auf die man eher in einer Beratungsstelle stößt. Ein vierzehnjähriger Junge, dessen Vater gestorben war, wurde von der Mutter in der psychologischen Beratungsstelle vorgestellt, weil sie mit ihm nicht mehr fertig wurde. Es stellte sich heraus, daß der Junge sich unbewußt das Bild des Vaters einverleibt hatte und damit auch dessen Vorrechte für sich beanspruchte, einschließlich des Rechts, die Mutter zu beherrschen. – Ein Mädchen, das seinen Vater verloren hat, kann männliche Verhaltensweisen entwickeln. Wenn eine Mutter ein kleines Kind verliert, kann der *Inkorporationsmechanismus* bewirken, daß die Mutter hilflos wie ein Kind erscheint und extrem abhängig von anderen Personen. Man muß sich klarmachen, daß in den Fällen, in denen das Bild des Verstorbenen einverleibt wurde, der Betreffende selbst sich der Veränderung seines Verhaltens nicht bewußt ist.

Wenn die Beziehungskonstellation durch Ambivalenz oder feindselige Abhängigkeit geprägt war, so kann dies zu genauso schweren pathologischen Trauerreaktionen führen wie der Verlust einer liebenden Beziehung. Ein mehrfacher Verlust erschwert offensichtlich die Trauerarbeit. Eine verzögerte Reaktion auf eine unbewältigte frühere Krise kann durch eine spätere neue Krise ausgelöst werden, so daß jetzt ein mehrfacher Verlust entsteht.

Wir sehen also, daß auf eine Veränderung in einem sozialen System – insbesondere durch den Abbruch einer emotional wichtigen Beziehung – entweder ein Prozeß der gesunden Reorganisation psychologischer und physiologischer Funktionen erfolgen kann oder ein abnormer Zustand, bei dem es zu keiner Lösung der Krise kommt. Um die Bedeutung dieser Krise ganz zu verstehen, haben wir uns das *Rollen*konzept der Sozialwissenschaften näher angesehen. Der Ausdruck *Rolle* bezieht sich auf das Verhalten und die Handlungen, die der Rollenpartner von jemand anderem erwarten kann. In Gruppen und zwischen Individuen finden ständig komplementäre Aktivitäten statt. Der Tod eines Menschen bewirkt eine Unterbrechung dieses wechselseitigen Rollenverhaltens. Das spezifische Problem der Trauerarbeit besteht demzufolge darin, bestimmte Rollen zu ersetzen. Der Verlust ist besonders gravierend, wenn fast das gesamte Rollenhandeln nur innerhalb eines Zwei-Personen-Sozialsystems stattfand. Dies konnten wir bei Menschen beobachten, die jemanden während einer langen, unheilbaren

Krankheit gepflegt hatten und die typische Rollenkonstellation bei der Colitis ulcerosa ist ebenfalls eine ausschließliche, verpflichtende Beziehung.

Wie kann derjenige, der in der Gesundheitsfür- und -vorsorge tätig ist, bei Trauerreaktionen am wirksamsten helfen? Er muß berücksichtigen, daß auch der Zeitfaktor eine Rolle spielt. In dem anfänglich gewöhnlich eintretenden Zustand der Ratlosigkeit und Verwirrung wird der Betroffene kaum zugänglich sein; danach muß der Berater ebenso wie der Trauernde auf eine heftige Gefühlsentladung, die mit der Trauer verbunden ist, gefaßt sein. Die puritanische Tradition ist diesen emotionalen Äußerungen gegenüber wenig tolerant. Von der Kriegerwitwe wird erwartet, daß sie eher sogar stolz ist und keine Trauer zeigt; ein Kind, das durch den Umzug der Familie alle seine Freunde verliert, soll diesen keine Tränen nachweinen; und wenn eine Kinderfrau, die von den Kindern geliebt wurde, gehen muß, dann erwartet die Mutter, daß die Kinder nun ihre ganze Liebe auf sie übertragen, statt daß sie die Trauer der Kinder akzeptiert. Deshalb geht es bei allen Überlegungen zur seelischen Gesundheit zuallererst darum, dem Betreffenden zu erlauben, seinen Schmerz zu spüren und auszudrücken.

In der nächsten Phase geht es dann um die *Organisation der Trauerarbeit.* Die Schwierigkeit liegt hier in der Riesenhaftigkeit der Aufgabe, an die eine Annäherung zunächst auf eine globale Weise versucht wird in Form des Wunsches, den verlorenen Menschen zurückzubekommen. Trauerarbeit heißt, dieses Problem Schritt für Schritt angehen. Dies geschieht, indem die gemeinsamen früheren Aktivitäten und Erfahrungen erinnert und daraufhin überprüft werden, ob einige Aspekte dieser früheren Beziehung auf neue Rollenpartner übertragen werden können. Dieser Prozeß kann in der Therapie gelernt und vermittelt werden, doch muß der Therapeut zuvor selbst Gelegenheit gehabt haben, sich die notwendigen Techniken anzueignen. Er muß auch wissen, wann er versuchen sollte, den notwendigen Trauerprozeß dadurch aufzuschieben, daß er vorübergehend bis zu einem gewissen Grad die Rolle des Verstorbenen übernimmt, weil die Situation sonst für den Betreffenden zu gefährlich wäre.

Es liegt auf der Hand, daß die Trauer um einen verstorbenen Menschen nicht die einzige Situation ist, in der Verlustreaktionen auftreten können. In einem Allgemeinkrankenhaus trifft man auf Trennungserlebnisse, die sich auf Teile des eigenen Körpers beziehen: Auf chirurgischen Stationen beobachteten wir nach dem Verlust eines Auges, eines Beins oder des Uterus echte Trauerreaktionen.

Man kann die Trauer auch als eine besondere Form des *Rollenübergangs,* also des Übergangs von einer Lebenslage zur anderen betrachten, und zwar insofern, als der Betroffene nun seine Rolle in einem größeren Rahmen neu abstecken muß. Übergänge von einer Rolle zur anderen und Trennungen oder die Ablösung bestimmter Personen durch andere kommen im Leben dauernd vor. Einige Menschen schaffen diese Übergänge reibungslos, andere haben ungeheure Schwierigkeiten damit. Diese Überlegungen führten zu einer Reihe von Untersuchungen, die sich mit den Reaktionsformen auf Rollenübergänge in einer Gemeinde beschäftigten (Kapitel 6 und 7).

Wir können das, was über die Trauerarbeit gesagt wurde, aber auch auf die psychologische Arbeit anwenden, die bei der Antizipation einer bedrohlichen Situation notwendig wird. Die gedankliche Auseinandersetzung mit der Frage, was man angesichts von angstmachenden Ereignissen tun könnte, scheint ganz ähnliche Merkmale wie die Trauerarbeit aufzuweisen, nämlich das antizipatorische Durcharbeiten von Rückwirkungen auf die sozialen Beziehungen, wobei auf den richtigen Zeitpunkt geachtet und das bevorstehende Problem auf überschaubare Proportionen zurückgeschraubt werden muß, so daß nur soviel Angst entsteht, wie der Betreffende auch ertragen kann, ohne gelähmt oder verzweifelt reagieren zu müssen. In beiden Fällen – beim antizipatorischen Durcharbeiten einer Bedrohung und beim retrospektiv gesehenen Verlust – umfaßt die notwendige psychologische Arbeit, bei der jemand auf Hilfe angewiesen sein kann, also dieselben Bestandteile: die Bewältigung der damit einhergehenden Gefühle, die Überprüfung von möglichen und angemessenen Reaktionen und die Erprobung von brauchbaren neuen Rollenmustern.

Solche *situationsbedingten Antworten* stellen bei verletzlichen Individuen, bei denen die Mobilisierung neuer Ressourcen und die Notwendigkeit der Veränderung des gewohnten Rollenverhaltens die Gefahr einer Desintegration oder die Entwicklung pathologischer Abwehrmechanismen heraufbeschwört, eine *Krisensituation* dar. Wir unterscheiden diese Art von Krise von den sogenannten Reifungskrisen in der Jugend und Schwangerschaft, die von *Erikson* (1959) bzw. *Bibring* (1959) beschrieben wurden. *Caplan* (1961) hat sehr ausführlich das Krisenverhalten anläßlich einer Frühgeburt herausgearbeitet. Die kritische Phase der Umgewöhnung bei frisch Verheirateten wurde von *Goodrich* (1961) untersucht und *Hamburg* benutzte einen ähnlichen Ansatz, als er sich mit Umstellungsproblemen ausländischer Studenten im Verlauf ihrer Integration in die neue kulturelle Umgebung beschäftigte.

Es ergeben sich viele Möglichkeiten einer *vorbeugenden Intervention,* wenn man den Begriff des Rollenübergangs über die Krisensituation nach einem Trauerfall hinaus auf andere Arten von Veränderungen, die durch die verschiedenen Phasen des Lebenszyklus bedingt sind, anwendet. Wir konnten in Wellesley, einem Vorort von Boston, wo wir ein Zentrum für seelische Gesundheit errichteten, mit den Bewohnern selbst zusammenarbeiten, um zu untersuchen, wie diese mit bestimmten Schwellensituationen umgingen, die z. B. beim Schuleintritt eines Kindes oder beim Berufsanfang entstehen. Wir erfuhren, daß es beim Schuleintritt ein ganzes Spektrum von Reaktionen gibt, nicht nur bei dem Kind selbst, sondern auch bei dessen Familie, einschließlich einiger pathologischer Reaktionen bei den Eltern wie z. B. das regressive Verhalten einer Mutter, deren Angst, wieder in einem Schulzimmer zu sein, sich dem Kind mitteilte, oder die Eifersucht von Müttern auf die Lehrerin ihres Kindes. Oft hängen Schulphobien von Kindern mit einem krisenbedingten Verhalten der Mütter zusammen, welche die notwendige Rollenveränderung in diesem speziellen sozialen System nicht zulassen können.

Eine Krankenpflegeschule beauftragte uns, herauszufinden, warum ihre Abbruchquote – wie bei vielen anderen dieser Schulen – zwischen 30 und 40% lag. Wieder arbeiteten wir mit dem Krisenbegriff des *Rollenübergangs*. *Pearl Rosenberg*, eine Psychologin, arrangierte Gruppensitzungen mit den Schwesternschülerinnen des ersten Ausbildungsjahres, um mit ihnen über alle Implikationen der neuen Berufsrolle zu sprechen (*Rosenberg* und *Fuller* 1957). Viele von ihnen waren durch drei Probleme einigermaßen irritiert: (1) durch zu viel Intimität, zu der sich die Schülerinnen aufgrund der Vorschrift des Lehrplans, daß die Pflegepraktiken wechselseitig aneinander zu üben sind, gezwungen sahen; (2) durch eine Desillusionierung im Berufsalltag, da „die Dame in Weiß", die ihr ideales Selbstbild repräsentierte, sich in der Realität als allzu menschlich herausstellte, und (3) durch das Problem, daß sie sich nicht damit abfinden konnten, vorerst nicht zu heiraten, was mindestens während der Ausbildungszeit zum Rollenverständnis der Krankenschwester gehörte. Nachdem diese kritischen Punkte in der Gruppe besprochen worden waren, kam es zu einem drastischen Rückgang der Abbruchquote: Alle wollten bleiben, sogar einige, die die Schule gerne loswerden wollte. So wie das Verhalten eines Trauernden, dem man dazu verholfen hat, „zu gut" zu trauern, unvereinbar mit den Normen der Gesellschaft sein kann, kann es auch passieren, daß man sich in einen Widerspruch zu den Erwartungen einer Institution begibt, wenn man eine ganze Klasse „rettet".

Wir gingen dann dazu über, das *Allgemeinkrankenhaus* als einen *Bedingungsrahmen für Rollenübergänge* zu verstehen. Wir machten die gesamte Patientenpopulation und nicht nur die wenigen mit psychiatrischen Störungen zum Fokus unserer Untersuchungen als eine *Risikopopulation*, die bestimmten psychologischen Gefahren und Pflege- und Betreuungsmaßnahmen auf der Station ausgesetzt ist. Nachdem wir uns dies klar gemacht hatten, begannen wir uns für die Chirurgie zu interessieren. Jahrelang hatte uns die Augenabteilung viele Patienten nach Operationen am grauen Star überwiesen. Diese Patienten waren nach der Operation plötzlich verwirrt, depressiv und desorientiert. Sie wurden auf unsere Station verlegt, wenn die Augenabteilung nicht mehr mit ihnen zurechtkam. Die Patienten konnten diesen Zustand relativ rasch überwinden, aber bei ihren Familien blieb eine gewisse Bestürzung darüber zurück, wie dies passieren konnte.

Indem wir die Augenoperation als eine Krise verstanden, an die von Seiten der Patienten bestimmte Rollenerwartungen im Hinblick auf die künftigen Möglichkeiten ihrer körperlichen Funktionen geknüpft waren, mußte uns auffallen, daß die Patienten, anstatt nach der Operation *sehen* zu dürfen, auf beiden Augen verbunden wurden, damit sie diese nicht bewegten. Die Patienten waren auf diese erzwungene Blindheit nicht vorbereitet und deuteten sie als ein Zeichen, daß die Operation mißglückt war. Während ihnen demzufolge visuelle Anhaltspunkte in der Interaktion mit anderen fehlten, wurden sie darüber hinaus immer wieder neuen Krankenschwestern übergeben, anstatt während dieses Erlebnisses nur von einer Schwester, die ständig mit ihnen in Kontakt gewesen wäre, betreut zu werden. Unsere *Krisenintervention* bestand in diesem Fall ganz einfach darin, den Übergang von einem Rollenprofil zum anderen, der durch den chirurgischen Eingriff in Gang gesetzt worden war, in allen Einzelheiten zu analysieren und nach Möglichkeiten zu suchen, wie sich in der Umgebung dieser Patienten vorbeugende Ressourcen mobilisieren ließen. Danach ist diese Form der Psychose in diesem Krankenhaus nie wieder aufgetreten.

Es ist zweifellos sinnvoll, sich das Ziel der Vorbeugung als etwas vorzustellen, was aus vielen kleinen Dingen besteht, statt zu glauben, daß es gelte, gleich die Schizophrenie zu besiegen. Der Psychologe kann aus dem Krisenkonzept im Allgemeinkrankenhaus insofern Nutzen ziehen, als er die in jeder Krankheit gegenwärtige psychosoziale Situation untersucht. In unserem Krankenhaus arbeiten die Psychologen in der Notaufnahme mit den Chirurgen zusammen, um den großen Anteil der Patienten zu versorgen – manchmal sind es bis zu 80% –, die primär wegen einer emotionalen Krise kommen, obgleich sie nur über körperliche Beschwerden klagen. Dies wurde als eine deutliche Verbesserung dieser Station und der Effizienz ihrer Arbeit anerkannt, weil die Patienten früher, nachdem sie nach einer körperlichen Untersuchung weggeschickt worden waren, ohne daß ihre dahinterliegenden emotionalen Probleme erkannt wurden, doch immer wieder zurückgekehrt waren.

Bei unserem Versuch, sowohl im Allgemeinkrankenhaus als auch in einem gemeindenahen Gesundheitszentrum bevölkerungsorientiert zu arbeiten und Krisensituationen als einen legitimen Forschungsgegenstand zu betrachten genauso wie der Mediziner Krankheiten erforscht, wurde uns klar, daß sich das Aufgabenfeld von Psychologen sehr stark erweitert hat. Auf der inneren und chirurgischen Station unseres Krankenhauses werden heute zusätzlich zu der üblichen Zahl von Patientenüberweisungen mit der Diagnose „psychische Störung" Psychologen und Psychiater häufiger konsultiert, um bei der Abklärung einer emotionalen Krise zu helfen. Viele dieser Probleme betreffen nicht nur den Patienten, sondern auch das Pflegepersonal und dessen emotionale Reaktionen auf einen bestimmten Patienten. Und auch eine Einrichtung für vorbeugende Maßnahmen, die vom Massachusetts General Hospital in Wellesley gegründet wurde und die von einem Psychologen geleitet wird, führte zu einer rapide steigenden Nachfrage nach Krisenberatung. Wir können somit sagen, daß diese Problem- und Aufgabenbestimmung zusätzlich zum traditionellen klinischen Ansatz zwei Wirkungen hat: (1) Untersuchungen auf Gebieten anzuregen und zu ermöglichen, die leicht übersehen und vernachlässigt werden und (2) Möglichkeiten zu schaffefn, an den Stellen helfend oder beschützend einzugreifen, wo die Bevölkerung sonst alleingelassen wäre.

Das Allgemeinkrankenhaus der Zukunft wird neben der Erfüllung seiner herkömmlichen Funktionen des Heilens von Krankheiten und der Rehabilitation von Behinderten ein Zentrum zur Erhaltung der Gesundheit sein. Die Rollenerwartungen, die in diesem neuen Zusammenhang an die psychologischen Berufe geknüpft werden müssen, unterscheiden sich vollkommen von dem traditionellen Bild eines klinischen Psychologen. Im Mittelpunkt ihrer Tätigkeit und Forschungen stehen nicht kranke Individuen, sondern ein Kollektiv von Menschen, die alle gesundheitsgefährdenden Situationen ausgesetzt sind. Diese gefährdeten Menschen drängen sich nicht nach Hilfe. Im Gegenteil, sie lehnen eine Intervention und sogar Fragen oft ab. Dankbarkeit und Wertschätzung, wie man sie von seinen Patienten erwartet, wird es wahrscheinlich bei dieser Arbeit nicht geben, weil das Ziel der vorbeugenden Tätigkeit darin besteht, Erkrankungen zu verhindern oder die Häufigkeit von Erkrankungen zu reduzieren, d.h. Menschen gesund zu erhalten und nicht so sehr darin, schon bestehende Krankheiten zu heilen. Diese Fokusverlagerung fällt jungen Psychiatern nicht leicht. Möglicherweise werden Psychologen damit aber weniger Probleme haben.

Jedenfalls muß man die Fähigkeit besitzen, Menschen zur Kooperation zu motivieren, sei es in der Forschung oder bei einem Vorbeugungsprogramm. Viele Teile der Bevölkerung, über die man mehr wissen möchte, sind über andere Berufsgruppen zugänglich, die wir als Helfer-Berufe in der Gemeinde bezeichnet haben. Die wichtigsten dieser Berufsgruppen – Lehrer, Pfarrer, Ärzte, Anwälte und Angehörige von Sozialberufen – haben alle ihre eigene Tradition, für welchen Teil der Bevölkerung und welche Probleme sie sich zuständig fühlen. Es bestehen tiefgreifende Unterschiede zwischen den sozialen Rollen, die sie gegenüber ihren Klienten ausfüllen, in der Art und Weise ihres Vorgehens, in den Werten, die für ihre Entscheidungen maßgebend sind und in dem Wissen, das sie in ihren Ausbildungsstätten vermitteln. Viele Probleme im Zusammenhang mit Vorbeugungsaufgaben können aber nur durch *gemeinsame* Anstrengungen gelöst werden.

Wenn wir einen Augenblick zu unseren Untersuchungen über die Trauer zurückkehren, dann wird sofort deutlich, daß der Zustand der Trauer nicht als eine Krankheit gilt, sondern allenfalls nur als ein eventueller Vorläufer von Krankheit; außerdem, daß es traditionellerweise nicht Aufgabe des Psychiaters oder Psychologen ist, Trauernde zu betreuen, sondern die des Pfarrers; und schließlich, daß verschiedene Gesellschaften und verschiedene religiöse Gruppen innerhalb dieser Gesellschaften in ihren Zeremonien und Glaubensinhalten kulturell sanktionierte Hilfen zur Trauerbewältigung entwickelt haben. Jede präventive Maßnahme, die möglicherweise erprobt und allgemein eingeführt werden soll, könnte mit solchen traditionellen Vorschriften und Bräuchen kollidieren.

Daß dieses Problem nicht nur im Hinblick auf psychologische Gewohnheiten besteht, zeigt sich, wenn wir uns an den ungeheuren Widerstand bei der Einführung der Pockenschutzimpfung erinnern oder an die hartnäckigen Versuche, die Fluorisierung des Wassers, womit dem Zahnverfall vorgebeugt werden sollte, zu blockieren, ganz zu schweigen von den großen Schwierigkeiten, auf die Maßnahmen zur Veränderung der Ernährungsgewohnheiten und sanitären Verhältnisse in Entwicklungsländern stoßen.

All dies erfordert nicht nur, daß die verschiedenen Berufsgruppen an einem Strang ziehen, sondern auch, daß systematisch das Wissen und die Kompetenzen von verschiedenen Disziplinen zusammengetragen werden, vor allem aus den Sozialwissenschaften und der Psychologie. Wir meinen, daß bei allen vorbeugenden Konzepten und Maßnahmen, bei denen die psychologische Komponente eine große Rolle spielt, ein Psychologe als Leiter von derartigen Einrichtungen eingesetzt werden sollte. In der Rolle des Leiters ist er für die Koordination des Programms zuständig, wobei er zur Diagnose von emotionalen Störungen den fachlichen Rat eines Psychiaters braucht, der auch für Überweisungen von Patienten mit einer manifesten Erkrankung zur Verfügung stehen muß. Doch obliegt es dem Psychologen, bei emotionalen Störungen die verschiedenen in der Gemeinde vorhandenen Ressourcen zur Unterstützung zu erschließen und Kommunikationskanäle zwischen den Schlüsselpersonen und Institutionen in der Gemeinde zu entwickeln. Er muß sein fachliches Urteil in Kirchen, Schulen, sozialen Einrichtungen und im Justizvollzug einbringen und dort mit Vertretern anderer Berufsgruppen zusammenarbeiten, um kritische Situationen rechtzeitig erkennen und gefährlichen Folgen vorbeugen zu können.

Es hat sich gezeigt, daß es keine eindeutige Grenze zwischen sozial abweichendem Verhalten als etwas Schuldhaftem auf der einen Seite und entschuldbarer Krankheit auf der anderen Seite gibt. Diese Grenze wird offensichtlich von jeder Generation neu festgelegt, ebenso wie jede Gesellschaft und jede Sozialschicht eigene Vorstellungen darüber hat. Ein Beleg dafür sind zum Beispiel die unterschiedlichen gesetzlichen Bestimmungen zu Problemen wie Alkoholismus, Homosexualität und Suizid in den verschiedenen Ländern. Deshalb wird der Psychologe, der sich in einer Gemeinde um die Erhaltung der Gesundheit der Bevölkerung kümmert, auf vielen Ebenen beteiligt und mit vielen Problemen konfrontiert sein, die mit der Sozialstruktur und dem sozialen Prozeß zusammenhängen. Doch gibt es in seiner Tätigkeit mindestens vier Funktionen, die lehrbare Kompetenzen verlangen:

1. Der Psychologe kann mit Hilfe des Modells der Krisenintervention, das für die Probleme der Trauersituation entwickelt wurde, einen jeweils

begrenzten Teil der Bevölkerung beobachten, gefährdete Einzelpersonen feststellen und geeignete Schutzmaßnahmen vorschlagen.

2. Er soll Angehörige anderer Berufsgruppen, die sich beruflich oder ehrenamtlich mit Menschen in Krisen beschäftigen, als psychosozialer Berater unterstützen. Der Pfarrer, der in seiner Kirchengemeinde in Lebenskrisen helfen muß, der Lehrer, der mit Schülerproblemen konfrontiert ist, und der Amtsarzt, der in einigen Fällen auf katastrophale Zustände stoßen mag, werden sich zur Abklärung von Gefahren an den Psychologen wenden sowie auch zur Abklärung ihrer eigenen Rolle und Gefühle bei der Lösung einer bestimmten Krisensituation. Es war u. E. nützlich, die Vielzahl von Berufsgruppen, die am ehesten mit Familien und verschiedenen Bevölkerungsgruppen in Kontakt kommen, wenn es zu einer Krise kommt, unter der Bezeichnung „Helferberufe" zusammenzufassen. Wie verschieden ihre Ziele und Wertvorstellungen auch immer sein mögen, so ist es doch möglich, mit ihnen gemeinsam die Gefahren von emotionalen Krisen zu erörtern sowie Zeitpunkt und Richtung der Schritte zu bestimmen, die im Rahmen ihrer jeweiligen beruflichen Tätigkeit möglich sind, um schlimmere Folgen verhindern zu helfen. *Caplan* (1964) hat die technischen Einzelheiten dieser Art von Hilfeleistung ausgearbeitet, die wir als *Krisenberatung* bezeichnen.
3. Der Psychologe kann auch Stadtplaner und Beamte in staatlichen und kommunalen Behörden beraten, die für Entscheidungen, die sich auf das emotionale Wohlbefinden der Bevölkerung oder Teilen von ihr auswirken, verantwortlich sind. Ein Beispiel dafür ist die zwangsweise Umsiedlung der Bevölkerung, was nicht nur im Krieg, sondern auch in Friedenszeiten vorkommt, wenn etwa ganze Stadtviertel erneuert und umgestaltet werden sollen. Die ganz in der Nähe unseres Krankenhauses im West End von Boston durchgeführte Zwangsumsiedlung der Bevölkerung bot uns Gelegenheit, die Gefahren, die sich aus einer solchen Aktion für die seelische Gesundheit der Bevölkerung ergeben, in allen Einzelheiten zu untersuchen und wichtige Informationen zu sammeln, die bei künftigen, geplanten Umsiedlungen dieser Art verwendet werden können.
4. Die wichtigste Funktion wird schließlich die Forschung bleiben. Der klinische Psychologe war in erster Linie immer ein Gelehrter. Seine Arbeit mit Patienten mit Hirnverletzungen und seine Mitwirkung in der Psychotherapie und Pharmakotherapie haben immer dazu gedient, die Theorie voranzutreiben und die klinische Arbeit auf eine solide und erprobte Grundlage zu stellen. Öffentliche Gesundheit und vorbeugende Medizin eröffnen ihm ein weites Feld von Forschungsproblemen und Möglichkeiten, wissenschaftlich zu arbeiten. Die Psychiatrische Abteilung des Massachusetts General Hospital betreibt seit einem Jahrzehnt gemeinsam mit der Harvard School of Public Health eine Graduierten- und Postgraduiertenausbildung von Psychologen und anderen Sozialwis-

senschaftlern sowie Medizinern zur Vermittlung von Kenntnissen und Kompetenzen in der vorbeugenden Arbeit. Diese Ausbildung findet unmittelbar in der Praxis im Zentrum für seelische Gesundheit, das in einem Wohngebiet mit Mittelschichtbevölkerung liegt, und in dem in einem Arbeiterviertel untergebrachten Zentrum für Gemeindeforschung statt. Aber natürlich illustriert unsere eigene Arbeit nur einen kleinen Ausschnitt aus der insgesamt rasch zunehmenden Beteiligung von Psychologen in Teams, die mit präventiven Aufgaben befaßt sind.

Literatur

Barry, H. (1954). Critical ages for parental death in psychoneurosis. Journal of Nervous and Mental Diseases 120:401. – *Bibring, G. L.* (1959). Some considerations of the psychological processes in pregnancy. Psychoanalytic Study of the Child 14:113–121. – *Bowlby, J.* (1958). The nature of the child's tie to his mother. International Journal of Psycho-Analysis 39:350–373. – *ders.* (1961). Processes of mourning. International Journal of Psycho-Analysis 42:317–340. – *Caplan, G.*, ed. (1961). Prevention of Mental Disorders in Children. New York: Basic Books. – *Caplan, G.* (1964). Principles of Preventive Psychiatry. New York: Basic Books. – *Engel, G. L.* (1953). Homeostasis, behavioral adjustment and the concept of health and disease. In Mid-Century Psychiatry, ed. R. Grinker, pp. 33–59. Springfield, Illinois: Charles Thomas. – *ders.* (1961). Is grief a disease? Psychosomatic Medicine 23:18–22. – *Erikson, E.* (1959). Identity and the Life Cycle. New York: International Universities Press. – *Freud, S.* (1917). Trauer und Melancholie. GW Bd. X, S. Fischer Verl., 428–446. – *Goodrich, D. W.* (1961). Possibilities for preventive intervention during initial personality formation. In Prevention of Mental Disorders in Children, ed. G. Caplan. New York: Basic Books. – *Hamburg, D.* Plasma and urinary corticosteroid levels in naturally occuring psychological stresses. In Ultra Structure and Metabolism of the Nervous System, ed. S. Korey. Ass. res. nerv. ment. dis. Monograph series. – *Rosenberg, P.*, and *Fuller, M.* (1957). Dynamic analysis of the student nurse. Group Psychotherapy 10:22–37. – *Schmale, A. H.* (1958). Relationship of separation and depression to disease. Psychosomatic Medicine 20:259–277. – *Spitz, R. A.* (1958). On the genesis of superego components. Psychoanalytic Study of the Child 13:375–404.

9. Kapitel

Feldstudien in der vorbeugenden Psychiatrie

Die ersten starken Eindrücke über das Wesen der Psychotherapie habe ich von *v. Weizsäcker* mitgenommen, auch sein Interesse an der Symptombildung, am Gestaltkreis und an den Eigenarten menschlicher Beziehungen, an der medizinischen Anthropologie. Es ist interessant, daß gerade am Wesen der Menschenkunde die Eigenart des amerikanischen Zugangs zu psychologischen Problemen offenbar wird. In Deutschland ist die Anthropologie die philosophische Orientierung zum Menschlichen im Kranken, während in Amerika die Anthropologie als Sozialwissenschaft empirische Beobachtungen zusammenträgt, die aus ethnischen Organisationsunterschieden in gewissen menschlichen Gruppen Rückschlüsse und Voraussagen auf das spezifische Verhalten von einzelnen Mitgliedern dieser Gruppen möglich machen sollen.

Während der letzten 10 Jahre haben wir uns besonders für die Frage interessiert, inwieweit es möglich ist, seelische Störungen vorauszusagen und durch Maßnahmen an ganzen Gruppen oder Gemeinschaften vorzubeugen, wenn sie erst einmal da sind.

Wir sind stärker an der Erhaltung des gesunden Menschenlebens interessiert, als an der Heilung schon entstandener Krankheiten. Viele halten ein solches Vorgehen für ganz utopisch, und denken, es führe zu oberflächlichen, überoptimistischen Arbeitsweisen. Wenn ich trotzdem den Mut habe, diese Vorstöße ins Unbekannte zu wagen, so tue ich das in der Hoffnung, einmal in der *Psychologie* zu versuchen, etwas Ähnliches zu tun, wie es in den medizinischen Laboratorien in den letzten 100 Jahren geschehen ist. Nämlich zu fragen, warum denn die Gesunden gesund bleiben, wie die Keime seelischen Krankseins von einem Menschen zum anderen übergehen, und was überhaupt die Lebensformen des Krankhaften sind. Die eindrucksvollen Erkenntnisse der Epidemiologie und der Immunologie, die zu solch erstaunlichen Siegen über das Kranksein geführt haben, wie zum Beispiel die Salk-Vaccine in der Kinderlähmung, sind auch von Studien ausgegangen, die zunächst sehr zweifelhaft erschienen. Auf dem Internationalen Kongreß über Psychohygiene 1955 hat Dr. *Hargreaves* uns daran erinnert, daß erst vor etwa 100 Jahren ein Dr. *Snow* in London die Leute einer bestimmten

Gegend von London während einer Choleraseuche überredet hat, aus einem bestimmten Brunnen das Wasser nicht zu benutzen, in dem er den Urheber der Seuche vermutete. Noch hatte man keine Ahnung von Bakterien und von den Kulturen, in denen man sie züchten und beobachten kann. Aber die einfache Beobachtung, daß Trinkwasser, in das Abfälle und Unrat hineinkommt, häufig da ist, wo Menschen auch krank werden, war genug, um diese ganz einfache Forderung zu stellen: Nehmt den Pumpenarm von der Pumpe und seht zu, was mit der Seuche passiert.

Die grundlegende Vermutung, die wir in ähnlicher Weise bei manchen seelischen Störungen haben, lautet dann, daß es nicht Bakterien sind, sondern *die Mitmenschen* und *ihr Verhalten*, die die pathogenen Faktoren bergen und die man mit denMethoden der Sozialwissenschaften untersuchen kann. Großes muß verkleinert werden, um es im Zusammenhang sehen zu können. Wir brauchen Landkarten von Gemeinden, mit Darstellungen menschlichen Verhaltens, der gegenseitigen Beziehungen und vom sozialen und geschäftlichen Verkehr. Wichtig sind die *Werte* und *Ziele*, die eine soziale Gruppe gemeinsam teilt, die *Verbote* und *Anforderungen* an den Einzelnen, die sich daraus ergeben, die Art und Weise, in der man die Beziehungen der Kinder in Schablonen zu zwingen versucht, und die unvermeidlichen Versagungen, Belohnungen, Freiheiten und Verpflichtungen, an die die Menschen gebunden sind. Es ist wohl kein Zufall, daß gerade in Amerika, wo so viele Kulturen im sogenannten „melting pot" aufeinandertreffen, und einen *Übergang* aus ihrem Herkunftsmilieu in die amerikanische Kultur vollbringen müssen, daß sich gerade hier die Sozialwissenschaft als *empirische* Arbeitsweise, als eine womöglich experimentelle Untersuchungsmethode so sehr entwickelt hat, und dann schließlich zur sozialen Psychiatrie und zur sogenannten *„Mental Health Movement"* geführt hat. Die Beschäftigung mit der Frage, ob es überhaupt eine amerikanische Kultur gibt und in welcher Weise sie die Menschen glücklich oder unglücklich macht, Gesundheit oder Krankheit fördert, oder welchen Preis man in *menschlichen Werten* für die Riesenerfolge in Industrie und Technologie zu zahlen hat, gerade diese Frage ist Anregung gewesen für viel Selbstbesinnung unter den Psychiatern, den Politikern und all denen, die Verantwortung haben für das Wohl der Menschen. Der medizinische Sozialwissenschaftler sucht nun mit objektiven Methoden nach den Auswirkungen, die die nationale Zugehörigkeit, geographische Lage und Ordnung des sozialen Systems auf Gesundheit und Krankheit haben. Gibt es Situationen, in denen jeder seelisch krank wird? Gibt es menschliche Gruppen, wo fast niemand krank wird? Kann man von diesen dann lernen, wie sie Krankheit vermeiden? Und gibt es seelische Störungen, die grundsätzlich auf kulturelle oder soziale Probleme zurückzuführen sind, oder sind die seelisch Kranken immer Opfer der Erbanlage oder einer körperlichen Schädigung?

Aus der großen Anzahl von Arbeiten, die in den letzten 10 Jahren auf diesem Gebiet entstanden sind, möchte ich einige zur Illustration hier heranziehen, um zu zeigen, mit welchen Voraussetzungen man arbeitet, welche Methoden man braucht und wie man soziale Erkenntnisse in vorbeugendes Handeln umsetzen kann, bei dem dann der Psychotherapeut eine äußerst wichtige Rolle spielt. Natürlich hat man schon seit Jahrzehnten auch in Deutschland an die möglichen *sozialen* Bedingungen und Ursachen von Krankheit gedacht. *Paul Schilder* hat von der *sozialen Neurose* gesprochen. Die Zweckneurosen der Nachkriegsjahre haben soziale Motive klar erkennen lassen. Auch die neuen Beiträge von *Meng* gehen in diese Richtung. Auch die Katastrophenerlebnisse des Krieges und die Bevölkerungsverschiebungen nach dem Kriege waren Gelegenheiten, die Folgen überwältigender emotionaler Probleme offenbar zu machen. Die *traumatische Neurose* wird als besonderer Begriff wohl überall anerkannt. Uns geht es aber besonders um die kleinen, undramatischen Veränderungen und Ereignisse, die unvermeidlich in jedem Menschenleben vorkommen, und die von den einzelnen Gruppen der Bevölkerung in verschiedener Weise erfahren und verarbeitet werden. Schon vor einem Jahrhundert hat der Pathologe *von Virchow* das Vorkommen verschiedener Erkrankungstypen mit solchen sozialen Faktoren wie politischer Orientierung und Klassenzugehörigkeit in Beziehung gebracht, und die jüngeren Sozialwissenschaftler versuchen, zum Beispiel in den Studien über Selbstmord in verschiedenen Ländern, jetzt auch mit verfeinerter Statistik und schärferer Erfassung der Krankheitsbilder auf diesem Gebiet weiterzukommen.

Es ist bekannt, daß die psychische Hygiene in Amerika von *Adolf Meyer* um etwa 1908 in Bewegung gesetzt wurde: Man suchte durch frühe Diagnosen seelischer Krankheiten ihre spätere Verschlimmerung zu vermeiden. Aber erst in den letzten 10 Jahren ist auf der Grundlage einer Bereicherung der Sozialwissenschaften eine *systematische* Untersuchung der Probleme möglich geworden. Ich hatte das Glück, mit solchen Wissenschaftlern wie *Talcott Parsons* und *Clyde Kluckhohn* bekannt zu werden, und über solche Experten wie *Robert Bales* und *Paul Hare* Verständnis für die Entwicklung der Gruppenpsychologie zu gewinnen. Durch diese Forscher ist es zu einer Konvergenz zwischen Soziologie, Anthropologie und Sozialpsychologie gekommen, die sich bei uns im akademischen Betrieb in der Bildung einer neuen Abteilung der Universität auswirkte, und die zur Grundlage unserer sozialpsychiatrischen Arbeiten wurde.

Es ist wohl notwendig, sich an einige Grundbegriffe zu erinnern, die in diesem Zusammenhang wichtig sind. Sie haben mit der *Sozialstruktur* zu tun, mit der *Position,* die ein Mensch in dieser Struktur einnimmt, und mit den *Veränderungen in dieser Struktur,* die auf die Gesundheit und Krankheit dieses Menschen Einfluß haben können.

Was sind nun solche Grundbegriffe? Eine *soziale Einheit* ist ein Aggregat von Menschen, die voneinander abhängig sind, durch *Arbeitsteilung,* durch die *Rangordnung* und durch die *spezifischen Rollen*, die bestimmen, was sie tun und was sie nicht tun können. Dem Handeln der Teilnehmer sind dabei relativ enge Grenzen vorgeschrieben. Man hat seine Rolle in diesem System gelernt und spielt sie mit Behagen oder mit Verdruß. Das Ganze ist *im Gleichgewicht*, bis sich Rollen oder Rangordnung verändern, oder die Kommunikation, oder bis ein Mitglied der Gruppe neu hinzukommt oder ausscheidet. *Jürgen Rüsch* hat diese Eigenschaften des Sozialsystems zur Rekonvaleszenzdauer der Menschen mit internen Krankheiten in Beziehung zu setzen versucht. Unsere alltägliche klinische Erfahrung zeigt, daß die meisten Kranken nicht nur mit einem somatischen Problem, sondern auch mit einer ungelösten Krise im sozialen System zu uns kommen.

Erst kürzlich wieder haben wir versucht, in der medizinischen Poliklinik den Prozentsatz der Kranken festzustellen, bei denen eine „soziale Krise" der wesentliche Grund ihres Erscheinens in der Klinik ist. Etwa 80% der Menschen kommen mit solchen Konflikten. *Alexander Leighton* in Nova Scotia und *Thomas Rennie* in New York haben Untersuchungen an der allgemeinen Bevölkerung gemacht und gefunden, daß etwa 75% der Menschen über irgendwelche Beschwerden klagen, etwa 50% durch diese Beschwerden an der Arbeit gehindert werden, und daß etwa 20% im engen Sinne seelische Krankheitserscheinungen zeigen. Die beiden Wissenschaftler zeigen auch, daß sich Kranksein in manchen Menschen häuft, und in gewissen ethnischen Gruppen mehr vorkommt als in anderen. Im geographischen Bild der Städte haben *Faris* und *Dunham* in Chicago gezeigt, daß sich in ganz bestimmten Stadtgebieten Fälle von Psychosen häufen und *Redlich* und *Hollingshead* entdeckten, daß die *Klassenzugehörigkeit* eines Menschen mit dafür ausschlaggebend ist, ob er als schizophren oder neurotisch Kranker beim Arzt auftaucht, und welche Art der Behandlung er erwarten kann.

So anregend es auch wäre, diesen Untersuchungen im einzelnen nachzugehen, besonders in Hinsicht auf die Schwierigkeit, den „Fall einer Krankheit" in solchen Studien sicher festzustellen, so will ich doch lieber hier auf einige Arbeiten eingehen, die sich mit der sozusagen *mikroskopischen Analyse von Krisenreaktionen* befassen.

Bei den *Trauerreaktionen* kann man normale und krankhafte Formen unterscheiden; den krankhaften ist gemeinsam, daß die normale Trauerarbeit nicht stattfindet. Bei beiden Gruppen findet man eine *vorübergehende, aber doch schwere Störung körperlicher und seelischer Vorgänge:* der Verdauungsapparat wird inhibiert, man verliert den Appetit, ißt nur wenig, die Atmung verändert sich, der Körper neigt zu starker Ermüdung. Im Psychischen findet man eine intensive Beschäftigung mit dem Vorstellungsbild des Verstorbenen, als ob man ihm eine Art Eigenleben zumesse. Dann aber kommt der *Ablösungsprozeß:* Man erinnert sich an gemeinsame frühere Erlebnisse, und stellt sich jedesmal die Frage: Wie werde ich das jetzt ohne ihn tun? Gespräche mit mitfühlenden Menschen helfen viel, die Hauptsache der Arbeit muß aber wohl allein geleistet werden.

Ich möchte jetzt auf *pathologische* Züge des Trauerns eingehen. Hier findet man, daß das Bild des Verstorbenen ganz und gar vergessen wird, und daß das Trauern ersetzt wird durch Symptome seelischer oder körperlicher Desorganisation. Da gibt es psychosomatische Zustände, in denen die Eingeweide gleichsam das Trauern übernehmen. Da gibt es merkwürdige Inkorporationszustände, in denen der Überlebende so handelt, als ob er die Krankheit des Verstorbenen übernommen hätte, oder aber Wesenszüge des Kranken in seine eigene Person einverleibt hätte. Merkwürdigerweise kommen schwere Depressionen und manisches Verneinen des Verlustes relativ selten vor. Eine sorgfältige Analyse der Umgebung, in dem solche pathologischen Reaktionen beobachtet werden, zeigt dann, daß z.B. für eine Mutter der Verlust eines Kleinkindes ganz besonders schwerwiegend ist, daß für ältere Leute der Verlust einer der letzten oder der letzten Person, die einem nahe war, katastrophal ist und daß Verluste von Menschen, zu denen der Überlebende keine liebevolle, sondern im Gegenteil eine haßerfüllte Beziehung hatte, besonders schwer zu verarbeiten sind.

Es zeigt sich dann vom soziologischen Gesichtspunkt aus, daß die *Beziehungskonstellation des Umfeldes* in dem der Überlebende lebt und die Ersetzbarkeit der Rollen, die der Verstorbene einnahm, die *Schwere der Reaktion* bestimmen. Unter den Psychosomatikern fanden wir häufig Menschen, die nur eine einzige wesentliche zwischenmenschliche Beziehung im Leben hatten, die dann für sie *alles* bedeutete: Intimität, Geborgenheit, Aufsicht, Initiative und Zugang zu andern. Wenn diese Person starb, dann war der Überlebende ein Opfer vielfältigen Verlustes. Es hat sich außerdem gezeigt, daß es nicht gut ist, Menschen, die man in einer schweren Phase ihrer körperlichen Erkrankung antrifft, Trauerarbeit nahezulegen. Das kann die Sache nur schlimmer machen.

Wir haben im Gegenteil gelernt, daß der Therapeut versuchen muß, die wichtigsten Rollen des Verstorbenen wenigstens *symbolisch zu übernehmen;* in einer Art *soziodramatischer Ausarbeitung*. Dabei hilft es, daß solche Menschen äußerst geneigt sind, in rascher Übertragung den Therapeuten in dieser Rolle anzunehmen und sich mit ihm zu identifizieren.

Wo geht es hier aber um *vorbeugende Psychiatrie*? Unsere Aufmerksamkeit galt zuerst *Spättrauerreaktionen*, die den Patienten mehrere Jahre nach einem Verlust befallen, und dann genauso katastrophal sein können, wie sie zur Zeit des Verlustes gewesen wären, wären sie damals nicht unterdrückt worden. Es wurde uns dann klar, daß Abwesenheit von Trauerreaktionen beim Verlust eines Menschen ein wichtiges Signal sein könnte, jetzt einzugreifen, um späteren Reaktionen vorzubeugen.

Eine andere Gelegenheit zum vorbeugenden Verhalten ist gegeben, wenn man einer trauernden Mutter nicht rät, gleich ein anderes Kind zu bekommen um ein verstorbenes zu ersetzen, ganz im Gegenteil: man rät ihr, die Trauerarbeit der Loslösung von *diesem* Kinde erst gründlich durchzumachen. Sonst droht dem neuen Kinde die große Gefahr, nur als „Ersatzkind" angenommen zu werden.

Es wurde klar, daß Ärzte nur selten Gelegenheit haben, die intime Seite des Trauerns zu beobachten, weil ja die Betreuung des Trauernden in unserer Gesellschaft nicht den Ärzten, sondern den kirchlichen Seelsorgern anvertraut ist. Um normale Trauer zu studieren, mußten wir zu den betroffenen Menschen gehen, zur Kirche oder zum Beerdigungsinstitut. In diesem Zusammenhang sind die traditionellen Trauerveranstaltungen, die die Kirchen und verschiedenen Gesellschaften erfunden haben, Versuche, auf kollektive Art dem Trauernden behilflich zu sein. Wie man weiß, haben Anthropologen sich sehr für die merkwürdige Art und Weise interessiert, in der die Angst vor dem Verstorbenen und der Versuch, den Tod zu verleugnen, in Dogma und Zeremonie ihren Niederschlag gefunden haben. Vom Standpunkt der psychischen Hygiene können fast alle Bräuche *mehrdeutig* sein. So kann etwa der Glaube an das Leben nach dem Tode zur Ersparung oder Verschiebung der Trauerarbeit führen, aber auch, wie wir gesehen haben, zum Selbstmord, um mit dem Verstorbenen schnell wieder vereint zu sein.

Trauerreaktionen sind nur *eine* Form vieler menschlicher Reaktionen, die nicht primär dem Arzt zugänglich sind, die aber doch beobachtet werden können von anderen Berufsgruppen, den *„Helfer-Berufen"*, wie wir sie jetzt nennen. Da wird es für den Arzt wichtig, sich als Gesundheitsexperte mit dem Seelsorger, dem Lehrer, dem Sozialarbeiter und dem Gerichtshelfer zu verbünden.

Die Gefahrenzeichen für mögliche spätere krankhafte Entwicklungen sind nicht immer die *auffallenden* störenden Zustände. Im Gegenteil, die pathogenen Faktoren können so geheim sein, wie etwa die latente Tuberkulose.

Wenn es stimmt, daß Kommen und Gehen in menschlichen Beziehungen die Gesundheit beeinflußt, dann ist es wohl wichtig, einmal systematisch zu untersuchen, wie solche Beziehungen entstehen, wie sie sich auf verschiedenen Lebensstufen verändern und wie in Familie und außerfamiliärem Umfeld soziale Prozesse diese Entwicklung fördern oder hemmen. Wir sind in der Tat „ins Feld gegangen", haben die Mitarbeit einer ganzen Gemeinde erbeten und haben versucht, diese Fragen aufzugreifen. Die in diesem Zusammenhang entstandenen Arbeiten beschäftigen sich mit der *Bildung von menschlichen Beziehungen*, wie sie a) in Liebesbeziehungen, b) in Freundschaftsgruppen und c) in sozialen Systemen mit gegenseitiger Abhängigkeit in Erscheinung treten.

Die erste Arbeit, die ich erwähnen möchte, ist eine *Laboratoriumsarbeit*. Das Problem der Liebe bezieht sich hier aber nicht auf die sexuelle Liebe der Erwachsenen, sondern auf *die Verbindung des Kindes mit der Mutter*. Diese lebenswichtige Verbindung, von der es für viele Menschen so schwer ist, sich zu emanzipieren, war Gegenstand vieler frühen Arbeiten, von denen vorbeugende Maßnahmen erhofft wurden. Die Arbeiten von *Bowlby* und von *Spitz* über die Folgen der frühen Verwaisung sind wohl allgemein bekannt. Für die Psychotherapie ist es aber oft besonders wichtig zu entscheiden, ob die frühe Bindung an die Mutter auf ihre Rolle als Bezugsperson in der oralen Phase des Kindes zurückzuführen ist, oder ob wir eine primäre, biologische Tendenz im Kinde annehmen müssen, die es an die Mutter bindet, bis diese durch Reifung und Lernen unnötig geworden ist.

Harlow in Wisconsin hat dieses Problem an Affenkindern zu lösen versucht. Wenn Schimpansenkinder Gelegenheit haben, sich an eine weiche Fellpuppe, die die Mutter darstellt, anzuklammern oder aber an eine Drahtpuppe, dann läßt es sich bald experimentell feststellen, daß die Kinder zur Fellpuppe gehen, selbst wenn ihnen die Drahtpuppe auch die Milch zur oralen Befriedigung anbietet. Diese Experimente lassen an der „anaklitischen" Theorie der Entwicklung der Liebesbindung zweifeln. Dies ist von besonderer Wichtigkeit, weil in mehreren Hospitälern in unserem Lande der Versuch gemacht wurde, das anaklitische Prinzip auf die Therapie schwerer psychosomatischer Zustände anzuwenden. Die Patienten wurden sehr verwöhnt mit Essen und Aufmerksamkeiten aller Art. Darauf forderten sie immer mehr und verfielen einer dramatischen Regression, in der orale Mechanismen besonders betont wurden. Diese Behandlungsversuche sind nicht besonders erfolgreich gewesen und haben eine schwere Belastung für Ärzte und Schwestern bedeutet.

Andere Arbeiten beschäftigen sich mit den *Entwicklungsprozessen,* durch welche die Beziehung zwischen Mutter und Kind allmählich in *plurale* Verbindungen mit mannigfacher Rollenverteilung umgewandelt werden. Eines der Themen unserer eigenen Untersuchungen war die Entwicklung von *sozialen Systemen in Kindergruppen* verschiedenen Alters.

Auf der Kindergartenstufe war es durch eine besondere Beobachtungsmethode möglich, festzustellen, wie sich Einzelkinder im Spiel und in der Arbeit verhalten. Es zeigte sich, daß es gewisse Kinder gibt, die gruppenorientiert sind, im Gegensatz zu anderen Kindern, die nur mit *einem* anderen Kinde spielen. Wir sahen, daß dabei verschiedene Rollen, wie die Mitarbeiterrolle, die Beobachter- und die Störerrolle schon in diesem Alter als ziemlich stabile Charakterzüge erkennbar sind. Wir haben diese Kindergruppen dann über einen Zeitraum von 10 Jahren durch die Grundschule und Sekundarstufe verfolgt und stellten fest, daß sich bestimmte Merkmale später in der soziometrischen Analyse wiederfanden. Die praktische Bedeutung dieser Beobachtungen führt zu der Frage, ob es möglich ist, im Leben solcher Kinder bestimmte soziale Situationen vorauszusagen, die für ihre sozialen Lebensgefühle unerträglich sind.

Unsere Arbeiten beschäftigten sich auch mit der Frage, wie junge Menschen in den Pubertätsjahren Freundschaftsgruppen und Cliquen entwikkeln, die entweder Ursprung von Verbrechen oder Neurosen werden können, oder aber Quelle des Sicherheitsgefühls, das zu Emanzipation und einer normalen Identitätsentwicklung des jungen Menschen führt.

Schließlich möchte ich noch kurz über ein Projekt berichten, in dem wir sorgfältige Beobachtungen machen konnten über die Art, wie sich Familien verschiedenen ethnischen Hintergrunds, nämlich irische, italienische und jüdische, einer Wohnungsänderung, also an eine neue Umgebung anpassen. Wir hatten Gelegenheit, 3000 Familien daraufhin zu untersuchen, in welcher Weise sich das Zerbrechen des Familienkreises, auf den die Italiener ganz besonders angewiesen sind, auf körperliche und seelische Gesundheit, auf Kriminalität und Leistung in der Schule und in der Arbeit auswirkt. Diese Studien sind besonders aus zwei Gründen wichtig: Erstens fürchtet man die abnormalen Abhängigkeitszustände, die viele dieser Familien zu Ärzten und Sozialarbeitern entwickeln. Ist diese übersteigerte Abhängigkeit vielleicht eine Folge einer Ausdehnung des Familiengefühls auf die Beziehung zum Arzt? Zweitens sind die Beobachtungen ein klares Beispiel für die Eigenart, mit der irische Familien ihre Probleme lösen im Gegensatz zu italienischen Familien. Dies spricht dafür, daß viele Verhaltensweisen, die wir dem Einzelnen als ideosynkratisch zuschreiben, in Wirklichkeit Ausdruck einer gemeinsamen sozialen Verhaltensweise sind, die für eine ganze Bevölkerungsgruppe charakteristisch waren.

Was können wir daraus für die vorbeugende Praxis lernen?

Durch ein besseres Verständnis sozialer Strukturen und sozialer Vorgänge ist es möglich, zukünftige Erkrankungen nicht nur vorauszusagen, sondern auch durch Maßnahmen, die die ganze Bevölkerung betreffen, wie bei der Impfung gegen die Pocken, die Zahl der Erkrankungen zu verringern. Dabei fällt dem Arzt als Psychotherapeut und Kenner gefährdender Situationen zusätzlich zu seiner Rolle als Heiler von Krankheit einzelner eine bedeutsame Rolle in der *Bewältigung* von psychischer Krankheit als *soziales* Phänomen zu. Es ist Aufgabe vorbeugender Psychiatrie, dazu sichere Grundlagen zu schaffen.

10. Kapitel

Die soziale Organisation der Menschen

I.

Bei unseren Untersuchungen über Trauerprozesse (vgl. insbes. Kapitel 3) hatten wir gesehen, wie schwer die Reaktion auf den Verlust einer wichtigen *Beziehung zu einem anderen* Menschen sein kann. Es schien deshalb wichtig, den einzelnen *nie für sich allein*, sondern immer nur als *Bestandteil einer Kollektivität, eines Sozialsystems* zu betrachten. Aber nicht nur die *„dyadischen"* Beziehungen sind ein Sozialsystem, immer sind es auch die *Gruppen* von mehreren, zu denen man gehört. Abgesehen von der Ehe und von ganz intimen Freundschaften spielt sich das Leben im Gruppenkontext ab, in Familie, Schule, Arbeitsgruppe und Kirche. Aus allen diesen Gruppen formt der einzelne das, was wir die *„stützende Umwelt"* „Supportive (Human) Environment" nennen.

Neben den spontanen Gruppenbildungen, die für die Sicherheit und Entwicklung des einzelnen so bedeutsam sind, gibt es künstliche Gruppen, die der Lehrer, der Pastor, der Direktor einer Firma und schließlich der Arzt und Psychiater zur Beeinflussung der ihm anvertrauten Menschen organisiert oder einberuft. Haben wir ein *Begriffssystem*, das diesen Kollektiven gegenüber brauchbar ist? Welche *Beobachtungsmethoden* haben sich bewährt, und welche *Fragen* lassen sich wissenschaftlich beantworten?

Die erstaunlich menschenähnliche Art des sozialen Verhaltens von Schimpansen haben für das Studium menschlicher Gruppen wichtige Hinweise gegeben, aber auch gezeigt, wie leicht man daraus Mißdeutungen und falsche Schlüsse ziehen kann.

Unsere Aufgabe ist es, zu versuchen, die *Kollektivitäten* der Menschen, die in emotional wirksamer Weise miteinander verbunden sind, zu beschreiben und eine begriffliche Annäherung zu gewinnen, damit man sich darüber systematisch verständigen kann.

Jeder einzelne ist von sozialen Kräften umgeben, denen er sich anpassen muß und die er dauernd auch selbst beeinflußt. Die ökologische Struktur der Natur, in der der Mensch und seine Gruppe lebt, bestimmt, was für eine Kultur und was für eine Organisation der Gesellschaft der Mensch entwikkeln kann. Manche Sozietäten sterben aus, andere entwickeln sich zu riesigen Bevölkerungen. In solch einer Gemeinschaft lebt der Mensch als bewußt Denkender, Fühlender und Handelnder mit seinen angeborenen und erworbenen Reaktionen (siehe Abbildung 1).

Auf der anderen Seite muß sich der Mensch in diesem System den *Rollen* anpassen, die die Gemeinschaft ihm vorschreibt, die es ihm aber auch ermöglichen zu funktionieren in der Gemeinschaft: in der Arbeitsteilung und im Zusammenwirken. Er kann sich entweder deren Zwang unterwerfen oder dagegen protestieren; er kann mitmachen oder er kann Gewalt über sie bekommen und sie zu verändern suchen.

Andererseits haben wir dann die Einflüsse, die wir *Kultur* nennen. Das Wort „Kultur“ hat ja eine doppelte Bedeutung. Manchmal sagen wir, ein Mensch hat Kultur. Das heißt, er hat Bildung. Aber manchmal, wenn wir über Kultur im wissenschaftlichen Sinne sprechen, heißt dies: die *Werte*, die *Ziele* und die *Bräuche*, die eine Gemeinschaft entwickelt hat, und die jede Elterngeneration an die Kinder weitergibt. Es wird erwartet, daß die Kinder sie so annehmen und verwirklichen wie es die Eltern getan haben.

Kultur ist also etwas Wertvolles, was erhalten werden muß: Sie gibt uns viele expressive und zeremonielle Möglichkeiten, das Leben zu bereichern. Sie ist die Quelle der Symbole: Sie bestimmt zum Beispiel den Kunststil, der erlaubt und etwas wert ist. Sie soll erhalten bleiben wie sie ist, und doch

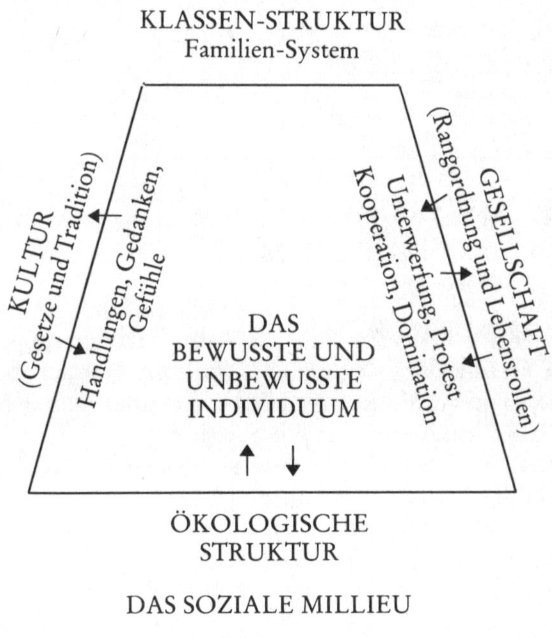

DAS SOZIALE MILLIEU

Abbildung 1

ändert sie sich im Sinne der ökologischen Bedingungen, in denen die Menschen leben.

Schließlich haben wir Gesellschaftsformen, die durch die kulturellen und *organisatorischen* Faktoren einer Gesellschaft bedingt sind, nämlich die *Klassenstruktur* und die *Familienstruktur.*

Die Art der Familie bedingt, ermöglicht und begrenzt die Gruppe von Menschen, zu der man im Leben gehören kann und die einem verschlossen bleibt. Die Klassenstruktur bedingt, was man tun kann, wann und wo, wen man nicht erreichen kann und mit wem man zusammen sein muß.

II.

Das vergleichende Studium kultureller Werte und Grundhaltungen wurde durch ein Begriffssystem bereichert, das *Florence Kluckhohn* und *J. Spiegel* auf die Lebenshaltungen amerikanischer, italienischer und irischer Familien angewandt haben.

Wenn man sich fragt, ob man Kulturen von einem bestimmten Gesichtspunkt aus betrachten kann, dann kann man sagen (Tabelle 1):

Tabelle 1: Kulturelle Orientierungen im Vergleich

Zum Wert des Menschen	böse	neutral	gut
Zum andern Menschen	linear	kollateral	individualistisch
Zur Natur	unterworfen	in Harmonie	bezwingend
Zur Aktivität	produktiv	kontemplativ	werdend
Zur Zeit	Zukunft	Gegenwart	Vergangenheit

Da ist erstens die *ethische Bewertung des Menschen:* ob er nämlich „böse" ist, ob er weder „böse" noch „gut" ist, oder ob er im wesentlichen etwas „Gutes" enthält.

Zweitens sagen alle Menschen in ihrer Kultur etwas darüber aus, *wie man sich auf andere Menschen bezieht:* in allen Kulturen wird die Beziehung zum anderen Menschen in besonderer Art erlebt, diese Beziehungen kann man als linear, kollateral oder individualistisch beschreiben.

Drittens gibt es für jede Kultur *charakteristische Haltungen gegenüber der Natur;* man stellt sich vor, daß man ein „Opfer" der Natur ist, oder akzeptiert die Natur und lebt mit der Natur in Harmonie, oder man will sie bezwingen.

Und viertens ist da eine bestimmte *Art des Handelns* (das hat sich im Psychotherapeutischen als außerordentlich wichtig erwiesen): Entweder sieht eine Kultur es als wertvoll an, daß die Mitglieder produktiv tätig sind, oder es ist erwünscht, sich hauptsächlich kontemplativ-ästhetisch zu verhalten.

Schließlich sind die Menschen *in Bezug auf die Zeit* entweder stark der Zukunft zugewandt oder sie leben in der Gegenwart oder hauptsächlich in der Vergangenheit. Wenn man diese Dimensionen als Leitprinzip benutzt, dann wird es möglich, verschiedene Kulturen einander gegenüberzustellen und miteinander zu vergleichen.

Sehen wir uns einmal an (Tabelle 2,1), was ein typischer Amerikaner und was ein typischer Inder *über den Menschen denkt.* Ein Vergleich der amerikanischen und indischen Kulturhaltungen kann dies vielleicht illustrieren:

Tabelle 2: Die amerikanischen und indischen Kulturhaltungen im Vergleich

Orientierung	Mittelklasse in Amerika	Mittelklasse in Indien
1. Wesen d. Menschen	Mischung gut und böse	weder gut noch böse
2. Beziehung zu anderen	ind. > koll. > lin.	lin. > koll. > indiv.
3. zur Natur	bezw. > harm. > unterw.	harm. > unterw. > bezw.
4. zur Aktivität	prod. > werd. > kont.	kont. > werd. > prod.
5. zur Zeit	Zuk. > Gegw. > Verg.	Verg. > Zuk. > Gegw.

In Amerika denkt man gewöhnlich, daß ein Mensch eine Mischung von gut und böse darstellt; wenn man ihn nur tüchtig bearbeitet und erzieht, dann wird er am Ende gut werden.

In Indien sagt man, der Mensch ist weder gut noch böse, der Mensch ist das Göttliche in einer irdischen Erscheinung. Der Mensch ist nur eine Durchgangsstufe für das Göttliche. Er wird wieder inkarniert werden und dann wird er vielleicht etwas Besseres sein, wenn er das nächste Mal zur Welt kommt; das Gut-Werden ist nicht durch seine Arbeit, sondern durch seine sittliche Orientierung bestimmt.

Wenn wir uns ansehen, wie sich der Mensch in Amerika *auf andere Menschen bezieht* (Tabelle 2, 2), dann ist das Idealbild immer, daß der Mensch ein Individualist ist, der „tüchtige Kerl", der sich so ganz allein auf sich selber verlassen kann und keinen anderen Menschen braucht; *„Unabhängigkeit"* ist *der* Wertbegriff in Amerika. Beziehung ist auch wichtig, aber nicht so wichtig: Der „unabhängige" Mensch muß auch nett zu andern sein, er muß auch im Team mit anderen Menschen zusammenarbeiten können, und er muß ein guter Freund sein können, möglichst ein guter Freund von vielen, wenn er auch ein sehr guter Freund von nur wenigen ist.

Die lineare Beziehung bedeutet, daß man einen „Boß" über sich hat, daß man gehorchen und daß man dienen muß. Im idealen Sinne sind alle Menschen gleich, sie arbeiten alle zusammen, haben alle die gleichen Möglichkeiten, jeder hat die Fähigkeit, selbst „Boß“ zu sein.

Wenn man das mit Indien vergleicht, so sieht der Kulturkreis ganz anders aus: In Indien ist das *Gehorchen* das Wichtigste, daß man sich dem Ältesten unterwirft in der Familie, daß man noch in den Dreißigern, wenn der Vater schon ganz alt ist, den Vater die Entschlüsse fassen läßt. Sogar, wenn man in Oxford gewesen ist für 10 Jahre und dann wieder zurückkommt zur indischen Familie, ist die Hauptsache, daß man vergißt, was nicht in die Gehorsamshaltung gegenüber der Familie hineinpaßt. Natürlich hat man auch gewisse Verpflichtungen den anderen Menschen gegenüber. Man muß vielleicht in der Gemeinschaft der Familie auch etwas mitarbeiten; die Hauptsache ist aber, daß man *dazugehört,* und daß man sich gegenseitig respektiert, weil man zur selben Sippe gehört. Und das Individuelle, daß man auch ein besonderer Anderer ist als die anderen, daß man eigene Ziele hat, das wird nicht betont.

Auch im *Verhältnis zur Natur* (Tab. 2, 3) wollen wir wieder das amerikanische und das indische Bild des Menschen vergleichen: Für den amerikanischen Menschen ist die Natur prinzipiell bezwingbar, da gibt es überhaupt nichts, was man nicht tun kann. Eine bekannte Bemerkung ist: Wenn etwas unmöglich ist, dann ist es besonders interessant, es möglich zu machen. Die Idee ist, daß die Natur unser Sklave ist, daß wir nur noch nicht alles herausgefunden haben, noch nicht den Schlüssel haben, um sie ganz in unseren Dienst zu stellen. Mit der Natur sein? Ganz gewiß, wir erkennen an, daß wir ja alle biologische Wesen sind genau wie die Tiere, die ja dazugehören, zur großen Gemeinschaft der Lebewesen. Daß wir aber der Natur unterworfen sind, wird nicht betont, Daß man ja auch mal sterben muß, daß es ja auch unheilbare Krankheiten gibt, daß es ja wirkliche Nöte gibt, vor denen man Respekt haben muß, das hat erst der Existentialismus so betont, der erst ganz allmählich und nur langsame Fortschritte in Amerika macht. Wir finden also eine *optimistisch-bezwingende Haltung* der Natur gegenüber in Amerika.

Für den Inder sieht das Verhältnis zur Natur ganz anders aus: Er geht seinen Weg in der Natur, wie sie es verlangt. Man *akzeptiert sein Schicksal,* ob es auch von den Sternen bestimmt ist, ob es auch Wasserfluten und Hungersnöte bringt. Das Leiden und auch das Kranksein wird hingenommen als Teil der Existenz in der Natur, und man ist wenig geneigt, sich ihr entgegenzusetzen oder zu versuchen sie zu bewältigen. Diese kulturelle Haltung macht ziemliche Schwierigkeiten für die präventive Medizin. Für den Arzt, der an sozialen Studien interessiert ist, eröffnet sich ein wichtiges Forschungsgebiet, wenn er versucht, die Bevölkerung zu motivieren, Krankheiten systematisch durch öffentliche Gesundheitsmaßnahmen zu bekämpfen. Noch immer sind Krankheiten wie Malaria, Cholera und Tuberkulose ein großes Problem, noch immer ist die Sterblichkeit im Kindesalter sehr hoch und noch immer ist die Lebenserwartung im Durchschnitt etwa 50 Jahre im Unterschied zu etwa 70 Jahren im Westen. Die Bevölkerung weiß, daß man früh stirbt, und man hat sich darauf eingestellt. Und manche Krankheiten, wie zum Beispiel die Pockenkrankheit, werden sogar als eine besondere, wertvolle Heimsuchung angesehen. Der pockennarbige Mensch, der die Pockenkrankheit überlebt hat, wird als besonders wertvoll betrachtet. Ob man gesund wird oder der Krankheit erliegt, ist vorbestimmt, und man soll nicht eingreifen, um den Krankheitszyklus zu verändern.

Ein anderes Problem ist der Gebrauch des Wassers zu religiösen Zwecken: Das heilige Wasser wird zum Baden aber auch zum Trinken benutzt, zur rituellen inneren und äußeren Reinigung. Die Cholerabekämpfung stößt auf große Schwierigkeiten, wenn die Menschen aufgefordert werden, das heilige Wasser nicht mehr zu trinken. Diese *passive* Haltung der Natur gegenüber und dem Magischen und Göttlichen, das man glaubt in ihr zu finden, kann nur langsam und vorsichtig umgestellt werden, um die tatkräftigen Maßnahmen des öffentlichen Gesundheitsdienstes wirklich fruchtbar werden zu lassen.

In der *Orientierung zum Handeln* und produktiven Schaffen (Tab. 2, 4) sehen wir wieder große Unterschiede: In Amerika ist ein häufiges Problem für den Psychotherapeuten, daß sich die Patienten über den unaufhörlichen Druck beklagen, unter dem sie stehen, aktiv und produktiv sein zu müssen, um sich sozusagen seine Existenz zu verdienen. Man will aber doch um seiner selbst willen geliebt und schlechthin akzeptiert werden, ohne sich die Liebe durch dauernde Produktion erkaufen zu müssen. Die kulturelle Vorschrift der *Produktivität* zeigt sich schon sehr früh in der Kindererziehung. Das Kind verdient Respekt und Anerkennung nicht durch Gehorsam, sondern durch rastlose Produktivität, und viele Eltern betrachten das Kindesalter hauptsächlich als eine Vorstufe der Produktivität der Erwachsenen. Schon der Fünfjährige muß sich bewußt sein, daß er später zum College gehen will.

Diese Haltung führt zu einer Geringachtung der kontemplativen Einstellung, der Beschäftigung mit dem Symbolischen, mit dem Mystischen und mit der Innenwelt. Die Beschäftigung mit dem Ästhetischen und Künstlerischen gibt es wohl, es soll aber mehr den Charakter eines „Hobby" haben, das man zur Erholung betreibt. Es soll nicht ein zentraler Teil des Lebens werden. Nur in allerletzter Zeit wird das kontemplative Leben im amerikanischen Kulturkreis mehr geduldet.

Im Gegensatz dazu ist in Indien der *kontemplative* Mensch mit besonderer Würde oder mit besonderem Einfluß ausgestattet. Es ist kulturell vorgeschrieben, daß man mit den mystischen und symbolischen Qualitäten des Innenlebens bekannt wird. Die persönliche Bereicherung, die von solcher Meditation ausgeht, ist eine wichtige Vorbedingung für die gewünschte

Reinkarnation auf höherer Stufe im nächsten Leben, und diese kontemplative Einstellung ist wichtiger als die produktive Arbeit. Für viele Leute erscheinen 2 Stunden Arbeit vollkommen genug. Die langen 8 Stunden oder mehr der täglichen Arbeit in der Industrie oder in der modernen Agrikultur erscheinen vielen Menschen als unwürdig, eine Beschränkung ihrer Freiheit. Diese kulturelle Haltung bedeutet ein großes Problem angesichts der Industrialisierungsbemühungen der Regierung. Man findet häufig, daß in einer typischen Groß-Familie, zu der 20–30 Menschen gehören, nur 10 oder 12 Menschen systematisch arbeiten. Diese jungen Leute gehen in die Stadt, verdienen dort und schicken fast 90% ihres Einkommens nach Hause, während andere Familienmitglieder sich der Meditation ergeben und nichts zum Familieneinkommen beitragen. Das führt dazu, daß sich in den Städten eine besondere Form des Proletariats bildet durch die vielen Menschen, die als Fragment ihrer Familie existieren und ihre eigene Lebenshaltung nicht verbessern können, da sie ja nicht für sich selber arbeiten. Hinzu kommt, daß für viele von ihnen die Arbeit nicht etwas ist, woran man Freude haben kann. Die technische Produktivität gilt wenig im Vergleich zur künstlerischen Produktivität, an der viele Menschen mit größter Hingabe für lange Zeit arbeiten.

Und nun eine Betrachtung der amerikanischen *Haltung zur Zeit* (Tab. 2, 5). Es ist wohl bekannt, daß in Amerika vieles auf die *Zukunft* hin orientiert ist; je schneller man hinwegkommen kann von dem, was man gerade hat oder tut, je schneller man Neues produzieren oder benutzen kann, desto mehr ist man befriedigt. Was man jetzt besitzt, wird morgen vielleicht schon veraltet sein. Wenn man zum Beispiel ein Automobil hat, wird man wohl schon nach zwei Jahren einen neuen Wagen kaufen, nicht weil der alte verbraucht ist, sondern weil ein neues Modell auf dem Markt erscheint.

Wenn man als Direktor die Abteilung einer Klinik übernimmt, dann wird nicht erwartet, daß man im wesentlichen das weiterführt, was der Vorgänger aufgebaut hat, im Gegenteil, man soll eine neue „show“ machen und möglichst „mit neuen Besen kehren“. Die Zukunftsorientierung bringt es dann mit sich, daß alles schnell zu veralten scheint, daß neue Menschen, neue Häuser und neue Dinge erscheinen und vergehen, in schnellerem und noch schnellerem Tempo. Dies hat eine besondere Bedeutung für die Ökologie der Industrie, die neue Produktionsmöglichkeiten braucht, und für die schneller Konsum einen Wert bedeutet.

Das Interesse am Gegenwärtigen ist merkwürdig kurzlebig. Betrachten wir etwa die Freude an Spiel und Sport: Gewiß ist das Spiel, etwa Fußball, etwas, an dem man sich in der Gegenwart erfreut, aber das Spiel wird hauptsächlich dazu benutzt, daß man heute besser spielt als gestern, daß man weitergekommen ist. Und wenn man sicher ist, daß man in einer Sportart besser ist und seine Höchstleistung erreicht hat, dann wendet man sich einem neuen Sport zu.

Die Erinnerung an die Vergangenheit bringt häufig Konflikte. Im Familienleben der Emigranten, die etwa von Europa einwanderten, zeigt sich, daß die alte Generation sich gern an den Lebensstil, den sie hatte, erinnert und ihn als wertvoll beibehalten will, während die junge Generation, die amerikanisiert wird, nicht an die Vergangenheit erinnert werden will und die Überlieferung als „old fashioned" verhöhnt. Die Zukunft erscheint als das wichtigste, und wer sich der Vergangenheit zuwendet, ist wohl schon alt und wertlos. Darum verhalten sich dann die älteren Personen so als ob sie jung wären. Ältere Damen schminken sich, frisieren sich jugendlich, tragen kurze Röckchen und jugendliche Kleider, als ob sie noch im Studentenalter wären. Und den alten Herren ist es besonders wichtig, jugendliche Anzüge zu tragen, im Freien zu kampieren oder eine Art Pfadfinder zu sein. Eine interessante Entwicklung der Gewohnheiten ist, daß viele ältere Leute in Wohnwagen leben, als ob sie dauernd auf der Wanderschaft wären.

Im Gegensatz dazu zeigt sich im indischen Kulturkreis, daß der Mensch mit dem Alter an Würde und Einfluß gewinnt, daß er verlangen kann, von jüngeren Menschen geachtet zu werden. Je *älter* die Tradition für eine Lebensart oder für eine Behauptung ist, umso mehr wird sie gewürdigt. Und was von weisen alten Menschen in der Vergangenheit ausgedacht worden ist, ist wichtiger als die neuen Entdeckungen der Wissenschaft. Vom westlichen Gesichtspunkt aus ist dies ein Problem, weil die jungen Leute wenig lernen, unabhängig zu sein und Entscheidungen zu treffen. Sie ersparen sich die Angst der Entschlüsse dadurch, daß sie der Meinung einer älteren Person folgen.

Die Astrologie ist sehr entwickelt, und wichtige Entscheidungen im Familien- und Berufsleben werden kaum ohne den starken Einfluß des Astrologen gemacht. Wenn der im Westen geschulte Besucher nach Beweisen fragt, dann wird ihm ein überzeugender Fall erzählt, in welchem der Astrologe die Zukunft richtig vorausgesagt hat. Ein kleines Beispiel soll dies illustrieren: Ein indischer Arzt berichtet, wie er am eigenen Leibe erfahren hat, daß es überaus wichtig ist, dem Rat des Astrologen zu folgen. Als er eine Einladung erhielt, vor einigen Jahren eine Arbeitsstelle in den Vereinigten Staaten zu übernehmen, erklärte ihm sein Astrologe, daß er sicher in einigen Monaten zurückkommen müßte, weil die Sternkonstellation seinem Vorhaben ungünstig sei. Einige Wochen nach seiner Ankunft im Westen begann er sich unbehaglich zu fühlen, auch deprimiert. Er verlor an Gewicht und in seinem Urin wurde Aceton festgestellt. Obwohl er als Mediziner wußte, daß Unterernährung und Acetonausscheidung miteinander zu tun haben, war er bald überzeugt, eine ungewöhnliche Krankheit zu haben, die nur indische Ärzte diagnostizieren und behandeln können. Er kehrte daher zurück, in kürzerer Zeit, als der Astrologe vorausgesagt hatte, und bedauerte nur, dem Rat nicht gleich Folge geleistet zu haben. Solche sich „selbst verwirklichenden Voraussagen" sind die Grundlage vieler Beweise. Eine statistische Analyse im wissenschaftlichen Sinne des Testens ist hier unerwünscht, und wird als arrogant empfunden.

Dieselbe Abneigung dem Zählen und Kalkulieren gegenüber zeigt sich auch, wenn es sich um die Zeit handelt. Pünktlichkeit, die im Westen eine große Rolle spielt, um schnellen und tüchtigen Geschäftsverkehr zu ermöglichen, scheint man in Indien kaum zu kennen. Man wartet gern aufeinander und nimmt die verlorene Zeit nicht übel.

Ich habe versucht, die Unterschiede zwischen dem Westen und Osten in der Kulturhaltung so scharf herauszustellen, weil ich glaube, daß das Kennen dieser kulturellen Verschiedenheiten eine wichtige Vorbedingung zur internationalen Zusammenarbeit ist. Vieles Fremdartige, Überraschende und häufig Störende, welches man leicht als persönliche Eigenart eines Einzelmenschen des anderen Kulturkreises mißversteht und dann auch übelnimmt, verliert seinen entfremdenden Charakter, wenn man es als *gemeinsame kulturbegründete Haltung* und als ein ebensolches Verhalten erkennt und in die Arbeit einzuschließen lernt. Das gilt ganz besonders für die Arbeit mit Patienten und ärztlichen Kollegen und vor allem in der öffentlichen Gesundheitspflege.

III.

Nun noch etwas zur *Familienorganisation,* die eine *Grundform des menschlichen Daseins* in allen anthropologisch untersuchten Gemeinschaften darstellt. Wir haben gesehen, daß der Mensch in der Kultur lebt. Die Kultur bestimmt, wie er die Welt erfährt. Die Kultur bestimmt auch den Lebenskreis, an den jeder Mensch zwangsweise gebunden ist, ob er sich vielen Menschen oder nur wenigen Menschen nähern kann, und welche Menschen in diesem Kreis naher und unausweichlicher Beziehungen entscheidenden Einfluß auf seine Entwicklung und seinen Lebensstil haben. Ich kann hier nicht alle Familienstudien würdigen, die im letzten Jahrzehnt gemacht wurden; ich möchte nur auf die großen Unterschiede in der Familienstruktur hinweisen, besonders was die Kernfamilie und die weitere Familie von Onkeln und Tanten, Vettern und Neffen angeht. Die Grenzen zwischen Familie und Verwandtschaft auf der einen Seite und der weiteren Gesellschaft auf der anderen Seite sind verschieden gezogen und bedeuten viel für die Intimität und Intensität der Beziehungen innerhalb der Familie. *Talcott Parsons* hat herausgearbeitet, wie *eng* die Grenzen in der *typischen amerikanischen Kernfamilie* gezogen sind, in der ein junges Paar die Beziehung zueinander und zu den Kindern scharf unterscheidet von allen anderen Beziehungen, und wo die Eltern beider Gatten als Außenstehende betrachtet werden, die nur zeitweise und für bestimmte Funktionen im Hause der jungen Familie geduldet werden. Das hat zwei wichtige Folgen für emotionale Konflikte und Störungen: Die Großeltern, die sich häufig ausgeschieden fühlen, klagen über Verarmung ihres Daseins und Gefühlsleere und die Mitglieder der kleinen neuen Familie sind so voneinander abhängig und so ausschließlich aufeinander eingestellt mit ihrem Verlangen und Befriedigungswünschen, daß die Beziehung emotional überlastet wird. Dies führt dann zu Zweifeln an der Liebesbeziehung, zu Rollenkonflikten und schließlich häufig zu einer Flucht vor der Ehe. Auch die Beziehung zwischen Mutter und Kind, besonders zwischen Mutter und Tochter ist häufig kompliziert, weil die vielfachen Bedürfnisse nach Intimität und gegenseitigem Verstehen, die in den weiteren Familiengruppen anderer Kulturen auf eine Reihe von Menschen verteilt werden können, sich hier in der einzigen erlaubten Intimität zwischen Mutter und Tochter abspielen.

Die große Sehnsucht nach und zugleich die Angst vor intimen Beziehungen zu anderen Mädchen und Frauen, die dann als „homosexuell" verdächtigt werden, sind ein häufiges Problem in der psychotherapeutischen Praxis.

Auf der anderen Seite hat das *weit verzweigte Familiensystem,* wie es etwa im italienischen Kulturkreis zwischen den eingewanderten Familien in Amerika weiterlebt, auch Nachteile für die Persönlichkeit. Die Mitglieder dieser Familien fühlen sich ganz berechtigt, sich an alle Menschen zu wenden, auch an entfernte Verwandte, wenn sie nur zum Familiensystem gehören. Sie neigen zur Abhängigkeit von anderen, im Gegensatz zum amerikanischen Kulturideal, in dem jeder individuell unabhängig sein soll und sich auf sich selbst zu verlassen hat. Die Folge ist, daß ein psychotherapeutisches Problem entsteht, das sowohl in der Klinik wie auf der Fürsorgestelle ziemliche Schwierigkeiten macht. Menschen aus solchen Familienkreisen empfinden es nicht als unangenehm, in der Wohlfahrts- oder Gesundheitspflege von anderen abhängig zu sein, ganz im Gegenteil: man wird sie nicht los, sobald man eine Abhängigkeitsbeziehung erlaubt hat. Diese Beziehung, die wir Pseudofamilien nennen, stellen etwas ganz anderes dar als die typischen Übertragungsphänomene in der Therapie.

IV.

Nun noch ein paar Worte über *Gruppenbildung:* Die Familie ist eine spontane Gruppe; der Mensch befindet sich in dieser Gruppe und kann ihr nicht entrinnen bis zum kulturell vorgeschriebenen Alter. Andere Gruppen sucht er in der Freundschaft und im Spiel, später im Lernen und in der Arbeit. Wichtig ist, daß der Mensch immer nur als Mitglied einer ganzen Reihe von Gruppen existiert. Das Leben beginnt als Teil einer anderen Person, im Laufe des ersten Jahres entwickelt sich die Differenzierung einer neuen Identität, das Problem der dualen Beziehung von Mutter und Kind mit dem allmählichen Verlust der Intimität, dann kommt das Problem der triangulären Beziehung zwischen Vater, Mutter und Kind und zwischen Mutter, Bruder und Schwester: Alle diese *Wandlungen der Fundamentalbeziehung* erfordern Bewältigung der Gefühle und Konflikte, die dem *Übergang* von einer Organisation zur nächsten unvermeidbar angehören. Die Ödipusstufe der Entwicklung, die in der Psychoanalyse so zentral betrachtet wird, ist eine besondere folgenreiche Gruppenwandlung; in der Tat: *Die Geschichte der persönlichen Entwicklung ist auch die Geschichte der Stufenfolge sozialer Gruppenbildung im Umkreis der Familie.* Für alle Arbeit mit Gruppen und besonders für die Gruppentherapie ist es wichtig, nie zu vergessen, daß jedes Mitglied dieser neuen, künstlich arrangierten Gruppe die Geschichte der früher erlebten Gruppen in sich trägt. Die Erfolge und das Versagen in der Meisterung früherer Gruppenkonflikte bestimmen, wie sich der Mensch in die neue Gruppe einfügt, ob er autokratische oder demokratische Gruppenbezüge erwartet und ob er die Rolle annehmen kann, die ihm der Leiter der Gruppe zuschreiben möchte.

Es ist die Wirkung dieser *verinnerlichten Gruppenerwartungen,* die jedes Mitglied zu verwirklichen geneigt ist, die in eindrucksvoller Weise in Erscheinung tritt, wenn eine Ansammlung von Menschen, die zu einem bestimmten Zweck zusammenkommen, für eine Weile zusammen bleibt und sich nach einem bestimmten Intervall wieder trifft, um schließlich eine echte Gruppe zu werden. Wer dann der offizielle Leiter und wer der wirkliche Leiter der Gruppe wird, wie die Rollen verteilt werden in der Arbeitsteilung, wie sich die Cliquen bilden, wie sich die Krisen der Feindschaft und des Konflikts mit Perioden schöpferischen Zusammenarbeitens abwechseln, das ist ein Gebiet anregender wissenschaftlicher Beobachtungen. Für den Arzt verspricht das Gebiet der *dynamischen Gruppenlehre* ein neues Instrument psychotherapeutischer Arbeit.

Ich habe versucht, die kulturelle Bedingtheit seelischer Handlungen und Haltungen aufzuzeigen, einige Konsequenzen der Familienorganisation zu beschreiben und auf einige zentrale Probleme der Gruppenbildung hinzuweisen, die für die soziale Organisation menschlichen Daseins und für das ärztliche Handeln von fundamentaler Bedeutung sind.

Literatur

J. Bowlby: Symposium on the Contribution of Current Theories to an Understanding of Child Development. An Ethological Approach to Research in Child Development. British Journal of Medical Psychology XXX, 230–240 (1957) – *J. Bowlby:* The Nature of the Child's Tie to his Mother. International Journal of Psycho-analysis XXXIX, 1–24 (1958) – *D. O. Hebb* and *W. B. Thompson:* The Social Significance of Animal Studies. Handbook of Social Psychology. Edited by Gardner Lindzey, Addison-Wesley Pub., Cambridge, Mass. 1954. – *G. C. Homans:* The Human

Group., Harcourt, Brace & Co., New York 1950 – *D. Klein* and *Ann Ross:* Kindergarten Entry: A Study of Role Transition and its Effects on Children and Their Families, Orthopsychiatry and the School, ed. by M. Krugman, American Orthopsychiatric Association, New York 1958 – *R. Merton* et al., Editors: Sociology Today, Basic Books, New York 1959 – *K. Naegele:* A Mental Health Project in a Boston Suburb, Health, Culture and Community, a Book of Cases, ed. by B. Paul, Russell Sage Foundation, New York 1956 – *Talcott Parsons* and *Robert F. Bales:* Family, Socialization and Interaction Process. The Free Press, Glencoe, Illinois 1955 – *F. R. Powdermaker* and *J. D. Frank:* Group Psychotherapy, Harvard University Press, Cambridge Mass. 1953 – *D. Rioch,* Editor: Symposium on Preventive and Social Psychiatry, April 15–17 (1957). Walter Reed Army Institute of Research, Washington, D. C. – *Pearl Rosenberg* and *Myrtice Fuller:* Human Relations Seminar: A Group Work Experiment in Nursing Education, Mental Hygiene 39 (1955) – *Ann Ross* and *Elizabeth Lindemann:* A Follow-up Study of a Predictive Test of Social Adaptation in Pre-School Children, in: Emotional Problems of Early Childhood, ed. by G. Caplan, Basic Books, New York 1955 – *L. Simmons* and *G. Harold Wolff:* Social Science in Medicine. Russel Sage Foundation, New York 1954 – *J. P. Spiegel:* The Resolution of Role Conflict within the Family. Psychiatry: Journal for the Study of Interpersonal Processes 20, 1–16 (1957) – *G. A. Talland:* Task and Interaction Process: Some Characteristics of Therapeutic Group Discussion. In: Small Groups, Studies in social interaction., Hare, P., Borgatta, E. F., and Bales, R. F., Editors. Knopf, New York 1955 – *J. D. Titchener, J. Riskin* and *R. Emerson:* The Family in Psychosomatic Process. Psychosomatic Medicine, XXII, 127–142 (1960).

11. Kapitel

Über Vorbeugung

In der Gesundheitsfürsorge ist es üblich geworden, in sechsfacher Weise über Krankheitsverhütung zu sprechen:

1. Wollen wir versuchen, bei jedem Kranken eine Verschlimmerung zu verhüten, sobald er sich in ärztliche Behandlung begibt.
2. Werden wir alles tun, um sicher zu stellen, daß ärztliche Behandlungsmaßnahmen nicht zu Verstümmelungen, zu Dauererkrankungen oder zu *Sekundärerkrankungen* führen, die eigentlich nichts mit der Originalerkrankung zu tun haben.
3. Möchten wir versuchen, *Krankheitsfälle so früh wie möglich* ausfindig zu machen, ihre Frühsymptome zu identifizieren und den Prozeß im Anfangsstadium zum Stillstand zu bringen.

Diese drei Punkte beziehen sich auf Methoden, die häufig als *sekundäre Vorbeugung* beschrieben werden.

4. Die vierte Fragestellung befaßt sich mit *latenten Krankheiten*, die zwar nicht sichtbar sind, aber durch bestimmte verhütbare Umstände zum manifesten Ausbruch gebracht werden können.
5. Diese Gruppe von Maßnahmen führt uns hinüber zur sogenannten *Primärverhütung*, nämlich fünftens zur krankheitsspezifischen positiven Immunisierung und
6. Zur *unspezifischen Stärkung der Allgemeingesundung*, um das Unterliegen einer Krankheit gegenüber weniger wahrscheinlich zu machen.

Zum 1. Punkt: Es ist natürlich klar, daß wir die *schlimmen Folgen einer Krankheit zu vermeiden suchen.* Dies sind verunstaltende Narben im Gesicht, Dauerlähmung nach einem Unfall und neurologische Erkrankungen, besonders aber der sich selbstverstärkende Effekt einer Erkrankung im Sinne wachsender Isolierung von anderen, d. h. steigende Gefühle der Wertlosigkeit und die Gewöhnung an die passive Haltung, die zum Kranksein paßt. Alle diese psychologischen Dinge werden dem Arzt wichtig sein, so sehr auch das Schicksal einer Infektion oder einer Toxikose im Mittelpunkt seiner Arbeit steht.

Bei den psychosomatischen Störungen im engeren Sinne, wie etwa der ulzerösen Colitis oder dem Magengeschwür, lohnt es sich sehr, die genaueren sozialen Situationen festzulegen, die zu der Verschlimmerung der physiologisch bedingten Störung im Verdauungsapparat beitragen können. So wird etwa bei den Kolitiskranken die Wiederherstellung der verlorenen menschlichen Beziehung im weiteren Verlauf der Krankheit die unbewußte Motivation unnötig machen, während im anderen Fall ein Magengeschwür wiederkehren oder zur Blutung führen kann, wenn ein Mensch zum täglichen Essen mit seinen Mitarbeitern gezwungen wird, mit denen er im scharfen Wettbewerb um die Gunst des Vorgesetzten steht. Dann wird der verstehende Arzt weiteren Verschlimmerungen dadurch vorbeugen, daß er mit dem Patienten den tieferen Sinn seiner Eifersucht auf die Kollegen deutet und zur Einsicht verwendet.

An unserem Krankenhaus besteht seit Jahren die Einrichtung der Zusammenarbeit von Chirurgen, Internisten und Psychiatern. In der gastrointestinalen Klinik wird der Psychiater immer diejenigen Einsichten beisteuern, die eine soziale Neuordnung als Grundlage vorbeugender Maßnahmen ermöglichen. Allmählich lernen wir eine große Anzahl von *Erkrankungen als Adaptionsformen bestimmten Lebenskrisen gegenüber* kennen. Wir dürfen aber nicht vergessen, daß die Krisen, die wir selbst als Ärzte übersehen, nämlich das Erlebnis der Krankheit und des Krankenhauses, tiefgreifende psychologische Folgen haben können. Das bezieht sich sowohl auf die traumatischen Situationen, wie sie etwa mit einer Operation einhergehen, als auch auf die Störungen der Aktivität, die durch ständiges Aufhalten im Bett verursacht werden.

Zum 2. Punkt: Schwergreifende *psychische Veränderungen zeigen sich häufig in der Folge verstümmelnder Operationen.* Wir haben Gelegenheit gehabt, mehrere Frauen zu untersuchen, die einer Hysterektomie unterzogen wurden. Einige Menschen erfahren solche Operationen als wuterregenden Eingriff in ihre körperliche Existenz. Wochen und Monate der Heilung vergehen damit, Haßreaktion und Verbitterung zu meistern, die trotz intellektueller Akzeptierung der Notwendigkeit der Operation als seelischer Protest dem Chirurgen gegenüber nicht zur Ruhe kommen.

Ein anderes Beispiel erlebten wir im orthopädischen Krankensaal, wo wir schwere Depressionen gerade dann feststellten, wenn ein Patient etwa nach einem Unfall im Gipsverband gelegen hat und gerade fähig ist, sich wieder normal zu bewegen. Es zeigt sich dabei, daß bestimmte Menschen, die durch tägliche Leistungen ihre Fähigkeiten beweisen müssen, in Depression geraten, wenn ihnen Untätigkeit aufgezwungen wird.

Und schließlich möchte ich erwähnen, wie es uns möglich war, eine dramatische Zuspitzung von schweren Verwirrungszuständen nach Staroperationen am Auge zu vermeiden. Der Patient wurde regelmäßig darauf vorbereitet, daß er erst einmal gar nichts sehen wird, weil beide Augen verbunden werden, bevor er sich der verbesserten Sehkraft erfreuen kann.

Sie alle haben in Ihrer Praxis manche Fälle gesehen, in denen ein erwachsener Mensch mit endlosen Rückfällen in unklare Krankheitsbilder zum Arzt zurückkehrt, wenn er erst einmal in der Kindheit für lange Zeit ans Bett gefesselt war, den Anschluß an das soziale Wachstum anderer Kinder verlor und lernte, die verspätete Abhängigkeit von den Erwachsenen und die schöne Krankheit als Ersatzbefriedigung zu erleben.

Eine besonders interessante Grenzform solcher Folgen sahen wir häufig in Menschen, die sich in der Jugend mit dem Arzt identifiziert haben und später sozusagen als Pseudoärzte sich selbst als Patienten mit immer erneuten wohlklingenden Krankheitssymptomen behandelten.

ZUM 3. PUNKT: Hier warten wir nicht mehr auf den Kranken, der zu uns kommt, sondern versuchen, *Frühstadien der Krankheit zu entdecken.* Erst vor kurzem ist es in unserem Hospital durch die Mitarbeit der Psychiater üblich geworden, bei all den Fällen, die mit körperlichen Beschwerden in die Klinik kommen, auch gleich festzustellen, aus welcher *Lebenssituation* dieser Mensch kommt, bei welcher *Krise* er Hilfe haben möchte und wieviele der Familienmitglieder mit derselben Krise in Zusammenhang stehen. Auch lassen wir nach dem Tode eines Patienten die Familienmitglieder nicht einfach gehen, sondern versuchen festzustellen, wie tiefgreifend der Verlust für die Angehörigen ist und ob sie besonders gefährdet sind und vorbeugenden Rat über Trauerreaktionen gern annehmen würden. Solche Belehrung und Einsicht wird häufig auch dann nützlich sein, wenn die Betroffenen gar nicht zugeben, daß sie in Gefahr sind. So sind wir zum Beispiel gerade an den Menschen vorbeugend interessiert, die zur Zeit eines schweren Verlustes *keine* Trauerreaktionen zeigen. Wir ahnen da abnorme psychische Veränderungsprozesse, die sich später rächen könnten.

Denken wir jetzt an den Amtsarzt, besonders als Schul- oder Betriebsarzt, so wird er nicht nur die vollentwickelten Krankheitsbilder betreuen, sondern wird auch Frühzeichen gestörter Moral, Arbeitsunlust, verstärkte Abhängigkeit und Verstimmtheit als Signale einer gefährdenden Situation erkennen. Er wird das Kräftespiel in der sozialen Gruppe, den Leistungsanspruch und die Erholungsmöglichkeit sorgfältig in Betracht ziehen. Die Tatsache, daß möglicherweise in einer Fabrikhalle oder Schulklasse viel mehr gestörte Mitglieder entdeckt werden als in einer anderen, wird die Aufmerksamkeit darauf lenken, daß vielleicht der Lehrer oder der Meister störend wirken oder daß das Gruppengleichgewicht nicht harmonisch ist.

In unserer eigenen Arbeit haben wir uns auch mit dem *Alkoholismus* beschäftigt*. Die Alkoholiker werden von vielen Ärzten nicht als Psychosomatiker, sondern als Menschen betrachtet, die an ihrer Krankheit selbst schuld sind. Wir konnten in eindringlicher Weise in unserer Poliklinik zeigen, wie die beschuldigende Haltung des Arztes eine Wiederholung der ganz gewohnten Haltung des normalen Menschen dem Trinker gegenüber

---

* Siehe Kapitel 13.

darstellt. Dies führte dazu, daß der Patient nach dem Besuch beim Arzt nicht weniger, sondern mehr trank, während im Gegensatz dazu der menschlich akzeptierte Trinker dem Arzt zuliebe sein Trinken einstellte. Es zeigte sich bald, daß die Trinker aus besonderen Kulturkreisen und Volksschichten kommen. Die Neigung zum Trinken ist eng verwoben mit *Sitten und Gebräuchen dem Alkohol gegenüber.* Ein trunksüchtiger Jude ist fast unbekannt, ein trunksüchtiger Ire fast die Regel. Der Jude braucht den Trunk zum religiösen Zeremoniell, der Ire zur Brüderschaft im Vergessen der Lebensnot. Die *kulturell gestützten Erwartungen* sind in diesen Lebenskreisen vollkommen verschieden. Der Trunksucht des Iren abzuhelfen, macht es notwendig, seine *Kultur zu verstehen.*

Außer dieser *kulturspezifischen Vorbeugungsweise* können wir uns mit der *sozialen Organisation* beschäftigen. Bestimmte Menschen brauchen einfach das Vorrecht, von einem anderen Menschen – und wirklich von *einem* Menschen – abhängig zu sein, wenn das auch für ihn eine Bürde ist. Studien über Abhängigkeitsbeziehungen in verschiedenen Klassen und Kulturkreisen beginnen erst jetzt eine Grundlage für diese Art ganz bestimmter Vorbeugungsmaßnahmen zu schaffen. Insofern ist die Teilnahme der Sozialwissenschaftler an der medizinischen Forschung wichtig.

ZUM 4. PUNKT: Wir kommen zur *latenten Krankheit.* Können wir Persönlichkeitszüge identifizieren, die darauf hinweisen, daß ein Mensch unter bestimmten Bedingungen psychosomatisch krank werden kann? Eine große Anzahl von Arbeiten hat sich damit beschäftigt, Profile von Persönlichkeitszügen und bestimmten Krankheiten in Korrelation zu bringen. Es ist nie ganz geglückt. Wir glauben zwar, daß wir unter den Ulkuskranken viele ehrgeizige, eifersüchtige und rastlose Menschen finden, daß die Asthmakranken mit starken Abhängigkeitsbedürfnissen zu kämpfen haben, daß sie ihre Schuld, mag sie auch nur klein sein, mit starkem Konflikt zu bekennen versuchen oder daß etwa der Arthritiker ein ernster, unbeugsamer, sensitiver Mensch ist. Aber bei weitem nicht alle Menschen mit diesen Zügen leiden unter diesen Krankheiten. Da gibt es viel mehr Variablen. Die Forschungen haben sich *spezifischen Lebenssituationen* oder *spezifischen Gefühlskonflikten* zugewandt. Passive Feindseligkeit, unterdrückte Wut, unerkannte Lebensbedürfnisse, die unter ganz bestimmten Umständen mobilisiert werden, können dann zum Ausbruch und vielleicht den Verschlimmerungen spezifischer Erkrankungen zugeordnet erscheinen. Aber wieder erhebt sich die Frage, ob die vorbeugende Behandlung dieser besonderen Neigungen der Anstrengung wert ist, wenn sich die Erkrankung nur bei einer Minderzahl dieser Art von Menschen wirklich entwickelt.

ZUM LETZTEN PUNKT: Schließlich betrachten wir *die unspezifischen Maßnahmen, die seelische Gesundheit zu verbessern.* Genau wie ein erhöhtes Ernährungsniveau in einem Lande dazu führt, daß im Durchschnitt alle Personen größer sind als in einem ernährungsärmeren Lande, so können wir erwarten, daß die Steigerung der Möglichkeiten befriedigender Erlebnisse, erfolgreicher Leistungen und ein rhythmischer Wechsel von Arbeit und Erholung, umgeben von einer relativ stabilen menschlich akzeptierenden Gruppe, die Grundlage darstellt für eine Entwicklung, die die gefährdenden Krisen vermeidet und stattdessen der wachsenden Persönlichkeit angemessene Aufgaben zur Bewältigung stellt. *John Whiting* hat kürzlich gezeigt, wie erstaunlich verschieden sich Traditionen der Kindererziehung in der späteren Haltung der Erwachsenen spezifischen Krankheiten und dem Kranksein im allgemeinen gegenüber ausprägen.

Andererseits haben wir auch gesehen, wie sehr die Einzelheiten der Städteplanung die Anzahl und Art von Erkrankungen in der Bevölkerung nicht nur physisch, sondern auch seelisch stark beeinflussen können.

Verhütung psychosomatischer Störungen

I.	II.
1. Frühe Diagnose 2. Vermeidung von Komplikationen a) als Folge der Krankheit, b) als Folge der ärztlichen Intervention 3. Rehabilitation	1. Vermeidung genetischer und entwicklungsbedingter Störungen (*Host Factors* – Wirt) 2. Kontrolle traumatischer Erlebnisse (*Agent* – Erreger) 3. Kulturelle und soziale Interventionen (*Environment* – Umwelt)

Psychosomatische Störungen

Alarm-Reaktionen diffus, normal oder zu stark Beispiele: Erregung, Nervosität Angst	Substitution und Konversion (Hysteria) Beispiele: Pseudoneurologische Symptome	Körperliche „Scapegoats“ ungewöhnliche oder minderwertige Eigenschaften Beispiele: Körpergewicht, Größe, Strabismus

Einfache Reflexreaktionen
Beispiele:
Hysterisches Erbrechen, Enuresis, Kopfschmerzen

Komplizierte Reaktionen –
„Schutz“-Reaktionen (H. G. Wolff)
Beispiele:
Ulcus, Colitis, Asthma

12. Kapitel

Krankheiten und psychische Reaktionen in verschiedenen Gesellschaftsschichten und Kulturen

Die zehn Funktionen des Psychiaters

Die feinen, aber bemerkenswerten Unterschiede zwischen der deutschen und der amerikanischen Einstellung treten bei der wissenschaftlichen Bearbeitung anthropologischer Fragen besonders deutlich hervor. Was in Amerika besonders wichtig erscheint, wird in Europa vielleicht kaum Beachtung finden, während wir umgekehrt viele europäische Belange vernachlässigen, die viel Arbeit gekostet haben, wie etwa die medizinische Anthropologie im Sinne *v. Weizsäckers* und *v. Gebsattels*. So wichtig vom Gesichtspunkt individueller Lebensschicksale diese medizinische Anthropologie ist, so interessiert uns hier vor allem die soziale Anthropologie, die in den letzten Jahren in Amerika unter dem Einfluß von *Clyde Kluckhohn* für die Medizin besonders wichtig geworden ist.

Ich versuche, einige Hauptthemen des gegenwärtigen Denkens über die Bedeutung sozialer und kultureller Faktoren beim *Krankwerden*, bei der *Krankenbehandlung* und bei der *Vorbeugung* anklingen zu lassen. Dabei gehen wir natürlich von dem Standpunkt aus, der unsere eigene Kompetenz, wie unsere Beschränkung ausmacht: nämlich der Stellung des Psychiaters im *Allgemeinkrankenhaus.*

Wenn man die Rolle des Psychiaters im Allgemeinkrankenhaus beschreibt, so sind zehn verschiedene Tätigkeitsgebiete herauszuheben. Erstens diagnostiziert und behandelt der Psychiater *neurotische Erkrankungen.* Zweitens betreut er die *psychotischen Syndrome,* die während innerer Erkrankungen oder nach Operationen auftreten. Drittens befaßt er sich mit den *psychosomatischen Erkrankungen,* soweit der Internist ihn zur Mitarbeit heranzieht. Viertens arbeitet er im weiteren Sinne als medizinischer Anthropologe, der in jedem Krankheitsfall die *sozialen Hintergründe* und die *sozialen Komplikationen* der Therapie erkennt und behandelt. Die Mehrzahl der

Patienten bringt ja zugleich mit ihren körperlichen Beschwerden ungelöste Lebensprobleme zum Arzt.

An fünfter Stelle erwächst daraus die Aufgabe, sich mit den *Störungen der normalen Entwicklung* zu befassen, die auf den verschiedenen Altersstufen sichtbar werden, beispielsweise bei der kindlichen Entwicklung, bei den Problemen des Alterns usw. Von jeder Lebensstufe müssen dem Arzt die typischen Anforderungen der Gemeinschaft, wie auch die inneren Bedürfnisse der Menschen bekannt sein.

Besonders wichtig wird dann (an sechster Stelle) die *Struktur der sozialen Institution*, welcher sich der Patient anvertraut, um gesund zu werden. Jeder Kranke bringt ja seine eigenen kulturellen Werte und seine Traditionen mit in die Klinik. Dort aber muß der Psychiater seine Aufmerksamkeit auf das Kräftespiel zwischen den verschiedenen Betreuern des Patienten richten, z. B. zwischen den Ärzten und den Schwestern. Gefahren für die körperliche und seelische Integrität des Patienten, welche die internistische und chirurgische Intervention mit sich bringt, muß er voraussehen. Er wird die vielfältigen psychologischen Einflüsse abschätzen, seinen Kollegen mitteilen und mit ihnen abwägen, wie sie sich in den Behandlungsplan im ganzen fügen.

Die siebente Aufgabe des Psychiaters wird dann folgerichtig die eines Beraters bei *zwischenmenschlichen Konflikten* sein, bei Konflikten, die nicht nur die Patienten, sondern auch die behandelnden Ärzte und Mitarbeiter betreffen. Der Psychiater kann als ständiger Berater bei Problemen der sozialen Ordnung und in der Verwaltung wichtig werden, wenn er den internistischen Kollegen zeigt, daß Krisen im Krankensaal und oft im ganzen Krankenhaus, mit seiner erfahreneren Hilfe befriedigend gelöst werden können.

Weitere Stufen psychiatrischer Tätigkeit beginnen da, wo der Arzt sich mit der *Familie des Kranken* befassen muß, sei es um sich zu informieren oder mit ihr zusammenzuarbeiten, sei es um pathogene Faktoren im Zusammenleben der Familie zu erkennen. Dabei wird er sich auch selbst der vom Kranken ausgehenden Gefahren für das Wohlbefinden der anderen Familienmitglieder bewußt werden. Er wird so jede Gelegenheit nutzen, mit der Behandlung des einzelnen eine Gesundheitsberatung für alle zu verbinden.

Letztlich und vielleicht sogar als wichtigste Aufgabe wird der Psychiater versuchen, zur Entwicklung der *vorbeugenden Medizin* beizutragen. Er wird sich fragen, wie sich die Patientengruppe rekrutiert, die durch das Krankenhaus hindurchgeht. Er wird versuchen, in dem Bezirk, für den das Krankenhaus verantwortlich ist, Krankheitsquellen zu beseitigen und gesunde Einflüsse zu fördern.

Diese Liste der zehn Funktionen des Psychiaters läßt keinen Zweifel daran, daß er wirklich *Anthropologe im Sinne der Sozialwissenschaften* sein muß, wenn er dieser Aufgabe gewachsen sein soll.

Die Sozialwissenschaften und die Probleme der Medizin

Wir wissen, daß eine solche *sozialanthropologische* Tätigkeit von vielen guten Ärzten intuitiv ausgeübt wird, aber wir treffen als Ärzte und Psychiater täglich Entscheidungen, bei denen wir das Ausmaß unseres Unwissens notgedrungen verbergen. Um so wichtiger ist es, uns selbst einzugestehen, wie wenig wir auf dem Gebiet der sozialanthropologischen Medizin eigentlich wissen.

Nun möchte ich versuchen, die Grenzen unseres Wissens und die ungelösten Probleme herauszustellen. Drei Probleme haben schon seit Jahrzehnten die Sozialmedizin besonders interessiert. *Virchow* glaubte, daß verschiedene Bevölkerungsgruppen (soziale Klassen) zu verschiedenen Krankheiten disponiert seien. Er stellte die Frage, welche besonderen Umstände in verschiedenen Schichten der Bevölkerung verschiedene Krankheiten erscheinen lassen und wie hier vorbeugende Maßnahmen, die den Lebensstil einer ganzen Klasse betreffen, entwickelt werden könnten. Drei seiner Ziele stehen auch heute noch im Mittelpunkt: die Feststellung der sozialen Pathogenese, das Studium der sozialdifferenzierten Erscheinungsweise des Krankseins und die verschiedenen Vorbeugungsmöglichkeiten. Vom amerikanischen Gesichtspunkt aus stellen sich die Ziele etwa folgendermaßen dar: (1) Wir brauchen eine *soziale Epidemiologie der chronischen Krankheiten* und Spezialstudien über bestimmte Krankheiten, die ihre Ursache in der Kultur zu haben scheinen; (2) wir müssen erfahren, welches die Voraussetzungen, Bedingungen und die Grenzen einer echten *Rehabilitation* sind; (3) brauchen wir schließlich für unsere Gesundheitsfürsorge die *Kenntnis der kulturellen Widerstände gegen vorbeugende Maßnahmen.*

Die letzten 12 Jahre haben viele Fortschritte in der Klärung von Grundbegriffen gebracht. Das Human Relations Programm in Yale und eine besondere Abteilung für Sozialwissenschaften an der Nationalen Akademie sind Zeichen, wie ernst man diese Probleme nimmt.

Man kann in der Forschungsarbeit drei Richtungen unterscheiden, die auch die Arbeitsteilung und verschiedene Orientierung in diesem Gebiet wiedergeben. Die *soziologische* Richtung geht von festen Sozialsystemen aus und zieht zahlenmäßige Vergleiche bezüglich des Vorkommens von verschiedenen Krankheiten in den geographischen und sozialen Räumen, ebenso wie in den verschiedenen Zeitaltern. Diese Forschungsrichtung steht der Epidemiologie nahe. Sie intendiert eine Statistik nach Alter und Geschlecht differenzierter Volksgruppen und analysiert, wie sich die Krankheiten in den verschiedenen Bevölkerungsschichten verteilen. Die soziologische Arbeitsrichtung begann mit der Untersuchung von *Faris* und *Dunham* über die Herkunft von Patienten, die im Krankenhaus von Chicago behandelt wurden. Sie fanden z.B., daß Schizophrenie und paranoide Psychosen sozusagen aus bestimmten Stadtteilen kommen, besonders aus dem „Rooming house district", während Depressionen relativ häufiger aus wohlhabenderen Stadtteilen stammen. In Cleveland und Baltimore haben *Lemkau* und *Tietze* ähnliche Beobachtungen gemacht. Ausgehend von einer *ökologischen* Beschreibung des Stadtteils ist man auf die Unterschiede in der *Lebensweise* der verschiedenen sozialen Schichten (Klassen) aufmerksam geworden. Schließlich entstand die große Studie von *Hollingshead* und *Redlich* (1958) mit einer sorgfältigen und systematischen Gegenüberstellung der Krankheiten in den verschiedenen Klassen.

Danach erschienen eine ganze Reihe von Arbeiten mit ähnlichen Fragestellungen. Die „Joint Commission on Mental Health" hat gerade eine Übersicht veröffentlicht (1961), derzufolge 11 Städte in Amerika untersucht und mit ländlichen Gegenden verglichen wurden. Schwierigkeiten ergeben sich hier bei der Klärung von Krankheitsbildern in der Bevölkerung *außerhalb* des Hospitals. Der Eindruck, der im Haus und am Ort des Kranken gewonnen wurde, muß durch sorgfältige Nachuntersuchung in der Klinik unterbaut werden. *Hollingshead* (1961) versuchte in Puerto Rico eine äußerst sorgfältige Identifizierung aller Schizophrenen in einem soziologisch und ökologisch gut definierten Gebiet. Bei allen diesen Studien erhebt sich natürlich die Frage, welche praktische Bedeutung sie für die medizinische Arbeit gewinnen können. Die Einsicht, daß Menschen der ärmeren Klassen anders behandelt werden müssen als die Wohlhabenderen, hat z.B. die ärztliche Arbeit im Krankenhaus schon verändert.

Eine andere begriffliche Orientierung der Soziologie entstand durch *Talcott Parsons* und seine Schüler. Es geht ihnen um die besondere *Rolle*, die der ärztliche Stand in der Gemeinde spielt, welche Vorrechte er sich erlauben kann, welche Vorstellungen der Patient über das Kranksein hat und was er vom Arzt als Helfer erwartet. Eine ganze Reihe von Arbeiten beschäftigt sich mit der Beobachtung, daß viele Patienten sich den Anordnungen des Arztes nicht fügen, besonders Kranke aus den unteren Bevölkerungsschichten, und damit auch aus einem anderen Kulturniveau. Sie geben sich keine Mühe, gesund zu werden, sie arbeiten an ihrer Gesundung nicht mit. *Lyle Saunders* (1956) hat an der mexikanischen Bevölkerung in Denver dieses Problem untersucht. *Clyde Kluckhohn* beschäftigte sich mit der Apathie der Navaho-Indianer und *Morris Carstairs* (1958) beschrieb sehr lebendig die Krankheitsdefinitionen der Inder.

Damit sind wir bei der *Anthropologie* angelangt. Es zeigt sich, daß die wesentlichen Grundbegriffe der sozialen Struktur (Familie, Sippe, Gemeinde) und der sozialen Funktionen (Rolle, Wechselwirkung von Gedankenaustausch und gegenseitigem Handeln, Hierarchie) wichtig sind. Die Anthropologie beschäftigt sich aber mehr mit den Werten und Zielen der Menschen, mit ihrer Lebensanschauung, den religiösen und sozialen Bindungen, z.B. mit dem Zeremoniell, in welchem Kranksein als Schuld oder als böser Einfluß durch magische Kräfte erscheint. Die moderne wissenschaftliche

Betrachtung von Krankheit, die den Ärzten im Westen eigen ist, wird ja nur von wenigen Menschen anderer Völker geteilt. Um die verschiedenen Verhaltensweisen dem Kranksein gegenüber tiefer zu verstehen, verglich *John Whiting* (1956) einige Kulturen in ihrer Methode der Kindererziehung miteinander. Er versuchte, aus der Form der Kindererziehung vorauszusagen, welche Interpretation des Krankseins diese Kultur haben werde. Man könnte diese Art der Anthropologie als „dynamische" Anthropologie bezeichnen. *Alexander Leightons* Gruppe hat gerade jetzt eine sorgfältige und detaillierte Beschreibung der Lebensbedingungen und des Lebensstils zweier klassenmäßig und ökonomisch kontrastierender Gemeinden in Nova Scotia abgeschlossen. Die Untersuchung ist auf den Stil der Leistung und des Versagens zentriert, sowie auf die Formen seelischer und körperlicher Desorganisation und besonders auf die Arten medizinischer Hilfeleistung.

Das *sozialpsychiatrische Laboratorium* des Massachusetts General Hospital in Boston hat sich zunächst mit dem Spektrum krankhafter Folgen von Verlust- und Trauerreaktionen befaßt und hat diese den „gesunden" Verarbeitungen gegenübergestellt, in denen diese Lebenskrisen gemeistert werden. Wichtige Einsichten für die Klinikpatienten und ihre ärztliche Versorgung ergaben sich aus der Beobachtung der mehr oder weniger lang andauernden psychosomatischen und psychopathologischen Störungen und der Persönlichkeitsveränderungen im Gefolge solcher Lebenskrisen. Ebenso wichtig wie die Bedeutung dieser Krisen für die Gemeinschaft war es, die traditionellen Zeremonien und Einstellungen, gleichsam die kulturell vorgeschriebene „Behandlung" für die nicht als Krankheit definierten Störungen zu erforschen: Persönlichkeitszüge und Symptome, die bisher als individuelle Reaktionen („ideosyncratic") beurteilt wurden, werden jetzt häufig als *kulturell* bedingt erkannt, woraus eine neue Art *psychischer und sozialer Therapie* folgt. Diese Forschungsrichtung ist dann auf Lebenskrisen, die eine ganze Bevölkerungsgruppe zu gleicher Zeit betreffen, ausgedehnt worden. Die zwangsweise Verpflanzung der Einwohnerschaft des West End in Boston gab eine erhoffte Gelegenheit, typische Reaktionsformen vorweg zu ergründen und vorbeugende Maßnahmen in zukünftige Planungen einzubeziehen. Beobachtungen über den seelischen und körperlichen Gesundheitszustand der Familienmitglieder vor und nach der Verpflanzung und bei verschiedenen ethnischen Gruppen machten es möglich, nicht nur über das Spektrum gesunder und krankhafter Anpassungsformen Erfahrungen zu sammeln, sondern auch über bisher unbekannte Charakteristika im Lebensstil verschiedener ethnischer Gruppen in einem typischen „slum". Gerade aus diesem Gebiet rekrutierte sich aber ein großer Teil der Klinikpatienten. Daraus ergab sich die Möglichkeit, die medizinische Seite der sozialen Fürsorge dieses Bezirks zu revidieren und den Behörden detaillierte Ratschläge für den Fall zu geben, daß in Zukunft erneut Bevölkerungsverschiebungen vorbereitet werden müssen.

Einige Anwendungen für die praktische medizinische Arbeit

Die Medizin-Soziologie ist zwar noch sehr jung, trotzdem ist es möglich zu zeigen, wie sich nicht nur die ärztliche Bemühung um den Patienten selbst unter ihrem Einfluß ändert, sondern auch die Organisation der ärztlichen Berufstätigkeit im ganzen. Das soll am Beispiel unserer Arbeit im Massachusetts General Hospital gezeigt werden.

Wir beobachteten, daß der Krankheitsverlauf bei vielen Patienten durch Trauer- und Verlustreaktionen beim Ausscheiden eines emotional wichtigen Menschen aus dem Lebenskreis ungünstig beeinflußt wird. Eine Veränderung der Sozialstruktur brachte hier wesentliche Komplikationen bei schon bestehenden Erkrankungen mit sich, konnte aber auch Ausgangspunkt schwerer Versagenszustände sein. Diese Zustände stellen oft eine Fehlleistung jener normalen seelischen Ausgleichsvorgänge dar, die wir als „Trauerarbeit" bezeichnen.

Es wurde uns klar, daß der Arzt unter normalen Umständen nicht die Aufgabe hat, trauernden Menschen zu helfen, da das der Familie und religiösen Instanzen überlassen ist. Es erschien aber wichtig, die Arbeit der religiösen Helfer in den einzelnen Gruppen mit den technischen Verfahren des psychologisch geschulten Arztes zu vergleichen. Es ergab sich ein Einblick in die starken kulturellen Verschiedenheiten des Trauerzeremoniells und der Trauerriten. Besondere Gefahren bestehen für den amerikanischen und den armenischen Kulturkreis, die beide durch relative Isolierung der Kernfamilien von der weiteren Verwandtschaft charakterisiert sind, wenn infolge Tod oder Trennung ein Mitglied der Familie ohne die Stütze des anderen Mitglieds, mit dem es stark verbunden ist, zurechtkommen muß.

Wie wichtig die Familien- und Verwandtschaftsverhältnisse sind, zeigte sich während unserer Studien im West End auch noch bei anderer Gelegenheit. Die Klinikärzte klagten oft, Patienten dieser Gegend entwickelten häufig eine unerwünschte Abhängigkeit gegenüber dem Arzt, als ob sie berechtigt wären, für alle Zukunft auf sein Interesse und auf seine Behandlung rechnen zu können. Sie fühlten sich verletzt und persönlich zurückgewiesen, wenn sie vom Arzt als gebessert entlassen wurden. Wie sich herausstellte, liegt es z. B. in der Verwandtschaftsstruktur der italienischen Bevölkerung auch an Mitglieder der Großfamilie die gleichen Ansprüche zu stellen, die man in einer typisch amerikanischen Familie nur an Vater, Mutter und Geschwister richten würde. Wenn ein Italiener sich in Behandlung begibt, nimmt er den Arzt gleichsam in die Großfamilie auf, behandelt ihn als Onkel und verantwortlichen Verwandten, und erwartet unwillkürlich, daß er nicht ohne weiteres aus dieser Beziehung wieder entlassen wird.

Dieses sind ein paar Beispiele dafür, daß ein Verhalten, das häufig als persönlich bedingt angesehen und auch als persönliches Problem behandelt wird, in Wirklichkeit *kulturbedingt* ist. Anstatt es zu verurteilen oder es beseitigen zu wollen, muß der Arzt es zunächst *verstehen.*

In bezug auf die Klassenunterschiede ist noch die Beobachtung von *Redlich* zu erwähnen, daß die Haltung der Ärzte gegenüber den Kranken der unteren Bevölkerungsschichten grundsätzlich verschieden von der Haltung ist, mit der Mittel- und Oberschichtangehörige als Patienten verstanden und behandelt werden. Psychotherapie in den Kliniken scheint für Intellektuelle der Mittelklasse reserviert. Angehörige der unteren Volksschichten werden gewöhnlich, ohne Rücksicht auf ihren Kulturkreis, wenig darüber befragt, wie es in ihrem Innenleben aussieht und wie sie ihre Lebensprobleme meistern. Sie werden stattdessen mit körperlichen Behandlungen, wie etwa Schocktherapie, geheilt. Ein Arzt, der selbst der Mittelklasse angehört, hat Schwierigkeiten, Mitglieder der Unterschicht kulturell zu verstehen und neigt dazu, sie in gewisser Weise menschlich abzulehnen. Unsere Beobachtungen zeigen jedoch, wie notwendig es gerade für diese Menschen ist, daß sie, wie in der Familie und im Beruf, auch im Krankenhaus menschlich verständnisvoll aufgenommen und respektiert werden.

Literatur

Abram, H. S., and *B. F. Gill:* New Engl. J. Med. 265, 1123 (1961). – *Baldwin, J. A.:* Dept. of Psychiatry, Mass. Gen. Hosp.-Harvard Med. School, Boston, Mass: Community mental health and social psychiatry, a selected bibliography. In press: Harvard University. – *Bott, E.:* Family and social network. London: Tavistock Publ. 1957. 252 pp. – *Bowlby, J.:* Int. J. Psycho-Anal. 39, 350 (1958). – J. Child Psychol. Psychiat. 1, 251 (1960). – Processes of mourning. Paper given at the Sandor Rado Lectures in New York, April 1960. In Press. – *Conant, J. B.:* Slums and suburbs. New York: McGraw-Hill, 1961, 147 pp. – *Davidson, G. E.*, and *J. D. Stoeckle:* Initial consultation in a medical clinic, the major significance of depression. J. med. Educ. (in press). – *Ehrhardt, Ploog, Stutte* (Hrsg.): Psychiatrie und Gesellschaft. Stuttgart: Hans Huber 1958. – *Elling, R. H.:* Die medizinische Soziologie in den Vereinigten Staaten. Probleme der Medizin-Soziologie, S. 273–293. Köln u. Opladen: Westdeutscher Verlag 1958. – *Engle, G. L.:* Homeostasis, behavioral adjustment and the concept of health and disease. In: Mid-century psychiatry by *R. Grinker*, p. 33–59. Springfield, Ill.: Ch. C. Thomas 1953. – Psychosom. Med. 23, 18 (1961). – *Faris, R. E. L.*, and *H. W. Dunham:* Mental disorders in urban areas. New York: Hafner Publ. Co. 1960. – *Gans, H. J.:* The urban villagers. Glencœ, Ill. – *Hackett, T. P.*, and *A. D. Weisman:* Psychosom. Med. 22, 267, 356 (1960). – *Hare, A. P., E. F. Borgatta* and *R. F. Bales:* Small groups: studies in social interaction. New York: Alfred A. Knopf 1955. 666 pp. – *Hinkle, L. E.:* Psychosom. Med. 23, 289 (1961). – *Hollingshead, A. B.*, and *F. C. Redlich:* Social class and mental illness: a community study. New York: J. Wiley & Sons 1958. 442 pp. – *Jores, A.:* Vom kranken Menschen. Stuttgart: Georg Thieme 1961. – *Leighton, A. H., J. A. Clausen, R. N. Wilson* (editors): Explorations in social psychiatry. New York: Basic books. 1957. 452 pp. –

Leighton, A. H.: My name is legion, vol. I. The Stirling county study of psychiatric disorder and sociocultural environment. New York: Basic books. 1959. 452 pp. – *Lindemann, E.:* Amer. J. Psychiat. 101, 14 (1944). – Modifications in the course of ulcerative colitis in relationship to changes in life situations and reaction patterns. In: Life stress and bodily disease, A.R.N.M.D., p. 766–723. Baltimore: Williams & Wilkins Company 1950. – The Wellesley project for the study of certain problems in community mental health. In: Interrelations between the social environment and psychiatric disorders, p. 167–186. New York: Milbank Memorial Fund 1953. – Prax. Psychother. 5, 22 (1960); 6, 49 (1961). – *Lindemann, E.*, and *M. Fried:* Amer. J. Orthopsychiat. 31, 87 (1961). – *Lindemann, E.*, and *L. Thoma:* J. Amer. Inst. Planners. 27 (3) (1961). – *Marris, P.:* Widows and their families. London: Routledge & Paul Kegan 1958. 172 pp. – *Miller, D. R.*, and *G. E. Swanson:* The changing American parent: a study in the Detroit area. New York: John Wiley & Sons 1958. 302 pp. – *Parsons, T.*, and *R. F. Bales:* Family, socialization and interaction process. Glencoe, Ill.: The Free Press 1955. 422 pp. – *Paul, B. D.* (editor): Health, culture and community. New York: Russell Sage Foundation 1955. 493 pp. – *Pflanz, M.:* Fortschr. Neurol. Psychiat. 28, 472 (1960). – *Plunkett, R. J.*, and *J. E. Gordon:* Epidemiology and mental illness. New York: Basic Books 1960. 126 pp. – *Schmale, A. H.:* Psychosom. Med. 20, 259 (1958). – *Tanner, J. M.* (editor): Stress and psychiatric disorder. Oxford: Blackwell Scientific Publ. 1960. 151 pp. – *Weinberg, A. A.:* Migration and belonging: A study of mental health and personal adjustment in Israel. Introduction by *L. Guttmann.* The Hague: Matronus Nijhoff 1961. – *Weisman, A. D.*, and *T. P. Hackett:* Int. Rec. Med. 173, 306 (1960). – New Engl. J. Med. 258, 1284 (1958). – *Whiting, J. W. M.*, and *I. L. Child:* Child training and personality: a cross cultural study. New Haven: Yale University Press 1953. 353 pp. – *Whyte, W. F.:* Streetcorner society. Chicago, Ill.: University Chicago Press 1955. 366 pp. – *Loung, M.*, and *P. Willimott:* Family and kinship in East London. Glencoe, Ill.: The Free Press 1957, 232 pp.

13. Kapitel

Sucht und Rausch als Krankheit

Unter den Krankheiten nimmt der süchtige Zustand eine besondere Stellung ein. Der süchtige Mensch ist zwar krank, aber er scheint doch immer auch etwas schuldig. Die Haltung der Familie und Freunde schließt immer eine Ablehnung ein, so als ob der Patient den Mißbrauch abstellen könnte, wenn er nur wirklich wollte. Da der Süchtige häufig eine soziale Stellung verloren hat, kommt er zum Arzt in einem Zustand, in dem Beschämung und Trotz eine wichtige Rolle spielen. Die komplizierten Probleme der *Beziehung von Krankheit und Schuld* lassen sich am Problem der Sucht besonders eindringlich erläutern.

Ohne Zweifel betrachten die Polizei und – wenigstens in Amerika – das Gesetz den Süchtigen und jene, die zur Suchtbefriedigung beitragen, als strafwürdig. Gut ¾ aller Alkoholiker befinden sich im Gefängnis anstatt im Krankenhaus. Häufig ist es erst eine somatische Komplikation, die den Trinker zum Arzt bringt.

Auch die Ärzte sind vielfach geneigt, den Süchtigen abzulehnen, um sich „würdigeren“ Patienten zuzuwenden; und doch scheint die Zuwendung und Annahme der Süchtigen im Anfang der Begegnung mit dem Arzte von zentraler Bedeutung für die nachfolgende Behandlung zu sein.

Eigene Beobachtungen

Ich möchte von unseren Erfahrungen in einer *Poliklinik für Alkoholiker und andere Süchtige,* die sich zu einer sehr frequentierten Behandlungsstelle entwickelt hat, berichten:

Die klinische Betreuung von jährlich etwa 500 neuen Patienten und die diagnostische Beurteilung von 2000 neuen Patienten in der Aufnahmeabteilung des Massachusetts General Hospital werden durch eine Gruppe von Psychiatern und Sozialarbeitern ausgeführt. 12 Ärzte und Psychologen sind während des ganzen Tages und auch abends mit individueller und Gruppentherapie beschäftigt. Eine Forschungsabteilung versucht mit psychologischen, sozialwissenschaftlichen, aber auch mit biochemischen und neurophysiologischen Arbeitsweisen, neue Einsichten zu gewinnen. Meine eigenen Erfahrungen sind nur indirekt mit diesen Beobachtungen verbunden; jedoch habe ich als Mitglied einer Untersuchungskommission über den Alkoholismus an vielen Diskussionen teilgenommen, in denen die neuen Erfahrungen über die klinische und soziale Kontrolle der Süchtigen durchgearbeitet wurden, um eine neue Gesetzgebung vorzubereiten.

Kurz nach der Eröffnung unserer Klinik stellte sich heraus, daß nur etwa 2% der Süchtigen, die von der Aufnahmeabteilung der Klinik zugewiesen wurden, auch später wirklich zur Behandlung kamen. Im ersten Gespräch, während der anfänglichen Untersuchung, passierte offenbar etwas, was diese Patienten gegen die Rückkehr zur Behandlung bestimmte. Häufig genug handelte es sich bei dieser Begegnung um einen Rauschzustand, der den Patienten vorübergehend inkompetent machte; oder aber eine körperliche Krankheit als Folge oder Komplikation des Trinkens erforderte Diagnose und Behandlung; das Trinken, das süchtige Verhalten selber, waren nicht Gegenstand der Untersuchung oder Behandlung geworden.

Ganz ähnlich wie häufig bei Selbstmordversuchen wurden die sekundären Phänomene studiert, aber der gefährliche *psychologische* Zustand erschien ärztlich uninteressant. Erst als es dann allgemeine Regel wurde, daß alle diese Kranken nicht nur vom Allgemeinarzt, sondern auch gleichzeitig vom Psychiater untersucht wurden, konnte man neben den somatischen Symptomen den Zustand des Süchtigen, im Sinne einer *Lebensnot,* umdefinieren. Man konnte an dieser Not Interesse zeigen und dem Patienten weitere Hilfe in Aussicht stellen, falls er zur Klinik käme.

Die Folge dieser Umstellung war ziemlich einschneidend: während sich in den letzten 3 Jahren die Gesamtzahl aller Patienten, die zur Aufnahmeabteilung des Hospitals kamen, etwa verdoppelte, erhöhte sich die Anzahl jener Patienten, die psychologische Hilfe suchten, um das zehnfache, und eine erhebliche Vermehrung des ärztlichen Personals wurde notwendig.

An dieser großen Patientengruppe war es dann möglich, die Lebensprobleme einzugrenzen, die die süchtigen Menschen nicht meistern konnten, ohne Zuflucht zum Rausch zu nehmen. Eine ganze Welt von individuellen, Familien- und die soziale Gruppe betreffenden Problemen tat sich da auf. Und doch konnte man feststellen, daß typische Entwicklungen und Konflikte immer wiederkehrten.

Was bedeutet der Rausch für den Süchtigen? Sicher sind die Erfahrungen der Süchtigen mit den verschiedenen „magischen Substanzen" durchaus unterschiedlich; aber die geheimnisvolle Kraft dieser Substanzen, die Erfahrungswelt zeitweise zu verändern, scheint ausschlaggebend zu sein.

In vielen Berichten hat man betont, daß der Rausch ein lustvoller Entspannungszustand ist und daß seine Wiederholung als lustvoll empfunden und erstrebt wird. Bei genauer Untersuchung zeigt sich aber: nur wenige Süchtige sprechen von einem „angenehmen" Zustand; im Gegenteil, der Rauschzustand ist häufig mit Unruhe, Angst und Unlust verbunden. Er hat aber fast immer eine „instrumentelle" Bedeutung in dem Sinne, daß er für den Patienten etwas tut, was dieser auf keine andere Weise erreichen kann.

In einer Arbeit für die Weltgesundheitsorganisation habe ich versucht darzustellen, in welcher Weise die Wahrnehmungsfunktionen und die exekutiven Funktionen des Ichs durch die verschiedenen Drogen beeinflußt werden. Wichtig ist fast immer die Veränderung der persönlichen Wahrnehmungswelt; die anderen Menschen erscheinen weniger gehässig und geringschätzig, sie erscheinen weniger gefährlich und können leichter beeinflußt werden. Der Süchtige selber fühlt sich fähiger zur Leistung und zum Ertragen widriger Umstände und kann vorübergehend die oft sehr grausame Selbstkritik, die vielen Suchtkranken eigen ist, aufgeben. Während der Abstinenz wird, mit fortschreitender Süchtigkeit, die Welt mehr und mehr als unerträglich empfunden und fast immer verbindet sich diese „malaise" mit den rein physiologischen Folgen der Entziehung.

Die Analyse der „instrumentellen" Komponente des Rausches mit seiner merkwürdigen Form der Hilflosigkeit zeigt dann, daß die Bewußtseinsveränderung doch bestimmte Erwartungen einschließt, die mit der Beeinflussung der Umwelt zu tun haben. Die soziale Struktur, in der der Süchtige lebt, enthält fast immer Teilnehmer, häufig Teilhaber und vielleicht am häufigsten Gegenspieler des Süchtigen. Von gesetzlicher Seite versucht man natürlich, die Alkoholindustrie, die von den Süchtigen profitiert, zu kontrollieren. In den USA gibt es Gesetze zur Regelung des Alkoholverkaufs und der Abgabe von Drogen. Paradoxerweise ist aber häufig genug das, was der Süchtige unternehmen muß, um „sein Material" zu bekommen, eine Leistung, die den Rausch um so wichtiger macht.

Die Rebellion gegen die Autorität, die Übertretung der Ordnung wird ein Teil der Demonstration den vielfachen Versagungen gegenüber, denen diese Menschen ausgesetzt sind. Am Ende einer langen Zeit der Sucht ist es gewöhnlich die Armut und die materielle Lage, die fast unerträglich sind, und die doch den Patienten – auch nach erfolgreicher Entziehungskur – wieder erwarten. Der Protest gegen seine Situation, die er häufig als nicht verdient empfindet, wird nur zu leicht wieder der Grund für die Rückkehr zum Rauschgift. Die Welt erscheint dem Süchtigen eben als unfreundlich, feindlich und versagend. Es ist deshalb nicht verwunderlich, daß fast alle Rauschsüchtigen sich mit gleichgesinnten Gruppen verbinden, die gemeinsam rebellieren und gemeinsam den Rauschzustand dazu benutzen, einen höheren Sinn der persönlichen Gemeinschaft und gegenseitige Stütze zu erreichen. Dieser *gruppenbindende* Gebrauch der Rauschsubstanzen ist tatsächlich durch die Jahrhunderte bekannt gewesen als wichtiger Bestandteil des gesellschaftlichen Lebens. Es gibt wohl kein Volk, in dem nicht Gruppen in irgendeiner Form von solchen Substanzen Gebrauch machen. Es lohnt sich wohl, die Funktion solcher ganz verschiedenen, quasi zeremoniellen

Einrichtungen wie die Cocktail-Party, den Stammtisch und den religiösen Rausch der Mexikaner, zu betrachten. Diese verschiedenen kulturell sanktionierten Einrichtungen scheinen alle das Ziel zu haben, eine Pseudo-Intimität zu schaffen, indem Menschen, die gewöhnlich gehemmt und mit gemeinschaftszerstörenden Aggressionen beschäftigt sind, zeitweilig das Gefühl gegenseitiger Annahme und eines intensiven gemeinsamen Erlebens haben können.

Es ist nun besonders interessant, daß die Gruppen, zu denen viele Süchtige gehören, dieses Gemeinschaftsleben so hoch schätzen, daß die Einführung neuer Mitglieder und die Kontrolle dieser Mitglieder sorgfältig ritualisiert werden.

Die Gruppen junger Leute, besonders aus Puerto Rico, die in New York ein besonderes Problem der Süchtigkeit darstellen, haben für die Kontrolle und Betreuung ihrer Mitglieder besondere Formen entwickelt. Zugehörigkeit und Süchtigkeit bedingen einander. Wer kuriert wird, gehört nicht mehr zur Gruppe. Für viele Teenager sind aber Protestgruppen dieser Art fast unerläßlich in einer Welt, wo die Eltern zu versagen scheinen, und wo die Großstadt fast keine Aussicht auf Verdienst und Erfolg bietet. Es ist überaus wichtig, diese *soziale Funktion der Sucht* klar zu erfassen, da sie zu der zentralen Frage führt: wenn nicht Sucht, was dann?

Dies führt uns jetzt zurück zur Frage der *Symptomwahl.* Warum werden, unter den vielen Menschen, die Rauschgifte wie Alkohol im Westen und etwa Opium im Fernen Osten als einen natürlichen Lebensbestandteil ansehen, sich immer nur einige finden, die Opfer der Sucht im Sinne einer Krankheit werden? Wir müssen bedenken, daß viele Menschen ganz erhebliche Mengen von Alkohol vertragen, ohne krank zu werden, daß die erhöhte Toleranz durchaus normal erscheinen kann. Wenn z.B. Winston Churchill nicht so erfolgreich gewesen wäre, hätte man ihn leicht für einen dem Alkohol und Nikotin ergebenen Menschen halten können. Es ist nicht die absolute Menge der Rauschsubstanz, sondern es ist die *Rolle dieser Substanz in einer Kette des fortschreitenden Versagens,* die den Rauschsüchtigen als Kranken zum Arzt bringt.

Es zeigt sich nun, daß diese Fehlentwicklungen häufig bei Menschen vorkommen, die in ihrer Persönlichkeitsstruktur die Folgen subtiler kindlicher Entbehrungszustände zeigen. Die psychologische Analyse der Lebensgeschichte von Süchtigen läßt ja sehr oft erkennen, daß auch in äußerlich guten Umständen die persönliche Betreuung des heranwachsenden Kindes schwere Mängel aufweist.

Früher Verlust der Mutter oder auch späterer Verlust des Vaters, Krankheit oder Lieblosigkeit in der Familie, Abneigung der Erwachsenen, weil das Kind häßlich war oder Erziehungsschwierigkeiten bot, finden sich immer wieder als Quellen eines Gefühls der inneren Leere, die irgendwie ausgefüllt werden muß.

Es ist nicht unbedeutend, daß die *Fettsucht* als eine besondere Form der Sucht betrachtet werden kann, und daß der biographische Hintergrund der Eßlust ganz ähnlich aussieht wie der der anderen Suchtformen; genau wie da ist die echte oder vermeintliche Versagung der Liebe von seiten der Mutter ausschlaggebend. Wie der Trunksüchtige wird der Eßsüchtige sozial abgelehnt, und das Problem des Dauerkampfes mit der nicht endenden Ablehnung wird für den Patienten wichtiger als die unangenehmen Folgen des süchtigen Verhaltens selber.

Tatsächlich findet man auch in der therapeutischen Erfahrung, daß das *Übertragungsverhalten* süchtiger Patienten eine wichtige Rolle spielt: es ist ein Kampf um das Angenommen-Sein trotz der Neigung, rückfällig zu werden und den Arzt zu provozieren. Immer wieder passiert es, daß ein Patient, der entwöhnt wurde und eine neue Lebensstufe erreicht zu haben scheint, in ganz *demonstrativer Art* rückfällig wird und den Arzt in Verlegenheit bringt, da er ja gerade ausprobieren muß, ob der Therapeut ihn trotzdem nicht ablehnen wird.

Genau gesehen stellt dieses Verhalten eine Herausforderung dar, mit dem Ziel herauszufinden, wie weit der Arzt mit seiner Hilfsbereitschaft gehen wird, und wie sehr er sich bemühen wird, dem Patienten beizustehen. Soll man nun etwa den Rauschsüchtigen aus dem Gefängnis befreien, in das er wegen Fehlverhaltens eingewiesen wurde, oder soll man für ihn in der Familie Partei ergreifen? Wenn man in mehreren Situationen dieser Art dem Kranken bewiesen hat, daß man wirklich *für* ihn ist, hört dieses Agieren auf, und erst dann hat man den ersten Schritt zur wirklichen Rehabilitierung gemacht.

Die Aufgabe des Therapeuten besteht also nicht nur darin, mit dieser Versagungsreaktion fertig zu werden; auf der nächsten Stufe handelt es sich um das Problem, *dem Patienten den Scheingewinn, den der Rausch ihm gebracht* hat, zu *ersetzen.* Fast immer scheint ja der Rausch einen Gewinn zu bringen; häufig fühlt der Patient sich berauscht leistungsfähiger als nüchtern. Das Leistungsniveau im nüchternen Zustand ist aber von vielen Faktoren abhängig. Immer wieder findet man, daß die Leistungsfähigkeit völlig von persönlichen Erwartungen über die Anerkennung und Bewunderung durch besonders wichtige andere Menschen bestimmt wird.

Häufig ist jemand, für den man arbeitet, im Lebenskreis besonders wichtig. Wenn dieser Mensch aus irgendeinem Grunde aus dem Lebenskreis verschwindet (er mag sterben oder befördert werden), dann ist es ein schweres Problem, die Motivation wiederzufinden in bezug auf einen neuen Vorgesetzten. Unerwarteterweise geschieht ein solcher Verlust der Motivation häufig auch, wenn der Patient selber befördert worden ist. Die neue Rolle, vielleicht selbst als Vorgesetzter anderen gegenüberzustehen, kann den Verlust wichtiger Motivationen und die Nichterfüllung eines tiefen *Abhängigkeitsbedürfnisses,* das in früheren Situationen nicht offenbar war, mit sich bringen. Der Rausch bringt es dann fertig, daß man vor sich selber mehr zu leisten scheint, als man in Wirklichkeit tut, und daß die Verschiebung der menschlichen Beziehungen, die mit der Beförderung kam, weniger bedrohlich erscheint. Es ist ziemlich klar, daß in solch einer *sozialen Krise* die unvorhergesehenen Folgen der Beförderung gemeistert werden müssen, häufig mit der Hilfe des Arztes, bevor der Patient sich entschließen wird, ohne den Rausch auszukommen.

Wenn dies gelingt, hat man wirklich Heilerfolge; häufig ist allerdings das besondere Problem für den Arzt, daß er zu spät kommt, daß die erste Krise, als Folge von zu vielem Trinken, von neuen Krisen mit weiterem Versagen gefolgt wird. Es ist dann sehr schwer, die Einzelglieder dieser *Krisenkette* so klar festzustellen, daß jede einzelne für sich behandelt werden kann.

Glücklicherweise genügt es für viele Menschen, den Alkohol oder die Droge nur vorübergehend als Selbstmedikation zu benutzen, und zwar mit so geschickter Dosierung, daß man die Depression meistert, die etwa mit einer *Rollenverschiebung* kam, aber daß keine ernstliche Leistungsverringerung auftritt. Solche episodenhafte Trunksucht kann von der Familie als sehr störend empfunden werden, kann aber eine recht gute Prognose haben.

Sie erscheint in verschiedenen Formen der Depression, wird aber auch gelegentlich von Patienten gebraucht, um sehr alarmierende Begegnungen zu vermeiden, die eine Störung der Selbstachtung bedeuten könnten. Sie mag auch das Selbstvertrauen heben angesichts schwieriger Situationen. Mit solchen Patienten ist es sehr wichtig, Interpretationen zu vermeiden, die der Therapeut im Falle einer Neurose zu geben geneigt wäre. Besonders in Fällen, in denen anormale Triebregungen bestimmten Menschentypen gegenüber sich ins Bewußtsein drängen würden, kann die Zuflucht zum Alkohol entweder die „Flucht" ermöglichen oder ein Verweilen in Gegenwart solcher Personen annehmbar machen. Es ist wichtig, *daß der Patient sich verstanden fühlt; ohne sich einer entwertenden Interpretation ausgesetzt zu wissen.*

Diese Beobachtungen bringen uns in den Kreis intimer menschlicher Beziehungen, in denen – für die Patienten– emotional wichtige Mitmenschen die Neigung zum Rausch bestimmen. Fast alle Ärzte kennen die unglückliche Situation, in der die Ehefrau die Rolle der Aufseherin übernimmt und ihren Gatten mit endlosen Ermahnungen heimsucht, nicht zu trinken, und regelmäßig feststellt, daß er wieder versagt hat. Der Alkoholiker verfällt dann in die Rolle der gehässigen Abhängigkeit. Er braucht die Frau, um sein Versagen zu verdecken und ihm beizustehen, haßt sie aber als beschämende Anklägerin. Diese *Sekundärentwicklung* kann in Fällen, die als einfache Krisenreaktion ihren Ursprung hatten, zum Mittelpunkt der ärztlichen Arbeit werden. Es ist oft nicht leicht, die Frau zu überzeugen, daß ihre Überwachungsfunktion zum Fortbestehen der Trunksucht beiträgt. Nicht selten ist es ja so, daß sie eine unbewußte Befriedigung aus diesem Rollenverhältnis gewinnt. Es handelt sich um die Kontrolle, die ein Glied einer intimen Beziehung über das andere Glied ausüben kann. Umgekehrt findet man trunksüchtige Frauen, die ihr Leben als leer und bedeutungslos empfinden und für die das Trinken immer wieder ein mißlingender Versuch der Rebellion ihrem Gatten gegenüber darstellt. Das Mißlingen wird ihr allerdings jedes Mal erst offenbar, wenn der Rausch vorüber ist.

Interessanterweise ist die Sucht viel seltener bei Frauen als bei Männern. In unserer Klinik ist das Verhältnis 1:4. Es scheint, daß die verschiedenen sozialen und individuellen Faktoren, die zur Symptomwahl des Rausches führen, bei Männern weiter verbreitet und einflußreicher sind.

In diesen und ähnlichen Situationen zeigt sich, daß Familientherapie und Gruppentherapie weitaus erfolgreicher sind als Einzeltherapie. Wenn man auf letzterer besteht, kann man feststellen, daß nach erfolgreicher Behandlung eines Süchtigen eine Ehe zugrunde geht, oder daß der Ehepartner krank wird. Ebenso findet man nur zu häufig, daß die Sucht durch ein anderes Symptom ersetzt wird: vielleicht eine Abhängigkeit von einem Medikament, und manchmal paradoxerweise eine ganz außerordentliche Abhängigkeit vom Therapeuten. Jeder Versuch, die Behandlung zum Abschluß zu bringen, führt dann zu einem Rückfall.

Es ist gesagt worden, daß die Beziehung von Menschen, die der Sucht verfallen sind, zum Therapeuten eine zeitlose Qualität bekommt, in der das Ziel der Behandlung nicht die Kur ist, sondern das *Weiterbestehen der besonderen menschlichen Beziehung*, die sich in dieser Therapie entwickelt. Es ist jedenfalls nicht weise, die Sucht nach dem Modell einer akuten Krankheit zu betrachten, die einen Anfang und ein Ende hat. Wie bei vielen chronischen Krankheiten, muß der Arzt darauf gefaßt sein, den Patienten eine unvorhersehbar lange Zeit betreuen zu müssen. Nichts scheint den Patienten mehr zu stören als die nahende Trennung. Die Pseudointimität des beruflichen Verhältnisses zwischen Arzt und Suchtkranken ist ein ganz besonderes Problem, das zum Versuch geführt hat, die Abhängigkeitsbedürfnisse der Patienten auf anderes, nichtärztliches Personal zu übertragen.

Gruppenbeziehungen, wie etwa die Vereinigung mehrerer Alkoholiker, werden dann zu einer Ersatzfamilie, in der es gelingt, daß nicht das Trinken, sondern das Nichttrinken von allen als Erfolg und Statusgewinn angesehen wird. Solche Gruppen müssen klein genug sein, um eine familienartige Intimität zu ermöglichen und die *langfristige* Teilnahme hat sich als wichtige Bedingung für das Aufgeben des Rausches erwiesen.

Nach allen diesen Überlegungen erscheint das Verhältnis zwischen der juristischen Beurteilung und der ärztlichen Fürsorge bei diesen Patienten in einem neuen Licht. Solange Süchtige als strafrechtlich Schuldige betrachtet und zu Gefängnisstrafen verurteilt werden, solange die Beschaffung von Rauschgiften zum Gegenstand eines „Räuber- und Gendarm"-Spieles wird, ist es schwierig, im Rahmen eines ärztlich-sozialen Begriffsystems mit den besonderen Bedürfnissen des zur Sucht neigenden Menschen fertig zu werden. Viele Anstrengungen im medizinisch-rechtlichen Gebiet zielen augenblicklich darauf hin, die Sucht als ein rein klinisches Problem zu definieren und besonderen Kliniken das Vorrecht zu geben, die Dosierung der Rauschsubstanzen auf den Zustand des Süchtigen hin abzustimmen.

Die Abwendung von der Neigung, den süchtigen Menschen als eine in gewisser Weise zweitklassige Person zu definieren, und die hier vorgeschlagene Betonung des *Krankwerdens im Sinne einer Kette von ungelösten Krisensituationen*, wird für den Arzt eine große Erweiterung dieses Arbeitsfeldes mit sich bringen.

Es ist sicher nicht nur der Psychiater, der den direkten Kontakt mit der Familie des Süchtigen aufrecht erhalten und zum Nutzen aller verwerten kann; der praktische Arzt mit wirklichem Verständnis für die menschlichen Bedürfnisse des Süchtigen wird in seiner Rolle als Familienarzt Zugang zu den wichtigen Mitmenschen haben, die die Verschlimmerung oder Befreiung von der Sucht mitbestimmen, und er wird die besonderen Verhältnisse am Arbeitsplatz des Süchtigen und in Nachbarschaft und Freundeskreis berücksichtigen, anstatt zu hoffen, daß einfache Medikation oder Überredung zum Erfolg führen könnten.

Außerdem ist es äußerst wichtig, daß die Forschungsarbeit im Laboratorium und in der Klinik bessere Einsichten ermöglicht über die Natur der Entziehungsreaktionen, über physiologische Abhängigkeit und über die Einzelheiten der metabolischen Prozesse, die bei der Absorption der Rauschsubstanzen vor sich gehen. Es ist z. B. nicht unwichtig, daß während der Gewöhnung an den Alkohol die Leber sozusagen lernt, das Alkoholmolekül schneller abzubauen – oder etwa, daß die Reaktion des Organismus auf die Ingestion von Alkohol bei Nichttrinkern eine Reihe von Nebenwirkungen zeigt, die sie davon abhalten, den Rausch zu genießen. Dem Alkohol scheint zu verfallen, wer den Alkohol gut verträgt, wer ihn genießen kann, anstatt mit Übelkeit und Intestinalstörungen zu reagieren. Andererseits zeigt sich beim Heroin-Gebrauch, daß viele der jungen Leute, die an den Gebrauch gewöhnt werden, von den Mitgliedern des Heroin-Clubs dazu erzogen werden, die unangenehmen Seiten – wie Übelkeit und Erbrechen – zu ertragen, bis Toleranz erreicht ist, alles um der so hoch gewerteten Intimität dieser Gruppe willen. Bis jetzt scheint es jedoch, daß die Auskunft über die physiologischen Prozesse, die der Sucht zugrundeliegen, zwar notwendig, aber nicht ausreichend sein wird. Die *psychologische Rehabilitierung* des süchtigen Menschen in seinem Lebenskreis wird wohl *die zentrale Aufgabe des Arztes* bleiben.

Die Behandlung süchtiger Menschen ist nicht leicht. Sie erfordert langwierige menschliche Hingabe an oft hoffnungslos erscheinende Probleme. Wie bei anderen chronischen Krankheiten ist die frühe Entdeckung und etwaige Vorbeugung der Sucht eine wichtige Aufgabe.

Es besteht kein Zweifel, wenigstens nicht in Amerika, daß süchtige Menschen viel zu spät zum Arzt kommen. Die Reihe unbewältigter Krisen und sekundärer Störungen im individuellen und sozialen Bereich ist fast immer so kompliziert, daß man bedauert, keine Gelegenheit zur früheren Intervention gehabt zu haben. Das Durchschnittsalter der Patienten in der Klinik ist 40 Jahre für Männer und 35 für Frauen.

Eine systematische Untersuchung der ersten Episoden, die vor Gericht verhandelt wurden, zeigt, daß Kinder von 13 und 14 Jahren oft wegen Trunkenheit verwarnt werden. In der Pubertätszeit und Frühadoleszenz wird die Neigung verstärkt, mit Hilfe des Rausches die Lösung von Lebensproblemen zu versuchen. In diesem Alter formen sich die Gruppen, für die der Rausch die Kameradschaft fördert, und in diesem Alter beginnen die Familienkonflikte und Ängste hinsichtlich der Zukunft.

Nur selten wendet man sich an den Arzt wegen dieser Probleme, gerade weil sie immer noch als Sozialpathologie anstatt als klinische Probleme definiert werden. Der Familienarzt, der das Vertrauen der Familie gewinnt, wird viele Möglichkeiten haben, mit Rat und Information einzugreifen. Wie bei den Spätsüchtigen hilft es dann nichts, nur zu warnen und den Alkohol zu verbieten: eine Analyse der Lebenssituation und der Familienkonflikte, und sogar etwas ein bewußtes Interesse an den Trinkgewohnheiten in einer Nachbarschaft kann von großem Nutzen sein.

Ein ganz anderes, aber vielleicht noch wichtigeres Problem ist die Gefährdung der anscheinend normalen Kinder von süchtigen Vätern oder Müttern. Die verwirrenden Eindrücke, die sich ergeben, wenn das Kind zeitweise einen normalen Vater, zeitweise aber einen berauschten Vater sieht, führt zu Identitätsproblemen. Es ist für Kinder nicht ungewöhnlich, dann den Schluß zu ziehen, daß der Vater im berauschten Zustand ein anderer Mann ist, als wenn er nüchtern ist. Das *Rätsel der doppelten Identität,* die das Kind beobachtet, kann zu ernsten Problemen der Eigenentwicklung führen.

Literatur

Chafetz, Morris E.: (Special Article) Alcoholism problems and programs in Hungary, Yugoslavia, Roumania and Bulgaria. New Engl. J. Med. 266 (1962) 1362–1367. – *Chafetz, Morris E. & Demone, Harold W., Jr.:* Alcoholism and Society. Oxford University Press 3/9, 1962. – *Chafetz, Morris E.:* Consumption of alcohol in the Far and Middle East. New Engl. J. Med. 271 (1964) 297–301. – *Chafetz, Morris E.:* Practical and theoretical considerations in the psychotherapy of alcoholism. Quart. J. Stud. Alcohol. 20 (1959) 281–291. – *Chafetz, Morris E.:* Liquor: the servant of man. S. 236, Little, Brown and Company, Boston Mass. 1965. – *Duhl, Leonard J.:* The Urban Condition: People and Policy in the Metropolis, S. 410, Basic Books, Inc. New York 1963. – *Kluckhohn, Clyde:* Navaho Witchcraft. S. 254, Beacon Press, Boston 1944. – *Mendelson, Jack H., La Dou, J. u. Solomon, P.:* Experimentell erzeugte chronische Alkoholintoxikation und ihre Unterbrechung. II. Mitteil.: Psychiatrische Ergebnisse. Hippokrates. 35 (1964) 297–302. – *Mendelson, J. H., Wexler, D., Kubzansky, P. E., Harrison, R., Leiderman, G. u. Solomon, P.:* Physicians' attitudes toward alcoholic patients. Arch. Gen. Psychiat. 11 (1964) 392–399. – *Mitscherlich, Alexander:* Vom Ursprung der Sucht. Eine pathogenetische Untersuchung des Vieltrinkens. S. 309. Ernst Klett Verlag, Stuttgart 1947. – *Schapiro, R. H., Scheig, R. L., Drummey, G. D., Mendelson, J. H. u. Isselbacher, K. H.:* Effect of prolonged ethanol ingestion on the transport and metabolism of lipids in man. New Engl. J. Med. 272 (1965) 610–615. – *Vickers, Sir Geoffrey:* The psychology of policy making and social change. The 38th Maudsley Lecture, delivered before the Royal Medico-Psychological Association, 1963. Brit. J. Psychiat. 110 (1964) 465–477. – World Health Organization Technical Report Series, Nr. 152. Ataractic and Hallucinogenic Drugs in Psychiatry. Report of a study group. S. 72, World Health Organization, Geneva 1958.

14. Kapitel

Die therapeutische Bedeutung der verbalen und nonverbalen Kommunikation zwischen Ärzten und Patienten

Was es mit der Kommunikation auf sich hat, erlebt man am besten, wenn man – möglichst ohne Manuskript – einen Vortrag hält. Man will mit den Hörern kommunizieren, man will ihnen etwas mitteilen, will aber auch wissen, wie es ihnen gefällt. Kommunikation heißt immer, eine Beziehung zwischen einem *Sender* und einem *Empfänger,* einen geschlossenen Kreis herstellen, in dem das Feedback (die Rückmeldung) vom Empfänger wichtig ist für das, was der Sender als nächstes sagt oder tut. Man registriert deshalb ein Lächeln, eine Langeweile oder eine gespannte Haltung in den Gesichtern und reagiert darauf. Kommunikation ist etwas sehr Flexibles, etwas, das sich auf viele Teile des miteinander verbundenen Feldes bezieht. Wenn man den Ausdruck „Kommunikation" gebraucht, meint man Zwischenmenschliches, das immer mindestens zwei Personen vor einer Trennung in Redner und Hörer betrifft. Deshalb hat sich auch die moderne Kommunikationswissenschaft entwickelt aus dem Studium von Kommunikationsnetzen und aus der Frage, was passiert zwischen den einzelnen Punkten in einem Felde.

In der Kommunikationswissenschaft geht es weitgehend um die Erforschung der Massenmedien. Wie wird z. B. etwas über das Fernsehen vermittelt? Weiß man, was der Hörer und Zuschauer will? Zur Beantwortung benötigt man wieder das Feedback, den Sensus der Hörer; was haben diese überhaupt gesehen und gehört? Ähnlich geht man in der Gesundheitsprophylaxe vor, etwa wie man in der Krebsvorsorge den Leuten am besten rät, früh zum Arzt zu gehen. Man kann abstoßende und anlockende Plakate anfertigen. Was wirkt besser, das eine oder das andere?

Hierbei zeigt sich, daß nicht nur die Botschaft, sondern auch die Gefühlstönung wichtig ist für den Empfang. Weitere Probleme zeigen die Sozialwissenschaften auf, in denen man sich immer wieder fragt: Werden die Vorgänge eines Lebenskreises auch richtig übertragen auf andere Gebiete? Wenn z. B. ein Anthropologe in ein fremdes Land reist, wie etwa der Arzt in ein neues Haus geht um einer Untersuchung willen, muß dieser als erstes registrieren, wie die Leute reden, ob sie, wenn sie Ja sagen wollen, das in der einen oder anderen Form zum Ausdruck bringen, vielleicht nur über eine Geste. Kopfschütteln z. B. kann Ja oder Nein bedeuten. Er muß wissen, ob die Leute ihn an sich herankommen lassen, ob sie die Hand schütteln wollen, oder ob sie erschrecken würden, wenn man ihnen die Hand gibt, weil man das bei ihnen als unanständig ansieht.

Das Beispiel lehrt, daß die *soziale Distanz*, die zwischen zwei Menschen besteht, ebenso zu beachten ist wie die *Verbindungen*. Und weiterhin: Der Anthropologe hat oft Schwierigkeiten zu erfahren, was etwa auf einer Insel weit weg von ihm vor sich geht. Genauso haben wir Schwierigkeiten zu erfahren, was sich in unserer Nachbarschaft abspielt. In beiden Fällen erfährt der Fragende bisweilen am wenigsten, wenn er zuviel fragt. Was er fragt, muß man ohne Angst beantworten können. Sonst verfälscht man es. Das Bild oder die „Schablone“, die man sich von dem Frager macht, ist sehr wichtig. Die Schablone und das Loswerden der Schablone sind wesentliche Züge des Bekanntwerdens überhaupt. Man spricht ja mit anderen Leuten nicht, weil man vorläufige Annahmen über sie aufstellt, die dann erst allmählich wieder verworfen werden müssen. Und doch vollziehen sich solche Vorgänge, gerade im ärztlichen Gespräch, vielleicht ganz besonders in einem anfänglichen Schweigen oder einer schöpferischen Pause. Diese tritt z. B. ein während einer ärztlichen Untersuchung, in der gleichzeitig der Patient den Arzt „untersucht“, etwa indem er denkt: „Was ist das wohl für ein Arzt? Ist er bedeutend? Was sagt die Gestaltung des Sprechzimmers über ihn aus, Persönliches oder Unpersönliches? Ist er freundlich? Wenn er redet, zieht er nicht gleich die Stirn in Falten und fragt immerzu nach etwas anderem. Er will mir offenbar nicht gleich eine Medizin verschreiben. Er ist wahrscheinlich einer von den Menschen, die einem zuhören und ein Geheimnis wahren können.“ Das weiß man aber nicht immer sofort. Man beobachtet sein Gesicht, und dann plötzlich taucht die Frage auf: Was wird nun?

Mit der Frage und dem Punkt „Was nun?“ ist, so glaube ich, das Problem der Kommunikation in einer ganz spezifischen Weise getroffen. Jetzt erwartet nämlich der Patient etwas vom Arzt, das mehr ist als nur eine Überweisung an jemand anderen, mehr als eine Plattitüde: „Na ja, sehen wir uns mal wieder“ usw. Jetzt soll das kommen, was der Patient in seiner Schablone vorwegnimmt und erwartet, nämlich daß der Arzt ein Weiser ist, ein Wissender, ein Wissenschaftler, der mehr weiß als der Patient. Und etwas von dem Wissen soll doch ihm, dem Kranken, zugute kommen.

Über diesen Vorgang hat *V. v. Weizsäcker* im „Gestaltkreis“ Entscheidendes ausgesagt, daß nämlich *alles Wahrnehmen und Erfahren des anderen ein Kreissystem ist, in das man selbst mit eingeschlossen wird.* Indem man seine eigene Reaktion auf den anderen einberechnet, kann man das Richtige tun, das der Patient am Ende der Stunde vom Arzt erwartet. Es macht sich also der Arzt vom Patienten auch Schablonen – aber welche? Er sagt sich: „Nun, der ist wohl kein Schizophrener; der ist ein Mann, der ordentlich spricht, aber ein bißchen passiv zu sein scheint; vielleicht ist er ein aggressiver Kerl" usw. Solche Schablonen kommen ihm in den Sinn, bisweilen auch nur ein unangenehmes Gefühl oder das Empfinden, er wisse überhaupt nichts Genaues; oder: „Ach, das höre ich jetzt zum tausendsten Mal. Langweilig, alte Geschichte!"

Auf diese Weise entsteht ein Bild vom Patienten im Arzt als Folge der Wechselbeziehungen im Kommunikationssystem. Aber dieses endet nicht in der Sprechzimmersituation. Der Patient spricht nicht nur für sich selbst und zu mir, sondern er spricht auch als Sprecher für eine Gruppe. Er weiß, daß er etwa das Mitglied einer berühmten Familie ist oder ein armer Kerl, weit unter den reichen Ärzten, die einen Mercedes fahren, und der das Ressentiment der unteren Klasse in sich trägt. Er weiß auch genau, daß sich der Arzt, falls er das ausspräche, ungemütlich fühlen würde. So bringt er ein Kommunikationssystem, ein bestimmtes soziales System, mit in die Sprechstunde. Deshalb hat der Arzt zu lernen, was wir *Situationsanalyse* nennen, und er muß sich klar darüber werden, daß derjenige, der vor ihm sitzt, nicht nur ein Einzelmensch ist, sondern ein System von verbundenen Menschen, die sich gegenseitig beeinflussen und auch vielleicht krank machen. Und wenn er dann seine Kenntnis, nicht nur der *Psychoanalyse,* sondern auch der modernen *Sozialwissenschaft* und der *Sozialpsychologie,* dem Patienten zur Verfügung stellt, geht er auf ihn als ein *kommunikatives* Wesen ein. Er ist der Wissenschaftler, der Informationen gibt, und zwar in einer für den Patienten verwertbaren Weise. Dieser muß danach handeln können. Er entscheidet, ob er die Informationen braucht oder nicht. Er soll beim Weggehen mehr wissen über seine eigene Situation. Der Arzt erscheint ja wie ein Mensch, der an einen Berg herangeht und den ganzen Berg übersieht, während der Patient auf dem Berge sitzt und den Berg selber nicht sehen kann. Der Arzt soll das bisher nicht Gesehene vermitteln. Und dafür benötigt der Arzt auch Schablonen und Bilder, die sich als kommunikationsfähig zu erweisen haben. Hierfür möchte ich drei Beispiele anführen:

1. Eine junge Frau kommt in die Klinik wegen unerträglicher Angstanfälle und weiterer Beschwerden: „Diese Anfälle sind sehr unangenehm. Haben Sie eine Medizin?" So beginnt die Sprechstunde, die nicht nur vom Patienten, sondern auch vom Arzt bestimmt wird durch entsprechende Fragen, z.B. wann die Anfälle das erste Mal auftraten. Das geschah an einem ganz bestimmten Tag, an dem des „shower". Der „shower" ist eine kleine Festlichkeit, bei der Freundinnen Geschenke bringen, bevor man heiratet. Und was passierte besonderes? „Eine Freundin war nicht da, ausgerechnet die beste Freundin." Wo war sie denn? Warum ist sie nicht gekommen? „Ja, sie ist wütend auf mich." Warum ist sie wütend? „Sie war die Freundin meines Verlobten, bevor ich mich mit ihm verlobte." Warum ist sie jetzt weggeblieben? „Ja, wir sind erst noch gute Freundinnen gewesen, aber dann verbot ich

meinem Verlobten sie wiederzusehen." So zerbrach die Freundschaft mit ihr. Vor der Festlichkeit war die Beziehung zu diesem jungen Mann gut, auch auf sexuellem Gebiet. Danach wurde die Patientin frigide und bekam furchtbare Angst, die Heirat werde ein Reinfall, sie werde keine Kinder bekommen usw. Aus der Angst gingen so wichtige Veränderungen hervor. Eine Person war aus ihrem Lebenskreis hinausgetreten, die Freundin. Eine andere Person kam herein, ihr Verlobter. Diese *Veränderung eines Kommunikationssystems* war der wichtigste Punkt. Es stellte sich heraus, daß die Freundin als gleichzeitige Freundin des Verlobten eine Bedingung für das normale Liebesverhalten unserer Patientin war. Dem Arzt bot sich der einfache Rat an: „Sie brauchen doch nicht Ihrem Mann verbieten, Freund Ihrer Freundin zu sein. Es muß sich ja nicht Ihre Phantasie verwirklichen, daß die beiden ein sexuelles Verhältnis hätten. Vielleicht ist es möglich, daß Sie zu dritt Freunde bleiben!" Ihre Reaktion war ein Erstaunen: „Ja, das ist richtig." Nach einer Woche kommt sie zurück; alles sei in Ordnung. Nach einem Monat wird sie schwanger. Störungen treten nicht mehr auf.

Man kann die Wirkung der ärztlichen Mitteilung wissenschaftlich einfach erklären, daß nämlich emotionale Reaktionen, einschließlich der sexuellen, bedingte Reflexe seien und daß bestimmte Situationen notwendig sind, um diese Reflexe aufrechtzuerhalten. Man hätte auch weitergehen und das Mädchen analysieren können. Dann wäre man auf sexuelle Konstellationen eingegangen, auf Erfahrungen, die sie als junges Mädchen machte usf. Wenn man jedoch bedenkt, wie häufig in der normalen Bevölkerung derartige Reaktionen sind, ist das psychoanalytische Vorgehen wirklich eine Verschwendung der Arbeitskraft.

2. Ein junger Mann kommt ebenfalls mit Angstzuständen in Behandlung. Er kann nicht schlafen und denkt, sein Herz würde stehenbleiben. Die Anfälle kommen immer in der Nacht. Er hat den Arzt gerufen und Morphium bekommen. Der Arzt jedoch befürchtet, der Patient könne morphiumsüchtig werden. Ich frage den Patienten: „Was ist denn los? Welches ist Ihre Lebenssituation?" Er hat gewöhnlich vor den Anfällen einen Traum: Sein Chef oder der Vormann seiner Abteilung gehen die Straße hinunter. Ein anderer Arbeiter tut das gleiche, hebt die Pistole und will gerade den Vormann erschießen; er, der Patient, schreit: „Tu's nicht! Paß auf!" Dann wacht er mit einem Angstanfall auf. „Was ist denn mit dem Vormann los?" Er sei ein „unangenehmer Kunde", der erst kürzlich angestellt wurde. Er sieht oft nach unserem Patienten und behandelt ihn etwas herabsetzend. Ein paar Mal kann man sich das gefallen lassen. Da es aber dauernd so weiterging, haben sich in dem Patienten immer mehr Haß und Wut aufgestaut. Er traute sich nicht, ihm einmal zu sagen: „Das halte ich nicht mehr aus." Er hätte auch mit den Kollegen zusammen eine Arbeitsbeschwerde einreichen oder nach Hause gehen und den Hund verhauen können, um sich abzureagieren. Nichts dergleichen tat er. Die feindselige Spannung wuchs weiter. Statt wenigstens

in der Phantasie aggressive oder Mord-Gedanken zu bekommen, entwickelte er Angstanfälle. So ist die Situation. Die ärztliche Aufgabe ist es nun, andere Lösungsmöglichkeiten, als sie der Patient in seinem Repertoire bisher heranzog, anzuregen. Ich sage: „Nun, Sie können doch mal mit dem Mann sprechen, und dann kommen Sie wieder zu mir und berichten mir darüber."

Der Arzt steht so hinter dem Patienten. Er könnte auch alle die anderen Vorgänge anstoßen, die sich aus dem Patientenbericht ergaben und als Lösungsmöglichkeiten, mindestens jedoch als Erleichterungen, anboten. Das versteht man unter der *Situationsanalyse.* Hier wurde vor allem auf die Träume eingegangen, und man muß etwas von ihnen wissen, wenn man in gezielter Weise erfolgreich Gebrauch von ihnen machen will, was bei diesem Patienten der Fall war. Nicht immer ist das so relativ leicht möglich. Wenn es komplizierter wird, fertigt man besser Diagramme oder Soziogramme an, die wir sehr schätzen lernten. Methodisch geht man so vor, daß man in einem sozialen Feld die wichtig erscheinenden Leute in einem Diagramm zusammenstellt und sie fragt, wie sie miteinander kommunizieren. Hierfür ein Beispiel:

3. Anlaß für die Hinzuziehung des Psychiaters war der Anruf eines Kinderarztes, der berichtete: „Ein Junge warf seinen Schuh in der Sprechstunde nach mir. Ich weiß nicht, wie ich mit diesem Patienten fertig werden soll. Sie als Psychiater wissen das besser." Es stellte sich heraus, daß der aggressive Akt als ein Signal des Jungen aufzufassen war, er sei am Ende seiner Kräfte. Der Patient war erschreckend unterernährt, er aß sehr wenig und hatte sogar Hungerödeme. Seine Lebenssituation war die, daß er sich in einem Umfeld von Mitmenschen befand, die ihn allein ließen, und nichts anderes erwartete er von den Ärzten und von der Fürsorgerin, die neu in sein Kommunikationssystem eintraten. Der Psychiater sprach nun mit dem Jungen, die Fürsorgerin mit der Mutter. Die Mutter berichtete, daß der Vater des Jungen der Bruder des Mannes war, den sie eigentlich liebte, der sie jedoch ablehnte, weshalb sie ihn nicht mehr leiden kann. Der Junge sieht aber genau wie der Onkel aus. Wenn sie auch wollte, kann sie den Jungen nicht liebhaben, besonders da sie lange Zeit Eheschwierigkeiten hatte. Der Arzt und der Junge sprechen über die Mutter. Die Mutter will nie in ein schönes Restaurant mit ihm gehen, nie nett mit ihm essen. Der Junge sagt: „Willst Du nicht der Mutter sagen, sie soll einmal nett mit mir essen gehen?" Das ist der Beginn einer Umstellung der Mutter, der es jetzt möglich wird, dem Jungen nicht soviel Feindschaft entgegenzubringen. Der Junge blüht auf, hat mehr Gewicht, und alles scheint in Ordnung zu sein. Aber jetzt geht es auf einmal dem Gatten schlecht. Er findet, daß sich der Kontakt mit der Frau verschlechtert habe. Wenn er abends nach Hause komme, sei sie nicht mehr so nett, frage nicht nach seiner Arbeit und ob es ihm gut erging; vielmehr weise sie auf von ihm Versäumtes oder Vernachlässigtes hin. Die Interaktionen im Kommunikationssystem sind also verändert. Die Antwort des Gatten ist

zunächst eine depressive Reaktion, bis er es nicht mehr aushält und sich in ein junges Mädchen verliebt, da sim gleichen Betrieb arbeitet. Er verändert also seinerseits das Kommunikationssystem, indem er eine neue Person hereinbringt. Die Frau kann das nicht aushalten, sie wird gegen das Mädchen aggressiv, das sich zurückzieht. Der Arzt erfährt das und hilft dem Mann. Jetzt geht es dem Jungen wieder für eine Weile schlechter, bis wir darauf kommen, die feindliche Spannung außerhalb der Familie zu sublimieren bzw. sich entladen zu lassen. Die Frau wird als Aufseherin von jungen Mädchen, die sie ganz legitim herumschieben kann, beruflich eingesetzt.

Man kann das eine Manipulation der Umgebung oder *„soziale Therapie“* nennen. Sie ist gewiß keine Spielerei. Es gibt viele derartige Situationen, die, wenn sie länger bestehen, die in sie verwickelten Menschen zu Neurosen führen. Man hilft ihnen am schnellsten und treffendsten nicht, indem man sie jahrelang analysiert, sondern *indem man gezielt ihr Kommunikationsfeld verbessert.* Dazu verhilft die Situationsanalyse, die Erforschung von Lebenskrisen und die Vorbeugung vor möglichen zukünftigen Neurosenentwicklungen. Zuständig hierfür ist mehr der *psychotherapeutisch geschulte Hausarzt* als der Facharzt, denn der Zweitgenannte steht meist nicht so unmittelbar im Kommunikationsfeld seiner Patienten.

Es gibt bestimmte Situationen, die immer wiederkehren, die typisch sind. Man kann sie studieren als Verlustreaktionen nach dem Tod oder Wegzug vertrauter Personen, als Veränderungen der Lebenslage, wenn man z.B. einen neuen Beruf ergreift, oder als Änderung der Lebensbedingungen, etwa nach dem Wegfall von Unterstützungen. Alle diese Vorgänge sind sozusagen Belastungstests. Die Person, die sie meistert, wird auch in Zukunft gut durchs Leben kommen. Andere Menschen meistern sie nur teilweise und mit Kompensationen, und viele versagen. So geben sie dem Arzt, der sie betreut, wichtige Hinweise, wie und wo er im rechten Augenblick einzugreifen hat. Reaktionen auf Todesfälle werden gewöhnlich von Pastoren „behandelt“. Aber diese Lebenskrisen sind von der Kirche gleichsam genormt organisiert in der Taufe, der Konfirmation, der Trauung und der Beerdigung. Nicht jeder Geistliche gewinnt deshalb einen Zugang zu den individuellen Reaktionen und Klagen der Betroffenen, um die es uns geht. Wir lernen aus ihnen, wie Verlustreaktionen und Reaktionen auf neue Menschen im Lebenskreis die Wiedererweckung früherer ähnlicher Erlebnisse mobilisieren.

Für viele Patienten bedeutet die Einlieferung in ein Hospital oder die Konfrontierung mit dem Arzt die Wiederholung einer ganz schwierigen Lebenssituation, so daß nach dem Beginn der Behandlung eine Verschlechterung statt einer Besserung eintritt. Gerade solche Übergangssituationen kann man aus dem Studium vorhergegangener Meisterungsreaktionen weitgehend vorausberechnen. Ich erinnere an die Literatur über coping-Mechanismen (Bewältigung von Lebensproblemen), die zeigt, wie das Ich, nicht nur einer Person, sondern auch einer Gruppe, mit Katastrophen- und Gefahrensituationen fertig wird.

Damit komme ich zum letzten Punkt. Mit der *Situationsanalyse* und der sozialen bzw. *Situations-Therapie* schaffen wir neue Beziehungen zwischen Ärzten und anderen Menschen. Wir nennen sie die *indirekte Patientenbehandlung,* denn die direkte Person, die unmittelbar am Patienten tätig wird, ist nicht mehr der Psychiater, sondern ein anderer Arzt, eine Fürsorgerin oder ein Pastor. Der psychiatrisch geschulte Arzt wirkt auf diese ein als Berater und Consultant in dem Sinne, daß er über die Situation des Patienten hinaus die Situationen der Pfleger, der Ärzte usw. als ein gemeinsames Kommunikationsfeld von einem dritten Standpunkt aus übersehen und beeinflussen kann, wobei er jedem einzelnen seine Einseitigkeiten, Skotome oder Verzerrungen der Situation vor Augen führt.

Eine spezielle Problematik ist bei Ihnen in Deutschland wie bei uns in den USA die der Fremdarbeiter. Wir Ärzte wissen oft nicht, was wir mit Negern, Mexikanern, Puertoriken usw. anfangen sollen. Sie erzählen nichts, gehen auf kein Gespräch ein und helfen einem nicht bei der somatischen Diagnose. Sie brauchen meist die Medizin nicht. Nach Operationen sind sie besonders schwierige Patienten. Wie kann man das bessern? Es stellt sich heraus, daß die Kommunikation zwischen dem der Mittelschicht angehörenden Arzt weißer Hautfarbe und dem Angehörigen einer anderen Rasse und Sozialschicht größte Schwierigkeiten bereitet. Was wir da sehen, ist ein Kulturproblem. Diese Menschen arbeiten nur, damit sie gerade ausreichend zu essen haben. Sie wollen sich nicht weiter entwickeln. Sie haben die Kultur der Armut. Für viele arme Leute lohnt es sich nicht, in die Mittelklasse aufzusteigen. Und es gibt weitere kulturelle Züge, welche die Kommunikation mit einer solchen Gruppe erschweren. Meist weichen wir Ärzte vor der schlechten Verständigung aus in rein physikalische Methoden. Das wirkt sich auch in der Psychiatrie Amerikas so aus, daß die Angehörigen der unteren Bevölkerungsschichten höchst selten psychotherapiert werden. Man sucht sich immer die angenehmen Menschen aus, mit denen man kommunizieren möchte.

So ist das Kommunikationsproblem besonders wichtig, weil es uns Ärzte über die Kultur, über die Grundwerte im Menschen, über die Gruppenbildungen und Motivationen in einer Weise unterrichtet, welche die Therapie erst über einzelne Symptome hinaus zu einer wirklich menschlichen und zwischenmenschlichen macht. Sie hat vor allem in den Krankensälen und den Kliniken alle Assistenten, Schwestern und Pfleger mit einzubeziehen, denen wir einen ständigen Systemconsultant zuordnen. Dieser behält die ständigen Wandlungen und Gefährdungen des Kommunikationssystems im Auge. Ärzte, die hierin ausgebildet wurden, wirken weiter in die Gruppen- und Familientherapie, und sie sind heute dabei, in ihrer Nachbarschaft zu den

Fremdarbeitern zu gehen und sie als interessante neue Aufgabe anzunehmen. Derartige neue Kommunikationsformen gehören zu den lohnendsten Erfahrungen des Arztes. Dies ist auch ein Ziel der Lindauer Selbsterfahrungsgruppen, die nicht nur ein Beispiel dafür sind, wie aus einem Arrangement von fremden Menschen Bekannte werden, sondern darüber hinaus eine große Aufgabe für die Zukunft darstellen, *Ärzten das weite Feld soziokultureller Kommunikationsformen zu erschließen.*

15. Kapitel

Kulturwandel und Gewissen

Wenn wir von *Kulturwandel* sprechen, dann meinen wir, daß bei den verschiedensten Menschengruppen und Organisationen, in manchen Zeiten schneller, in anderen langsamer, Änderungen auftreten, die mit dem Lebensstil, mit den Rollenbezügen, mit der Einordnung des einzelnen, mit der Möglichkeit, etwas zu leisten oder etwas zu gewinnen, und mit seinem Überleben in der Gruppe zu tun haben. Die modernen Anthropologen machen Kulturstudien nicht nur unter den Eingeborenen ferner Länder. Sie gehen in unsere Nachbarschaft und beobachten, wie in verschiedenen sozialen Klassen, in verschiedenen ethnischen Gruppen, in verschiedenen Organisationen ein bestimmter Lebensstil und eine Art, menschlich miteinander zu funktionieren, dafür sorgt, daß das System weiter besteht, wie es bestehen sollte, und wie es manche Veränderungen erträgt, andere aber nicht übersteht. Nun – Veränderung und Wandel sind Schlagworte unserer Zeit geworden. Durch die in den letzten Jahrzehnten entwickelte Technik ist Veränderung selbst ein Kulturwert geworden. Das, was schon ist, ist schnell veraltet, und man möchte etwas Neues. Diese Beschleunigung der Veränderung, besonders die erstaunliche Entwicklung der Wissenschaft, deren Aufgabe es ist, immer wieder nach Neuerungsmöglichkeiten zu suchen, hat das Gefühl mit sich gebracht, daß Ordnung und Lebensstil von heute keine Stabilität und Dauer haben werden.

Ich freue mich, daß *Viktor v. Weizsäcker*s Buch über die Pathosophie wieder aufgelegt worden ist. Vor 16 Jahren schien es ein sehr schwerverständliches und phantasievolles Buch zu sein. Aber heute muß man anerkennen, daß viel von dem, was wir jetzt als Forderung erleben, schon darin vorausgesehen war, daß es nämlich dem Arzt von seinem Gewissen aus obliegt, nicht nur individuelle Krankheiten zu behandeln, sondern auch zu sehen, in welcher Weise die Not des Patienten *eine Not der Gemeinschaft* ankündigt. Es war allerdings damals noch sehr zweifelhaft, ob man an Gemeinschaftsnöte überhaupt von ärztlicher Seite herangehen könnte. Doch inzwischen ist diese Einsicht *v. Weizsäcker*s für uns ein Anliegen unseres Gewissens geworden, und darum möchte ich darstellen, wie das Gewissen bestimmte Ärzte bewogen hat, eine neue Rolle in der Gemeinschaft zu finden und zu entwickeln. In dieser neuen Fachrichtung, die man *Community Psychiatry* nennt, versucht man nicht nur, Patienten als Individuen zu behandeln. Man versucht auch, die Gemeinschaft, zu der dieses Individuum gehört und von der dieses Individuum abhängig ist, unter der es leidet, in das Feld der Behandlung einzubeziehen.

Sollte man als gewissenhafter Arzt so etwas überhaupt tun? Man wird nur zu leicht mit anderen Professionen in Konflikt kommen. Es ist ja nicht nur der Arzt, der sich um die Gemeinschaft kümmert, in der ein Patient lebt. Es sind auch andere Berufe, wie die Pastoren, die Rechtsanwälte, die Richter, die Politiker, die Erzieher und die Fürsorgebeamten. Gemeinsam stellen sie die Betreuer und Helfer in schwierigen Lebenslagen in der Gemeinde dar. Man kümmert sich um das Wohlergehen der anderen. Manche werden dafür bezahlt. Manche fühlen sich moralisch dazu verpflichtet. Wenn der Arzt hier eingreift und mehr als ein missionierender Laie sein will, dann muß er wie bei der Behandlung von einzelnen auch die Kompetenz und Kenntnis haben, gegen Desorganisation oder Störung in Gemeinschaftsgruppen erfolgreich zu arbeiten.

So hat sich ein neuer Berufszweig entwickelt, den wir vielleicht *„Sozialtherapeuten"* nennen können. Der Ausdruck stammt nicht nur von mir. *H. Kilian* gebraucht den Ausdruck „Sozialtherapie"; *Margaret Mead* hat den Ausdruck „Sociatry" gewählt, im Gegensatz zu „Psychiatry".

Was passiert, wenn wir das Hospital oder das Sprechzimmer verlassen und hineingehen in die Gemeinde? Ich habe an anderer Stelle über einige Erfahrungen mit verschiedenen Gruppen in der Gemeinde berichtet – und zu zeigen versucht, wie wir überall bei den anderen Helferberufen und in ihren Institutionen auf Gewissensprobleme stoßen und wie diese Probleme sehr häufig mit Kulturänderungen – drohenden, gegenwärtigen oder kürzlich erlebten Änderungen – zu tun haben.

Verlust wichtiger Bezugspersonen

In einem früheren Bericht habe ich in Lindau über *Trauer-Arbeit** gesprochen. Damals habe ich die Trauer beschrieben als ein *Reagieren auf den Verlust einer lebenswichtigen Person.* Allmählich haben wir gelernt, die Trauer und ähnliche Reaktionen auch als *Folge gewisser Kulturänderungen* zu sehen. Schon im Falle des individuellen Verlustes ist es ja fast immer so, daß derjenige, der gestorben ist, der unverfügbar geworden ist, den Stil des Lebens in der Gemeinschaft mitbestimmte. Und je mehr er ihn bestimmte, desto mehr wird er vermißt. Der Überlebende muß oft einen neuen Stil finden. Der *Übergang von einem alten zu einem neuen Lebensstil ist ein*

* Kapitel 9. Vgl. auch Kapitel 3.

zentrales Problem des Kulturwandels. Man muß sich vorzustellen versuchen, was die Einzelvorgänge eines solchen Wandels sind. Jede Organisation, die als Sozialstruktur auf Selbsterhaltung bedacht ist, muß natürlich ihren Mitgliedern bestimmte Rollen zuweisen und muß erläutern, was ihre besondere Art der Arbeitsteilung ist. Es muß dafür gesorgt werden, daß alle ein klares Bild haben von der Rolle, die jeder einzelne spielt, daß alle anderen Mitglieder das Recht haben, etwas von jedem anderen zu erwarten und daß diese Erwartungen in gewisser Weise erfüllt werden müssen. Wenn sie nicht erfüllt werden, dann kommt es zu Störungen. Und immer findet man mehr oder weniger sichtbare Einrichtungen, um den Verlust von Mitgliedern und die Rollenübernahme durch neue Teilnehmer zu erleichtern. So wird etwa der Tod eines leitenden Angestellten zu Störungen im sozialen Gleichgewicht des Betriebes führen, wenn man nicht sorgfältig einen solchen Übergang geplant hat. Man findet dann gewiß bei vielen Teilnehmern Trauer und Verlustgefühle, aber auch die Sorge, daß nicht der falsche Mann an des Toten Stelle kommt. Sie müssen sich versichern, daß nur bestimmte Menschen mit der passenden Fähigkeit, aber auch mit passendem Lebensstil, in die Organisation hineinkommen. Häufig erweist es sich dann, daß ein Außenseiter viel ungefährlicher erscheint als manche Personen, die schon im System sind, die man leider nur zu gut kennt.

Im Familienleben ist das Problem ähnlich. Da findet man bei den kleinen Kindern das Problem, daß der Tod von Vater oder Mutter *viele Bedeutungen* haben kann: daß er/sie vielleicht böswillig verschwunden ist, daß er/sie vielleicht wiederkommen kann, daß man noch Platz in der Familie frei halten muß für ihn/sie. Und man findet auch, daß die besondere Art, in der etwa ein Vater oder eine Mutter den Familienstil bestimmte, eben doch nicht genau ersetzt werden kann. Das Problem ist dann, einen neuen Stil zu finden, vielleicht durch Ersatz dieser Person, vielleicht auch mit einer ganz anderen Rollenverteilung im gemeinsamen Leben. *John Bowlby* in London hat besonders sorgfältig beobachtet, was Kindern passiert, wenn eine wichtige Person, besonders die Mutter, aus dem Lebenskreis verschwindet.

Betreuung unheilbar Kranker und Sterbender

In solchen Fällen ist die Rolle des Arztes noch ziemlich klar. Wenn man als Arzt Eltern betreut, deren Kind eine unheilbare Krankheit hat, oder wenn man ein Kind betreut, dessen Vater gerade gestorben ist, weiß man als sozialorientierter Therapeut ungefähr, was man tun sollte. Die Trauerarbeit kann abgeschirmt, und abwegige Entwicklungen können verhindert werden. Wir wissen auch vielleicht, wie die Ersetzungsvorgänge im Rahmen der persönlichen Beziehungen geregelt werden können. Es zeigt sich aber, in unserer Zusammenarbeit mit Kollegen anderer Abteilungen, daß ihnen diese

Art des Eingreifens in Krisen der Sozialstruktur neu und fremd erscheint. Wenn wir als Sozialpsychiater zu unseren Krankenhauskollegen auf andere Stationen kommen, wo jemand sterben wird, dann finden wir dort häufig eine große unangenehme Spannung, als ob man Gewissensbisse hätte: „Sollen wir vielleicht einen Pastor holen? Aber welchen Pastor? Er war vielleicht Katholik. Wir haben aber gerade keinen katholischen Geistlichen. Dürfen wir vielleicht mit einem anderen Pfarrer einem Katholiken helfen? Das geht doch nicht! Soll der Arzt zu ihm sprechen? Na ja, da ist ja der Psychiater. Er muß es ja wissen. Er weiß ja etwas über Trauerarbeit." Und der Psychiater in seiner neuen Rolle ist gewiß interessiert. Er weiß, daß die *„terminal care"*, *die Betreuung Sterbender,* ethisch und moralisch komplizierte Situationen mit sich bringt. Nicht nur steht man vor der Tatsache, daß hier die ärztliche Hilfe versagt. Es erhebt sich auch die Frage: Wann spricht man davon und wem sagt man es? Soll man es vielleicht den Angehörigen sagen und nicht dem Patienten? Die Sozialwissenschaften bezeugen aber, daß eine *offene Kommunikation für alle Beteiligten in einer kritischen Situation außerordentlich wichtig* ist. Wenn man es nur der Familie und nicht dem Patienten sagt, daß er in kurzer Zeit sterben wird, dann wird vorzeitig ein Austauschweg zwischen ihm und der Familie unterbrochen. Denn wenn sie nicht über den Tod, das im Augenblick wichtigste, sprechen können, dann sprechen sie auch über nichts anderes, was bedeutsam ist, und der seelische Kontakt geht verloren.

Rolle der Krankenschwester

So beschäftigen wir uns im Bereich der sozialen menschlichen Beziehungen mit Ratschlägen, aber auch mit moralischen Fragen, weil wir eben Anwälte sind für das Wohlbefinden *aller* Beteiligten. Das betrifft auch häufig die Krankenschwestern, die sich etwa auf einer Intensivpflegestation bei schwerkranken Menschen in einer Situation finden, wo sie zwischen dem Arzt, dem Patienten und der Familie stehen. Es kommt auch vor, daß sie glauben, sie dürften nichts sagen, obwohl der Arzt offiziell meint: „Nun ja, Sie können es ihnen schon sagen." Das ganze Rollensystem, in dem sie sorgfältig geschult sind, die Autoritätsbeziehung zwischen Arzt und Schwester, wird dann gestört und sie fürchtet sich zu tun, was eigentlich der Arzt tun sollte.

Wenn wir dann die Krankenschwestern in solchen Gewissensfragen beraten, sie ermuntern die Arztrolle zu übernehmen, wissen wir aber zugleich, daß die Berufsrolle der Krankenschwester im sozialen Gefüge gerade jetzt allgemein bedeutender wird, daß ihr Wirkungsbereich größer wird, und daß ihr Beruf, wie so viele andere helfende Berufe, gegenwärtig einem Kulturwandel unterworfen ist, jedenfalls in Amerika und wahrscheinlich auch in Europa. Die Schwester, die bisher am Krankenbett tätig war und für die körperlichen und seelischen Bedürfnisse eines Patienten sorgte, übernimmt jetzt mehr und mehr eine *technische Rolle.* Sie kontrolliert Apparate, sie deutet komplizierte Befunde, sie bedient intravenöse Infusionsgeräte einerseits und hochentwickelte Instrumente andererseits. Sie wird ein Technologe ersten Ranges, und sie wird sozusagen ein Wissenschaftler. Und als Wissenschaftler steht sie in dieser Art dem Arzt, der ja auch seinen Stolz von der angewandten Wissenschaft bezieht, gegenüber wie ein beinahe gleichrangiges Mitglied des ärztlichen Teams.

Wenn sie ihm aber in dieser *Rollenverschiebung* näher kommt, dann taucht das Problem der beruflichen Distanz auf. Es zeigt sich jetzt etwa auf einer psychiatrischen Krankenstation, wo man gewohnt war, die Schwester als abhängige Angestellte zu betrachten, daß sie im sozialen System die zentrale Person wird, von deren Entschlüssen das Wohl der Patienten unmittelbar beeinflußt wird. Früher hat sie nur Berichte gegeben, jetzt nimmt sie bewußt an Entscheidungen teil.

Rollenverschiebungen

Mit dem Kulturwandel in der psychiatrischen Klinik, wie er durch die Entwicklung der *„therapeutischen Gemeinschaft"* hervorgerufen wird, geht eine bedeutende Rollenverschiebung vor sich, die als ethisch-moralisches Problem empfunden wird, das manche Ärzte ertragen können und andere wieder nicht. Eine Reihe von Störungen, von Gewissensbissen und Konflikten, die sich entwickelten, als solch ein Milieu mit seinen Rollenverschiebungen in Cambridge (England) geschaffen wurde, ist in einem Buch kürzlich von *Clark* unter dem Titel: „Administrative Psychiatry" beschrieben worden. Es zeigte sich, daß alle Beteiligten, nicht nur die Patienten, sondern auch die Schwestern, die Helfer und die Ärzte, und besonders die jungen Ärzte, durch eine Periode von Störungen gingen, die sie als Unsicherheit über das Sollen und Dürfen empfanden. Die Fähigkeit, solche Störungen einmal nicht wie gewöhnlich als Folge persönlicher Verfehlungen, sondern als Resultat einer Verschiebung im sozialen System zu erfassen, scheint für uns das Kernereignis einer Gewissensumstellung zu sein.

In einer Zeit, wo verantwortliche Teilnahme gefordert wird von Gruppen, die bisher keine Stimme hatten, und die bisher vornehmlich die Rolle hatten, Vorschriften gewissenhaft auszuführen – in einer Zeit, wo Mitarbeit und Mitentscheidung erwartet werden von Patienten und Klienten usw., da entwickeln sich nach unseren Erfahrungen viele Situationen, die Symptome eines tiefgreifenden Kulturwandels darstellen. Solche Situationen sind fast immer von *Unbehagen, Angst* und auch von *Schuldgefühlen* begleitet. Wenn man dann jemanden beschuldigen kann, fühlt man sich gleich viel besser.

Da ist es häufig eine unserer Aufgaben zu betonen, daß die Beschuldigung bestimmter Personen als Urheber von Angst-Reaktionen und Spannungen in

Situationen raschen Kulturwandels gewöhnlich falsch ist. Das Problem besteht dann für uns darin, als Sozialtherapeuten diese *Übergangsperioden so zu studieren wie eine Krankengeschichte.* Wir sehen dann Krisen nicht eines Einzellebens, sondern einer sozialen Ordnung von Werthaltung, Rollenverteilung und Rangwahrnehmung. Das war ein Anfang, da war eine auslösende Situation, da waren die ersten Symptome, da war eine Systemstörung, da war eine Kulmination, und dann eine Neuordnung in einem anderen Stil der gemeinsamen Tätigkeit. Wenn es nicht glückt, bricht das System zusammen, oder wird durch andere Institutionen ersetzt. Wenn wir lernen, diese Art der Pathologie, der *Sozialpathologie, mit der Pathologie des einzelnen in Einklang zu bringen,* dann werden wir bei unseren Patienten viele hartnäckige Formen des Krankseins feststellen, die sich aller Wandlung in der Behandlung widersetzen.

Das Krankenhaus und der Patient

Eine andere Form des Kulturwandels findet der Sozialtherapeut als Folge der raschen wissenschaftlich-technischen Entwicklung der Medizin. Das Krankenhaus, besonders die Universitätsklinik, die bis vor kurzem als Einrichtung zur Betreuung und Behandlung der Leidenden galt, erscheint den Patienten jetzt häufig mehr und mehr als ein Konglomerat von Laboratorien, in denen Wissenschaftler wichtige Entdeckungen zu machen hoffen und die die Patienten als willkommene Objekte ihrer Experimente benutzen. Wenn viele Patienten sich dann sträuben, und wenn ein Sozialpsychiater hinzugerufen wird, dann entdeckt er, daß eine wichtige *Änderung in der Rolle der Kranken* vor sich gegangen ist. Viele dieser Patienten sind ja nicht gekommen, weil sie Hilfe brauchten in diesem Moment, sondern sie sind eingeladen worden, weil sie eine interessante Krankheit haben. Sie haben also ein Arrangement mit dem Arzt oder Klinikleiter, daß sie da bleiben und gründlich untersucht werden für wissenschaftliche Zwecke. Damit ist aber ihre Stellung eine ganz andere. Sie haben nicht mehr die Haltungen und Erwartungen des gehorsamen Patienten. Sie wissen, daß der Arzt mit ihnen in gewisser Weise experimentiert, ihr Leiden mag späteren Generationen nutzbar sein, aber nicht gegenwärtig ihnen und ihrer Familie. Die Schwestern, Fürsorgerinnen und auch wir Ärzte wissen, daß es so ist. Man wagt es aber nicht auszusprechen. Es wird getan, als ob der Patient die Pflicht habe, wie früher sich dankbar und gehorsam in das Behandlungsschema einzufügen.

Wenn man dann als Sozialtherapeut in eine solche Institution kommt, fühlt man sofort, daß das neue soziokulturelle Klina Unsicherheit und Verwirrung bei allen Beteiligten mit sich gebracht hat und daß die Regeln für Aufnahme, Behandlung und Entlassung andere sind. So wird der Patient etwa entlassen, nicht weil es ihm besser geht, sondern weil das Experiment zu

Ende ist. Alle müssen neue Rollen lernen, ihre Forderungen und Erwartungen ändern, wenn man immer wiederkehrende Unruhe und Störungen vermeiden will.

Organtransplantation – Beziehung zwischen Spender und Empfänger

Die Ärzte sind überzeugt, daß sie im Namen der Wissenschaft das Beste tun. Sie arbeiten für die Zukunft und können stolz auf ihre Erfolge sein, wie etwa bei der Transplantation von Nieren und Herzen. Es stellt sich aber heraus, daß solche neuen Eingriffe ethisch und moralisch so kompliziert sind im Hinblick auf das Wohlbefinden des Patienten und seiner Angehörigen, daß die Ärzte darüber recht besorgt geworden sind. Dann entdeckt der Sozialtherapeut, daß die ärztliche Wissenschaft eingebettet ist in ein System von Kulturwerten, die in raschem Wandel begriffen sind. Da ist etwa das Problem der Veröffentlichung wissenschaftlicher Erfolge in den Zeitungen oder über Fernsehen und Radio. Dann erhebt sich das *Problem des Wettbewerbs*. Wer macht's zuerst? Und die Frage ist nicht mehr, ob man die Probleme der Immunitätsreaktionen bei der Herztransplantation schon gelöst hat. Wenn ein Chirurg in Südafrika seine Erfolge publiziert, dann wird das den Ärzten in Amerika sehr unangenehm, weil sie noch sorgsam mit den Vorarbeiten beschäftigt sind. Plötzlich werden dann an vielen Kliniken Transplantationen vorgenommen, die von vielen Fachleuten als verfrüht betrachtet werden. Irgendwie hat sich in diesem wissenschaftlichen Wettbewerb etwas eingeschmuggelt, was ich *„Industrialisierung der Wissenschaft"* nenne. Der Gewinn ist in diesem Fall Prestige. Und in unserer Zeit ist eben Prestige nicht auf ethischen Werte aufgebaut, sondern ein wichtiges Lebensziel, das man gegen ethische Werte austauschen muß.

Wenn wir dann als Sozialpsychiater die Gelegenheit haben, als mitwirkende oder teilnehmende Beobachter da zu sein, wenn ein kritischer Eingriff, etwa eine Nieren- oder Herztransplantation, vor sich geht, dann versuchen wir die zwischenmenschlichen und ethischen Probleme aller Beteiligten klarzustellen. Dann findet man etwa, daß die psychologische Seite beim „Organspender" und seiner Familie recht kompliziert aussieht. Bei der Herztransplantation ist der Spender ja tot und es handelt sich um neue Kriterien für den genauen Zeitpunkt des Todes, dem alle zustimmen müssen. Aber auch wenn der Spender noch lebt, erheben sich psychologisch-ethische Fragen. Wir haben sorgfältig die *Motivation* der Menschen untersucht, die ihre Niere hergeben wollen. Das waren durchaus nicht durchschnittliche Leute, sondern z. B. Mädchen, die gerade in einer Phase ihres Lebens waren, bei denen eine somatische „Restitution", ein Wiedergutmachen für eine echte oder vermeintliche Schuld seelisch notwendig erschien. So gaben sie ihre Nieren, *um sich vor ihrem Gewissen zu rehabilitieren*. Und es war ihnen dann äußerst wichtig, daß der Empfänger ihres Organs auch weiterlebte. Würde er sterben, wäre alles umsonst gewesen. Man hätte nichts wieder gut gemacht. Tatsächlich zeigten sich in solchen Fällen häufig schwere Gewissensprobleme bei den Spendern. Man fand außerdem eine Änderung der Familienstruktur, da die Organspender ein merkwürdiges Verwandtschaftsgefühl zu dem Empfänger entwickelt hatten. Dadurch, daß man eine Niere teilte, war eine *Identität* entstanden. Auch bei den Patienten, die wir jetzt in Stanford nach Herztransplantation untersuchen, ist das *Problem der geteilten Identität* außerordentlich interessant. Die körperliche Teilhaftigkeit mit einem bisher Fremden, der das Herz eines verstorbenen Familienmitgliedes zum eigenen Weiterleben benutzt, ist für die Überlebenden ein bedeutsames seelisches Problem.

Diese Beispiele werden genügen, um das neue Arbeitsgebiet des sozial interessierten Psychotherapeuten deutlich werden zu lassen. In allen diesen Situationen versucht er als Berater, die soziale Struktur und die sozialen Prozesse genau zu präzisieren. Er befaßt sich mit der Rollenverteilung, den Kommunikationsformen und der Status-Hierarchie. Dabei muß er sich immer wieder mit den Werthaltungen und ethischen Erwartungen aller Teilnehmer im sozialen System beschäftigen. Es gelingt oft durch eine solche Situationsanalyse, Schuldgefühle und Angst, ganz besonders aber auch die Beschuldigung anderer, als situationsbedingt und unangebracht zu erkennen, und sie durch erneute Arbeit an der Anpassung und sozialen Umstellung zu ersetzen.

Wie in der Einzeltherapie die Abwehrmechanismen mit ihren vielfachen Formen von Schuld und Angst als früher einmal im Leben berechtigt, aber jetzt als unangepaßt entlarvt werden, so wird in der Sozialtherapie die sorgfältige Analyse der Unterschiede von früheren und gegenwärtigen sozialen Situationen dazu führen, Angst, Verbitterung und unangebrachte Schuldgefühle aufzuzeigen, die durch den Kulturwandel bedingt sind, und zu versuchen, die neue Situation gemeinsam zu meistern.

Der rasche Kulturwandel in der medizinischen Welt, mit dem wir uns heute beschäftigt haben, stellt nur einen kleinen Ausschnitt dar in der großen Welle des sozialen Wandels, der andere wichtige Institutionen und Berufe betrifft. In der Schule und der Universität, in der Kirche und auf dem Sozialamt, überall zeigen sich neue Erwartungen, eine neue ernsthafte Betrachtung der Beziehungen der gegenseitigen Rollen, die den Menschen durch Vorrecht und Rechtlosigkeit, durch Reichtum und Armut, durch die Rasse und Altersunterschiede gegeben sind. Wie der Sozialtherapeut auf dem medizinischen Gebiet, so versuchen die Berufe der angewandten Soziologie und Anthropologie sich mit den Erwartungen und Protestformen der Jugend und mit den mehr oder weniger gewaltsamen Versuchen der Minoritäten, sozialen Wandel zu erzwingen, durch Situationsanalyse auseinanderzusetzen. Auch bei diesen Forschungen erweist sich die Mitarbeit des klinisch erfahrenen Psychotherapeuten als nützlich. So hat etwa im letzten Jahr der Psychiater *John Spiegel* an der Brandeis Universität sorgfältige Situationsanalysen der „Riots“ in den Negervierteln gewisser amerikanischer Städte herausgearbeitet, in denen der Ursprung von Haß und Beschuldigung in bestimmten Phasen des Kulturwandels der letzten Jahre aufgewiesen wird. Mit neuem theoretischen Verständnis dieser Vorgänge können wir bescheiden auf neue Formen der friedlichen Verständigung in Zeiten sozialen Wandels hoffen.

Vor uns liegt ein neues Gebiet ernsthafter und schwieriger Arbeit. Es wird sicher viele Enttäuschungen geben und unser gegenwärtiger Optimismus wird sich vielleicht als nicht gerechtfertigt erweisen. Ich glaube aber, daß auf der Krankenstation wie im Sprechzimmer, in der Gemeinde wie in den Institutionen, die *psychotherapeutische Haltung* und das *psychodynamische Verstehen,* welches es dem Arzt möglich macht, tolerant zu sein, hören zu können, Entscheidungen zu verschieben, und den Klienten und Patienten verantwortliche Teilnahme an den Entschlüssen und sozialen Anordnungen zu erlauben, eine unersetzliche Fähigkeit für die Arbeit im sozialen Feld darstellt.

16. Kapitel

Reaktionen auf die eigene unheilbare Krankheit

Selbst wenn er nichts Bedeutendes gesagt hätte, wäre die Szene eindrucksvoll gewesen: wie der Professor, der gleichzeitig Patient war, in dem engen, fensterlosen Raum im Untergeschoß der Stanford Medical School, wo er sich kurz vorher einer Strahlentherapie unterzogen hatte, zu einer kleinen Gruppe des hier arbeitenden ärztlichen, technischen und pflegerischen Personals sprach. Seit sechs Jahren lebte er mit einem Chordom am Sakralwirbel und sollte noch zwei weitere Jahre, in denen er unsäglich litt, leben. Hätte er sich zu diesem Zeitpunkt zurückgezogen, so wäre dies nur allzu verständlich gewesen. Doch Geben war bei ihm so selbstverständlich wie Atmen.

Diejenigen, die an jenem Morgen im Februar 1972 anwesend waren, hörten, wie er ihnen für ihre erfolglosen Bemühungen, ihn zu heilen, dankte. Falls sie bisher versucht hatten, nicht daran zu denken, was ein unheilbarer Krebs für einige der Menschen, die sie behandelten, bedeutete, so erfuhren sie jetzt darüber und über verschiedene Möglichkeiten, diesen Patienten zu helfen, die Erwartung des eigenen Todes besser aushalten können.

David Satin hat dieses Kapitel als den „höchsten Ausdruck der für Lindemann charakteristischen Offenheit gegenüber anderen und die klarste Aussage für seine Verbundenheit mit dem Patienten und dessen Leid als seine therapeutische Haltung" bezeichnet.

(Elizabeth B. Lindemann)

Ich freue mich, daß ich Gelegenheit habe, meine Dankbarkeit darüber zu äußern, daß ich ohne große Beschwerden hier sein und wieder als aktives Mitglied am akademischen Leben teilhaben kann. Als ich im letzten November hilfesuchend hierher kam, hatte ich große Schmerzen und war sehr erschöpft; ich war ein Krüppel, was meine früheren Tätigkeiten anbelangt. Da ich dem Zweig der Medizin angehöre, der sich mit subjektivem Befinden und Erfahrungen beschäftigt, ist es für mich eine Selbstverständlichkeit, ein wenig darüber zu sprechen, was Patienten im allgemeinen fühlen, wenn sie aufgrund einer bösartigen Erkrankung oder anderer Umstände mit dem herannahenden Tod konfrontiert sind. Ich möchte auch etwas darüber sagen, wie jemand in meinem Alter und mit meiner Einstellung und Werten auf eine derartige Situation reagiert. Bei dieser Gelegenheit möchte ich gerne erwähnen, daß Frau *Lutzker,* die Sozialarbeiterin der Abteilung, mir als erste vorgeschlagen hat, über dieses Thema zu sprechen. Ihre tägliche Anwesenheit in der Bestrahlungsabteilung war eine besonders wichtige Erfahrung während der Behandlung, auf die ich später zurückkommen werde.

Wie stößt man auf das Problem: Konfrontation mit dem Tod? In dem Krankenhaus, in dem ich 30 Jahre lang gearbeitet habe, sind wir darauf gestoßen, als wir uns für Menschen interessierten, die einen Teil ihres Körpers verloren hatten – ein teilweiser Tod. Wir untersuchten Frauen nach einer Totaloperation. Diese reagierten – was sie selbst überraschte – mit einer großen Verzweiflung auf dieses Ereignis: statt dem Chirurgen dankbar zu sein, waren sie wütend auf ihn! Eine dieser Frauen wurde auf unsere psychiatrische Abteilung verlegt, nachdem sie den Chirurgen bei der ersten Visite nach der Operation zu Boden geschlagen hatte. Sie hatte eine solche Angst, daß ihr die Hand wieder ausrutschen könnte, daß sie sagte: „Helft mir gegen diesen gewalttätigen Impuls!“ So begannen wir uns näher dafür zu interessieren. In unserer ersten Untersuchung verglichen wir eine Gruppe von Frauen, bei denen die Gebärmutter entfernt worden war, mit Patientinnen mit einer Gallenblasenentfernung. Und tatsächlich erlebten die Frauen aus der zuerst genannten Gruppe verstärkt gewalttätige und feindselige Gefühle, in den meisten Fällen unspezifischer Art und nicht speziell gegen den Chirurgen gerichtet. Die Frauen waren reizbar, ungeduldig und ablehnender gegenüber anderen Menschen, Gewaltszenen in Filmen waren ihnen unerträglich usw.

Unser Interesse wurde weiterhin vertieft, als nach einer Feuerkatastrophe viele Menschen mit schweren Verbrennungen in unserem Krankenhaus behandelt werden mußten und diese die ärztlichen Maßnahmen erschwerten. Die Patienten waren wütend auf die Chirurgen, stießen die Schwestern weg, rissen ihre Transplantate und Infusionen heraus, es waren einfach unangenehme Patienten. Als wir der Sache nachgingen, stellte sich heraus, daß diejenigen, die so unruhig waren, mit dem Tod konfrontiert waren, aber nicht mit ihrem eigenen, sondern sie mußten befürchten, daß die Ehefrau oder der Mann in dem Feuer umgekommen waren; oft wußten sie noch nicht, was mit ihren Angehörigen geschehen war. Die Unsicherheit war deshalb sehr groß und die Patienten von einer Flut von Phantasien heimgesucht, wie sie Trauernde überfällt.

Wir hatten dann die Möglichkeit, zu untersuchen, wie sich Menschen in akutem Trauerzustand verhalten. Einer dieser Patienten sprang aus dem Fenster, noch bevor wir wußten, wie wir diesen Menschen helfen konnten. Er war getrieben von der Vorstellung, wieder bei seiner Frau sein zu wollen. Bei den anderen Patienten beobachteten wir dann die ganze Bandbreite der grundlegenden Elemente des Trauerprozesses, und erst als wir ihnen halfen zu trauern – nachdem sie mit Sicherheit wußten, daß die geliebte Person im Feuer umgekommen war – konnten sie sich gegenüber ihren Ärzten genauso kooperativ verhalten wie ich glaube es auch hier gewesen zu sein!

Nun, worauf mußten wir achten? Diese Konfrontation mit dem Tod bedeutete, daß Wut ausgelöst wurde: „Wer war der Übeltäter?" „War ich der Übeltäter?" „Ich hätte meine Frau nicht in den Club mitnehmen dürfen!" „Jemand hätte dafür sorgen sollen, daß ein besserer Feuerschutz vorhanden war!" – und so weiter. Zuerst: nur Anschuldigungen. Solche Anschuldigungen, das lernten wir später, richten sich oft auch gegen den Chirurgen, unter dessen Operation ein Patient womöglich starb oder gegen das Bestattungsunternehmen. Also: erhöhte Feindseligkeit. Zweitens: Wellen des Schmerzes und Beschäftigung mit dem Bild des Verstorbenen. Dieses Bild war oft sehr aufwühlend, zum Beispiel: selbst mitten im Feuer sein oder jemandem helfen, der gleich im Feuer sterben wird. Viele Szenen tauchen in einem auf – ja wirklich, Leid ist einer der schlimmsten Schmerzen. Indem man dies durchleidet, bewältigt man den Schmerz und hört auf, nicht daran denken zu wollen, was bei vielen oft der erste Gedanke ist: nicht an den Verstorbenen denken; die Dinge, die ihm gehörten, wegtun; an einen anderen Ort umziehen, so daß man nicht an ihn erinnert wird. Oder aber man ist von der schon erwähnten Aggression gegenüber anderen völlig in Beschlag genommen, sucht nach „dem Schuldigen", vermeidet es aber, an den Verstorbenen zu denken. Wenn Trauern also auch ein leidvoller Prozeß sein mag, so werden dadurch doch andererseits die wichtigsten Phasen der Trauerarbeit durchlebt, durch die auch diejenigen gehen müssen, die sich einen Verlust vergegenwärtigen müssen, einschließlich des *Verlustes ihrer selbst.*

Bei der Trauerarbeit geht es immer darum, daß der Überlebende die gemeinsamen früheren Erfahrungen mit dem Verstorbenen in kleinen Schritten noch einmal nacherlebt und durcharbeitet: Dinge, die man zusammen unternommen hat, die sozialen Rollen, die für die Beziehung ausschlaggebend waren, die sich komplementär ergänzten und die Tag für Tag in der täglichen Routine gelebt wurden. Jeder kleine Teil dieser geteilten Rollen muß durchdacht, ja sozusagen durch*litten* werden und so entsteht allmählich die Frage: Wie kann ich das mit jemand anderem tun? Und nach und nach können all die Tätigkeiten, die in dieser ursprünglichen Einheit mit dem Verstorbenen vorhanden waren, auseinandergenommen und auf andere Menschen übertragen werden. Auf diese Weise lassen sie sich auch aufteilen zwischen anderen zukünftigen Rollenpartnern, die man dann ein kleines bißchen liebgewinnt – vielleicht nur ganz wenig am Anfang – doch diese anderen werden erträglich, und man kann mit ihnen etwas unternehmen und zusammensein.

Dieser Prozeß läßt sich erlernen. Es gibt Menschen, denen gelingt das sehr gut, anderen dagegen nicht. Aber wenn sie es nicht lernen, bleiben sie oft in dieser frühen Phase des Trauerns stecken, auf dieser ersten Stufe des Trauerprozesses, auf der man noch eine globale Beziehung zu dem verlorenen Menschen hat – vielleicht im Himmel, vielleicht ganz gegenständlich in einem Bild an der Wand. Man spricht oder betet zu diesem Bild, legt ein Gedeck für diesen Menschen als einem imaginären Freund am Frühstückstisch auf, spricht zu den Kindern, als ob der Betreffende noch da wäre und kann sich von der totalen Beziehung nicht zugunsten einer teilweisen trennen.

Nun, mein Ausgangspunkt waren Teile, als ich über den Verlust von Teilen des eigenen Körpers, z.B. des Uterus sprach und nicht über den Verlust der ganzen Person. Und ich glaube, es ist wichtig, dieses Problem der Beziehung zu dem ganzen Wesen einer Person im Unterschied zu einzelnen Aspekten ihres Tuns oder zu Teilen ihres oder des eigenen Körpers als ein besonders wichtiges Thema im Auge zu behalten, das Menschen beschäftigt, die mit dem Tod konfrontiert sind und die einen gefährlichen Tumor in ihrem Körper haben oder – was Krankheiten oder Defekte anbetrifft – einen Herzinfarkt hatten, beinamputiert sind oder ein Auge verloren haben usw. In all diesen Situationen heißt die Aufgabe, auf die es ankommt: *Trauerarbeit* – sich die verschiedenen Aspekte der neuen Rolle, die man im Leben zu spielen hat, vor Augen führen. Bei unseren Frauen, bei denen die Gebärmutter entfernt worden war, stellte sich die Frage nach der neuen sexuellen Rolle: „Werde ich meinem Mann eine kalte Partnerin sein oder wird er das von mir denken, auch wenn ich es nicht bin?“ Und so droht eine Veränderung der sexuellen Rollenbeziehung und das muß durchgearbeitet werden, was oft versäumt wird. Derjenige, der ein Bein verloren hat, muß in der Rehabilitation die Rolle eines beinlosen Menschen lernen, der von anderen in dieser neuen Rollenkonstellation erlebt wird – was für ihn und die anderen annehmbar sein muß. Denn eine der Voraussetzungen, sich im Leben wohlzufühlen, ist eine Bezugsgruppe, in der unsere Identität und das ganze Netzwerk von Rollen, das die zwischenmenschlichen Beziehungen ausmacht, akzeptiert ist.

Und so läuft also dieser Prozeß des Trauerns und Erlernens neuer Rollen in vielen Fällen ab, in denen medizinische Eingriffe erforderlich wurden, was man auf den verschiedensten Abteilungen eines Krankenhauses beobachten kann. Dieser Prozeß muß durchlaufen werden, wenn der Trauernde psychisch gesund bleiben soll. Aus diesen Erkenntnissen über die Trauer entwickelte sich ein ganzes Programm der Gesundheitsfür- und -vorsorge auf Gemeindeebene (*Community Mental Health*, wie es heute in den USA genannt wird). Statt auf Erkrankungen zu warten, versucht man herauszufinden, ob und wo Menschen mit einem solchen Trauerprozeß in Reaktion auf einen Verlust – einschließlich des Verlustes von Körperteilen nach einem medizinischen Eingriff – zu kämpfen haben und ihnen bei diesem Prozeß zu helfen. Diese Arbeit ist eine Form von vorbeugender Psychiatrie oder vorbeugender Medizin. Wenn Menschen in solchen Verarbeitungsprozessen steckenbleiben, ohne es zu wissen, dann werden sie zum Neurotiker oder rutschen oft sogar in eine Psychose ab oder sie werden böse unangenehme Menschen, die niemand mag. Das sind die Patienten, denen man auf der Station den Rücken kehrt, mit denen man nicht spricht, und die so unfreundlich und feindselig sind, daß sie an dem sozialen Netzwerk, das auf einer Krankenstation vielleicht noch wichtiger ist als irgendwo sonst, keinen Anteil mehr haben.

Der Patient, der von einem schweren Verlust bedroht ist, in diesem Fall seinem eigenen, und der eine *antizipatorische Trauerarbeit,* wie wir es jetzt nennen, leisten muß, hat eine psychologische Aufgabe vor sich, die durch die Menschen in seiner Umgebung erleichtert oder – weil sie nicht wissen, was los ist – unabsichtlich verhindert werden kann. Und so kommt es zu den Opfern von fehlangepaßten Trauerprozessen. Irgendwie muß man mit ihnen umzugehen versuchen und meistens ist man dabei sehr unglücklich.

Lassen Sie uns jetzt von den teilweisen Verlusten zu dem Verlust der eigenen Person angesichts des drohenden Todes kommen. Wieviel Zeit bleibt einem noch, nur eine kurze Weile oder viel Zeit? – man weiß es nicht. Wie sehr wird einen diese Situation beeinträchtigen? Die Unsicherheit ist wohl eines der schwierigsten Probleme, so wie es bei unseren Patienten nach der Brandkatastrophe war – in diesem Fall ist es die Ungewißheit über den Zeitpunkt des eigenen Verlusts. Das Problem ist dann, daß der Arzt Informationen liefern soll, die er oft nicht geben kann. Eine der Spannungen zwischen dem Patienten und Ihnen besteht darin, daß Sie die Informationen, die er haben möchte und die Sie ihm in gewisser Weise wirklich nicht vorenthalten sollten, nicht geben können, denn Sie haben große Zweifel, ob Sie das tun dürfen. Ich habe bei meiner Erkrankung und Bedrohung meines Körpers diese Unsicherheit selbst sehr gründlich durchgemacht. So kommt es also auf das Bescheidwissen an: Sich Informationen zu beschaffen, ist ein wichtiger Teil der psychisch gesunden Anstrengung zur Bewältigung einer Krisensituation.

Zum Thema der Informationsbeschaffung haben sich so viele Fragen ergeben, daß ein ganzes Buch darüber geschrieben wurde von den Soziologen *Barney G. Glaser* und *Anselm Strauß* (1965; deutsche Übersetzung 1974). Die beiden Wissenschaftler schildern, nachdem sie in einer umfangreichen Feldstudie mehrere Krankenhäuser untersucht haben, sehr ausführlich das übliche „kulturelle Muster" der Kommunikation von Ärzten, Krankenschwestern und Sozialarbeitern untereinander sowie mit den Patienten und der Familie angesichts des drohenden Todes. Das Problem besteht darin, welche Information wem gegeben werden soll, um zu vermeiden, daß die verschiedenen Beteiligten in einem bestimmten sozialen Umfeld widersprüchliche Informationen erhalten. Da entstehen Probleme wie: Wer sollte der Überbringer von guten oder schlechten Nachrichten sein? Und wahrscheinlich wird es passieren, daß die wichtigsten Beteiligten in diesem Sozialsystem entgegengesetzte Botschaften erhalten, so daß der Patient mit einer widersprüchlichen Information konfrontiert ist. Seine Aufgabe besteht dann darin, sich diese Information nicht ohne weiteres zu eigen zu machen! – sondern herauszufinden, was richtig und was falsch ist. Somit gehört der

Erwerb und die Weitergabe von Informationen zu den wichtigsten Dingen in einer solchen Situation.

Das zweite ist, was macht man mit der Traurigkeit, mit den bösen Gefühlen? Patienten, die einem bevorstehenden Verlust ins Auge sehen müssen, werden viel weinen, diese Erfahrung tut ihnen weh. In der Medizin vieler Kulturen besteht die Tendenz, den guten Patienten als einen tapferen Patienten zu sehen, der nicht jammert und der – man möchte fast sagen – zum Arzt nett ist, indem er nicht zeigt, wie beunruhigt er ist, weil er seinen Freund, den Arzt, nicht beunruhigen möchte. Dies ist eine sehr häufige Patientenreaktion. Das Problem ist also, wie geht man mit der Flut von Emotionen um? Nun, das Entscheidende ist, daß man Gefühle zum Ausdruck bringen und mit anderen teilen kann. Oft sind es die Krankenschwestern, die damit am besten umgehen können, wenn es um das Mit(einander)-Teilen der Gefühle geht, die dann allerdings von *ihren* Freunden in ihrem Sozialsystem etwas Rückhalt brauchen, wenn es zuviel für sie wird. Vor allem die Krankenschwestern der Intensivstation sind in dieser Hinsicht besonders gefährdet dadurch, daß der Tod hier so schnell droht. Und all dies geschieht so rasch und immer wieder, daß sie wirklich Hilfe brauchen. Auf einigen Intensivstationen gibt es inzwischen Gruppen, in denen Schwestern miteinander über ihre Gefühle reden wie zum Beispiel: „Ich habe diesen Patienten getötet – ich habe nicht im richtigen Moment aufgepaßt" und ähnliche Dinge, über diese Schuldgefühle, nicht im richtigen Moment dagewesen zu sein oder die Situation falsch eingeschätzt zu haben. Das Problem, daß heftige Gefühle in einem hochkommen und geäußert werden müssen, hat also nicht nur etwas mit dem Patienten zu tun, sondern auch mit dem Pflegepersonal des Krankenhauses: Ärzte, Krankenschwestern, Sozialarbeiter usw. – mit ihren Reaktionen und ihren Möglichkeiten, ihre Gefühle mit anderen zu teilen, mit dem Patienten, den Kollegen und sich selbst. Diese emotionale Last, die bewältigt werden muß, braucht Zeit. Und wenn man mit der unabweislichen Gewißheit seines eigenen Todes fertigwerden muß, dann braucht dies ebenfalls Zeit.

Es gibt inzwischen eine Reihe von Untersuchungen über die Betreuung von Patienten im Endstadium, in denen versucht wird, herauszufinden, auf welche Weise Patienten unter verschiedenen Bedingungen mit dieser Situation fertigwerden. Welche Unterschiede bestehen in dieser Hinsicht zwischen psychisch gesunden im Vergleich zu neurotischen Patienten und welche Hilfen zur Bewältigung kann man von einem Patienten lernen und an einen anderen Patienten weitergeben. Von den Leidenden lernen und neuen Leidenden davon mitteilen, ist heute zu einem Zweig der Psychiatrie geworden, den wir *Erforschung der Bewältigungsmechanismen (Coping)* nennen. Wie bewältigen Menschen Streßsituationen, wie den bevorstehenden Tod? Und wie kann man anderen Menschen, die unter diesem

Streß stehen, sagen, wie andere erfolgreich damit fertigwurden? Und wie lassen sich diese Bewältigungsmuster am wirksamsten lehren?

Nun, welche Dinge habe ich z. B. gelernt, und was habe ich davon bei der Bewältigung meiner eigenen Situation eingesetzt? Etwas, was mich sehr beeindruckt hat, war das Buch von *Hans Zinsser*, der vor einigen Jahren Fakultätsmitglied in Stanford war – ein Mann, der relativ jung an Leukämie starb, als er der Meinung war, daß er erst ein Drittel von dem geschafft hätte, was er eigentlich schaffen wollte. Er mußte um sich selbst trauern. Da Trauern bedeutet, die gemeinsamen Erfahrungen durchzuarbeiten, hat er die Erfahrungen durchgearbeitet, die er mit Hans Zinsser gemacht hat! Er betrachtete ihn sehr sorgfältig und rekonstruierte sein Leben und das Ergebnis war eines der faszinierendsten Bücher mit dem Titel „Meine Erinnerungen an ihn" („As I remember him"). Er beschreibt darin diesen teils idealisierten, teils außergewöhnlichen Menschen, der dieser wunderbare Kerl Hans war! Indem er ihm da einen Platz gab und liebevoll an ihn dachte – und vielleicht manchmal während des Schreibens sehr traurig war – versöhnte er sich damit, daß dies einmal *war* und in der Erinnerung lebt, in der Zukunft aber nicht mehr als Identität da sein wird. Diese Identität kann nur noch in Symbolen repräsentiert sein, wie hier z. B. in einem Buch. In Boston ist ein Gebäude nach mir benannt, das „Lindemann Mental Health Center", und das bedeutet auch ungemein viel. So hat man etwas, das die Existenz der eigenen Identität durch ein globales Attribut – ein Buch oder ein Gebäude – fortsetzt, was den Überlebenden dann die Möglichkeit gibt, diese Dinge, die zu *Dir* gehören, zu dieser ganz bestimmten Person, zu erinnern, so wie man in den verschiedenen Stadien seiner antizipatorischen Trauer über die verschiedenen Aspekte dieses Lebens nachdenkt, das man nun rekonstruiert.

Nun, die Lektüre dieses Buches war für mich eine Offenbarung, und ich habe mich, wenn ich trauernde Patienten sah, gefragt, ob sie vor ähnlichen Aufgaben stehen. Sie schreiben keine Bücher, aber sie vertrauen sich Familienangehörigen oder der Krankenschwester an, denen sie alles Mögliche aus ihrem Leben erzählen. Sie haben gerne Besuch von vielen Freunden, solange die in ihnen aufsteigenden Gefühle sie nicht zu sehr in Verlegenheit bringen und möchten in der Unterhaltung das aufgreifen, was sie mit dem zukünftigen Überlebenden gemeinsam erlebt haben. Und sie werden der Familie und den Freunden diese Erlebnisse geradezu eintrichtern, so daß sie sicher sind, daß diese sich noch daran erinnern werden, wenn sie nicht mehr da sind. Die Schaffung eines kollektiven Überlebensbildnisses von sich selbst, das noch da sein wird, wenn man einmal nicht mehr leibhaftig da ist, ist das Kernstück des Trauerns. Es kann ein bewundernswerter Prozeß sein, wenn er gelingt – faszinierend, wenn jemand das Glück hat, ihn zu beobachten.

Und tatsächlich erfährt man ab und zu von Menschen, die schwer erkrankt sind und nicht weiterleben werden und andere inspirieren können. Und nach unseren Beobachtungen sind das die Menschen, denen es sehr gut gelingt, sich ihr eigenes Leben und die gemeinsamen Erinnerungen zu vergegenwärtigen, und die somit ein Bild von einem menschlichen Geschöpf aufbauen, an dem man festhalten kann.

Nun, wenn dem so ist, dann kann man verstehen, warum in Büchern über die Behandlung von Todkranken und Sterbenden soviel davon die Rede ist, daß es zwischen dem Patienten und seiner Familie nicht genügend Kontakt gibt. Die Familie gerät in Konflikt, ob sie bleiben soll oder nicht, wie weit sie die Krankheit des Patienten mit ihm teilen soll; ob diese manchmal banalen Dinge, die der Patient anschneidet, die Zeit des Patienten und aller anderen wert sind. Und im Hinblick auf die Familie taucht vielleicht noch ein anderes sehr wichtiges Problem auf, das hier vielleicht schon von *David Kaplan* und *Dr. Fishman* im Zusammenhang mit Müttern von leukämiekranken Kindern erwähnt worden ist – nämlich, daß jemand eine so vollständige Trauerarbeit leisten kann, daß er sich von dem Menschen, der sterben wird, loslöst und dann keine Beziehung mehr zu ihm hat. Die Eltern wissen dann oft nicht, ob sie das Kind besuchen oder wegbleiben sollen. Das Problem, daß eine Beziehung vielleicht zu erfolgreich abgeschnitten wird, kann auch für den antizipatorisch Trauernden sehr schwierig werden. Manchmal sind Patienten, die unheilbar krank sind, schon versöhnt mit ihrem Schicksal und haben ihr Leben abgeschlossen; und wenn dann noch Besuch kommt, wollen sie ihn nicht mehr sehen. Man wundert sich, was mit ihnen los ist, es sei denn, man erkennt, daß ein bestimmter Prozeß stattgefunden hat und daß man an die Phase anknüpfen muß, in der sich ein solcher Prozeß gerade befindet.

Der nächste Punkt ist: Gibt es ein Modell, also eine Art „Vorbild“ für die Bewältigung des eigenen Todes? Wie haben andere das gemacht? Kennt man jemanden, der zum Schluß ein guter Patient war? Deshalb ist es so wichtig, daß man andere Patienten kennt, andere Menschen in einer ähnlichen Situation. Deshalb sind von einigen Krankenhausstationen Patientengruppen eingerichtet worden, so daß Patienten sich gegenseitig besuchen können und deshalb waren für mich auch die Erfahrungen in dem Wartezimmer hier im Hause hilfreich, wo wir uns in unseren komischen Gewändern trafen und wo man die typische Entwicklung eines Gruppenprozesses verfolgen kann. Wenn Leute zum ersten Mal da sind, sind sie ziemlich steif und sagen nichts, „sie sind in Wirklichkeit nicht krank, sondern nur zur Bestrahlung gekommen“; schließlich getraut sich jemand, über Leukämie zu sprechen, darüber, was für ein toller Ort diese Abteilung ist, im Vergleich zu anderen Kliniken, wo sie vielleicht vorher behandelt worden sind, „*man* weiß noch nicht, was los ist, aber *man* wird es sicher bald herausfinden.“

So sind sie also stolz auf diesen Ort, und da sie etwas haben, worauf sie stolz sein können, fangen sie langsam an, auf sich selbst stolz zu sein und erzählen sich, was für gute Patienten sie sind. Etwas später kommt das Problem: Können sie sich auch erzählen, was für gute Trauernde sie sind und wie sie damit fertigwerden, daß sie sterben werden? Doch das kommt erst ein gutes Stückchen später; wahrscheinlich wird es das erst in einer dyadischen Beziehung geben, mit einer Krankenschwester oder einem Arzt, zu dem man Vertrauen hat. Aber das Lernen am Modell, vielleicht sogar es besser zu machen als das Vorbild, das es nicht so gut macht – kann man nur in einer Gruppe haben. So ist das Wissen, das wir in der Psychiatrie über Gruppenprozesse gesammelt haben, sehr wichtig in diesem speziellen Zweig der Allgemeinmedizin.

Daß man sich während des Trauerprozesses an einem Vorbild orientieren kann, ist also was man einem Menschen in dieser Lebenssituation nur wünschen kann. Wenn die Trauerarbeit gelingt, freuen wir uns mit dem Patienten; wenn er es nicht schafft, hoffen wir, daß es jemanden gibt, der diesen Menschen versteht. Wir haben uns sehr darum bemüht, daß nicht nur Psychiater, sondern auch unsere medizinischen Kollegen und unsere Krankenhauspfarrer etwas darüber erfahren. Ich möchte diese Punkte, auf die es vorrangig ankommt, hier noch einmal zusammenfassen: Die Bewältigung jeder und erst recht dieser extremen Krisensituation ist ein Prozeß, der aus vielen Einzelschritten besteht, und ein schwieriger Patient ist nicht einfach „ungezogen“ oder einer, der nicht weiß, was los ist, sondern ein Patient, der nicht weiterkommt, weil er nicht weiß, wie er eine bestimmte psychologische Aufgabe lösen soll.

Nun, es kommt wahrscheinlich nicht oft vor, daß Sie einen Patienten haben, der sowohl Arzt als auch Psychiater ist und der dies durchgemacht hat, und deshalb werde ich ein bißchen über einige Einzelheiten dieser Aufgabe erzählen, die ich tatsächlich irgendwie hinter mich gebracht habe, sonst könnte ich nicht so leicht darüber reden. Die einzelnen Schritte dieses Prozesses reihten sich bei mir in der inneren Auseinandersetzung mit einem Chordom aneinander, einem der schlimmsten Tumorformen, das bei einer Abklärungsoperation drei Jahre zu spät entdeckt wurde, nachdem man es drei Jahre lang als Virus oder Bandscheibenschaden falsch diagnostiziert hatte. Der Chirurg, der mich zur Bestrahlung schickte, und mir sagte, daß er die bösartige Geschwulst nicht entfernen könne, war darüber so unglücklich, daß *ich ihn* trösten mußte, weil er den Zug verpaßt hatte. Und er sagte: „Sie haben jetzt noch drei oder vier Jahre, reichen Ihnen drei oder vier Jahre?“ In diesem Augenblick haut es einen wirklich um, und was einen umwirft, ist, daß man nicht unsterblich ist. Denn jedermann hat irgendwie die seltsame Überzeugung, unsterblich zu sein. Wir können uns selbst nicht wirklich als tot vorstellen. Wenn wir über den Tod träumen, dann träumen wir eine wahrnehmende tote Person zu sein und nicht eine Person, die nicht existiert. Und so sucht man nach einem Bild davon, was der Tod ist.

Da ist die Geschichte von den drei Kirchenmännern, die ihre Erfahrungen austauschen wollten, weil sie ganz sicher waren, daß sie nach drei Tagen zurück sein würden. Nun, einer von ihnen, der tatsächlich irgendwie wieder auferstand, sollte seinen Freunden erzählen, wie es gewesen war, aber alles, was er berichten konnten, war: „totaliter aliter" – ganz anders!

So schreckt man also vor der Nichtexistenz zurück – und fragt sich: welche Existenz? Dann fällt einem *Zinssers* Modell ein, nämlich: die Existenz ist die Erinnerung an die Person, die war. Und man denkt wie besessen über die Vergangenheit nach! All die Kindheitserlebnisse, die Erlebnisse als Junge. Ich erinnerte mich auf einmal an deutsche Gedichte, die ich früher auswendig gelernt hatte, und erlebte anhand dieser Gedichte meine Vergangenheit wieder. Und da ein alter Mensch auf einen früheren Zeitraum zurückschaut – so wie Goethe im „Faust" auf den Ur-Faust zurückschaute, als er noch ein junger Mann war – sieht er, daß dieses Selbst von damals mit anderen Menschen zu tun hatte als ich heute, und daß ich in Wirklichkeit eine Kette von verschiedenen Selbst-Existenzen bin; eine davon bin ich jetzt und zukünftig wird es wahrscheinlich nur noch eine Ansammlung von diesen Selbst-Existenzen in der Erinnerung anderer Menschen geben.

Das nächste, was ich tat und was für mich in der antizipatorischen Trauer sehr wichtig war, war, mir die Orte meiner Vergangenheit anzuschauen. Ich fuhr nach Deutschland und besuchte all die Plätze, wo ich aufgewachsen war und mein Geburtshaus; ich versuchte, Menschen zu finden, die ich damals gekannt hatte; ging zurück nach Heidelberg, wo ich meine Karriere begonnen hatte; und ich tat etwas, was ich gemacht hätte, wenn ich in Heidelberg geblieben wäre statt in die Vereinigten Staaten zu kommen: Ich hielt eine Vorlesung vor Medizinstudenten. Es war wichtig für mich, diese Gelegenheit nachzuholen, die versäumt worden war und vielleicht nicht wiederkommen würde. Dieses Nachholen versäumter Gelegenheiten ist ein sehr wichtiges Element, auf das im voraus Trauernde nicht zurückgreifen können, wenn sie nicht wissen, daß sie sterben werden. Wie wir aus unseren Untersuchungen über die Trauer wissen, sind feindselige Beziehungen und Streitereien, die zu Lebzeiten nicht aus der Welt geschafft wurden, für den Trauerprozeß genauso schwierig wie liebende Beziehungen, die zu einer intensiven Verbindung und großer persönlicher Erfüllung geführt haben, so daß der Verlust schwer wiegt. Und deshalb ist es wichtig, Streitigkeiten beizulegen, nicht nur für einen selbst, wenn man geht, sondern auch für diejenigen, die dann noch da sein werden. Es ist also gut zu wissen, daß man es Patienten, wenn sie sich in dieser besonderen Lebenslage befinden, durchaus gestatten sollte, daß sie sich mit Verwandten, vielleicht auf der Station oder in einem geeigneten Raum, streiten, anstatt zu denken: „Das muß ich aber sofort unterbinden."

Nachdem man sich also mit der Vergangenheit und der Gegenwart auseinandergesetzt hat, muß man als nächstes die noch verbleibende Zukunft irgendwie strukturieren. Das ist nun die Zeit, in der Arzt, Krankenschwester und Patient sehr viel zusammen sein müssen. Oft weiß man nicht genau, was man sagen soll. Das Problem ist, wie kann man Gedanken über die Zukunft so formulieren, daß es emotional erträglich ist, daß es immer noch möglich ist, bestimmte Dinge zu tun und daß es zu einer akzeptablen Vorstellung darüber kommt, was geschehen wird, wenn man nicht mehr da ist – daß die Menschen, die zurückbleiben, ohne mich ein erträgliches Leben haben werden? Was wird sein, wenn die anderen um mich trauern, nachdem ich weg bin und was passiert mit dem leeren Platz in den sozialen Beziehungen? Eltern, die Kinder hinterlassen, möchten wissen, wie ihre Kinder um sie trauern werden; was aus dem jeweiligen Arbeitsplatz und Einkommen wird – hier ist die Sozialarbeiterin angesprochen – und was passiert, wenn es ihre besondere Funktion als Puffer zwischen anderen Menschen in einem vielleicht schwierigen Sozialsystem nicht mehr geben wird. So mag manch einer die Vorstellung haben, „daß, solange ich da bin, mit den anderen nichts schiefgehen kann". Darüber wird man also nachdenken müssen. Mit anderen Worten, es muß eine Gelegenheit geben, all das, was im Leben noch nicht zu Ende geführt wurde, zu durchdenken, es zusammenzubringen und dann in die Tat umzusetzen.

Ich wurde geradezu hypomanisch, indem ich z. B. herumjagte und all die Dinge tun wollte, von denen ich dachte, daß es wunderbar sein würde, sie noch einmal zu tun. Mit anderen Worten: Achten Sie darauf, daß Menschen, die den Tod vor Augen haben, nicht in einer Umgebung leben müssen, die ihren Tatendrang einschränkt; daß sie immer noch so mobil sein können wie es ihre Krankheit erlaubt und immer noch so reich an neuen Erfahrungen – solange es eben geht. Ich glaube nicht, daß es töricht ist, nach einer Entschädigung zu suchen für all die Dinge, die man eines Tages nicht mehr haben kann, und auch nur eine symbolische Erfüllung dieses Wunsches kann schon eine Menge bedeuten.

Dies sind also Dinge, an denen gearbeitet werden muß und man kann als Arzt, Krankenschwester und Sozialarbeiterin dabei ein wissender Begleiter sein oder danebenstehen und völlig perplex sein: Warum ist das Verhalten des Patienten bloß so unbegreiflich? Wenn der Patient merkt, daß Sie ihn nicht verstehen, dann wird er natürlich in der Behandlung oft nicht kooperieren. Nun, es ist sicher ein großes Problem, daß man in einer Institution keine Zeit hat – ich war sehr erstaunt darüber, wieviel Zeit Ihr mir hier gegeben habt – und daß auch die emotionalen Ressourcen fehlen, um sich den Patienten als einen leidenden Menschen vorzustellen, der sterben und sich selbst verlieren wird, statt als ein Exemplar einer biologischen Spezies mit bestimmten Schäden die – wie sich mancher Arzt sagen mag – „ich glücklicherweise bis zu einem gewissen Grad wieder in Ordnung bringen kann. Vielleicht gehört dieser Fall in meiner Statistik nicht zu den Glücklichen, doch ich habe noch viele andere, die das allmählich wieder wettmachen können." Aber auf der Basis der „biologischen Statistik" kann eine Arzt-Patient-Beziehung nicht funktionieren; denn das bedeutet, daß man von dem Patienten einen ungeheuren Altruismus verlangt, während er gerade in hohem Maße narzißtisch mit sich selbst beschäftigt ist. Aber ich glaube, daß man, wenn man diesen Prozeß erst einmal verstanden hat, überrascht sein wird, wie wenig Zeitaufwand wirklich nötig ist, um das richtige Wort zur rechten Zeit und nicht zuviel zu sagen; dem Patienten die richtige Art von Bestätigung zu geben, daß man ihn mit dieser ihm eigenen Art der Bewältigung (Coping) akzeptiert; und indem man dies tut, schafft man das, was wir ein *therapeutisches Bündnis mit dem Patienten* nennen: dem Patienten zur Seite stehen und ihn begleiten, statt ihn zum Objekt unserer Dienstleistungen zu machen.

Literatur

Glaser, Barney G. und *Strauss, Anselm:* Interaktion mit Sterbenden. Beobachtungen für Ärzte, Schwestern, Seelsorger und Angehörige. Vandenhoeck & Ruprecht, Göttingen 1974.

Quellennachweis

Kapitel 1–8 und 16: Übersetzungen ausgewählter Kapitel aus dem 1979 bei Jason Aronson erschienenen Buch E. Lindemanns: Beyond Brief – Studies in Crisis Intervention.

Kapitel 9: Vortrag gehalten auf der 9. Lindauer Psychotherapiewoche 1959. Praxis der Psychotherapie, V, 22–33, 1960.

Kapitel 10: Vortrag gehalten auf der 10. Lindauer Psychotherapiewoche 1960. Praxis der Psychotherapie, VI, 3–16, 1961.

Kapitel 11: Vortrag gehalten auf der 12. Lindauer Psychotherapiewoche 1962. Praxis der Psychotherapie, VII, 2–8, 1962.

Kapitel 12: Referat bei der 77. Wanderversammlung südwestdeutscher Neurologen und Psychiater in Baden-Baden 1961. Der Internist, 3, 72–76, 1962.

Kapitel 13: Vortrag auf der Lindauer Psychotherapiewoche 1965. Münch. Med. Wochenschrift, 105, 2461–2466, 1965.

Kapitel 14: Praxis der Psychotherapie, XII, 24–31, 1967.

Kapitel 15: Vortrag auf der 18. Lindauer Psychotherapiewoche 1968. Münchener Med. Wochenschrift, 111, 1010–1015, 1971.

Sachregister

Abhängigkeit(s)
– bedürfnis 160
–, physiologische 163
–, unerwünschte gegenüber dem Arzt 163
– zustände, abnormale 129
Ablösungsprozeß 125
Abwehr
– gegen Feindseligkeit 64
– mechanismen 100, 181
Affenversuche (Harlow) 128
Aggression(s)
– akt 170
– theorie 59, 60 ff.
– trieb 74
Aktionsforschung 83
Alkohol 158 f., 163
Alkoholismus 144
Alkoholmißbrauch 156 ff.
– als Ausdruck von Lebensnot 157
– als Rebellion gegen Autoritäten 158
–, dessen Rolle im sozialen Versagen 159
Allgemeinkrankenhaus als Bedingungsrahmen für Rollenübergänge 116 f.
Angst 178, 181
– anfälle 18, 19, 103, 168
– reaktion 178
– zustände 169 f.
Anpassungsleistungen, emotionale 69
Anthropologie
–, dynamische 7, 69, 151 f.
–, medizinische 122, 148
–, soziale 148, 149, 181
Anti-Psychiatrie 2, 5
Arbeiterbevölkerung 102, 105, 108
Arbeitsteilung 124, 131
Armut 103, 172, 181
Assimilationsprozeß nach Umzug 101
Astrologie 137
Außenseiter 176
Autoritätsbeziehung zwischen Arzt und Schwester 177

Bedrohung 187
Bedürfnisse, bes. bei Sucht 163
Befunde
–, prä-operative 18
–, post-operative 18
Begegnung, deren Bedeutung für den Menschen 9, 10
Belastungssituationen, psychosoziale 95 ff., 103
Belastungstest 171
Berater, psychosozialer 120
Beratung
– im Mental Health-Center 85 ff., 87
– konsiliarische 86, 90 f.
Beziehung
–, deren Verarmung 76
–, deren Weiterbestehen bei Entziehungskur 162
–, dyadische 130
–, fundamentale 140
–, intime 139
–, pathologische 84
–, soziale 167
– zu anderen Menschen 72, 76, 77, 79, 132–134
– zwischen Arzt und Patient 104, 193
– zwischen Organspender und -empfänger 180 f.
Beziehungsanalyse 2
Beziehungsfeld 94
– bei Colitis ulcerosa 26–39
Beziehungsgleichgewicht
–, dessen Wiederherstellung 29
–, verlorengegangenes 29
Beziehungskonstellation, -muster 33, 126
Beziehungspersonen, emotional wichtige 23 ff., 29, 76, 84
Beziehungssysteme
– aus sozialwissenschaftlicher Sicht 66
– bei Colitis ulcerosa 26–40
Bewältigungsmechanismen 100, 103, 107, 129, 188
Bewertung, ethische des Menschen 132 f.
Bezugsgruppe(n) 66, 77, 84, 186
Bild
– des Verstorbenen 185

– von einem anderen 167f., 172
Bräuche 127, 131
Bündnis, therapeutisches 194

Cliquen 128
Coconut-Nachtclub-Brandkatastrophe 4, 23, 43, 44, 49, 57, 110
Colitis ulcerosa 23ff.
– als unbewältigte Trauer-Reaktion 24–42, 112
–, dazugehörige Phantasien 40, 41
–, deren Interaktionsmuster 29
–, deren Psychodynamik 29f.
–, entsprechende Fallschilderungen 25–40
–, psychogene Faktoren 24
–, typische Krankheitsverläufe 28ff.
– und psychotische Symptome 40f.
Community Mental Health 5, 6, 186
–, erste diesbezügliche Einrichtung in Wellesley (USA) 81ff.
– Psychiatrie 175
Coping 188, 194

Delegation 6, 25
Denken über andere 13f.
Depersonalisation 25, 41
Depression
– bei Frauen nach Operation 20
– in Verbindung mit Sucht 161
–, post-operative 21
Desillusionierung 116
Desintegration des Verhaltens 19
Diarrhöe als Indikator für die Schwere einer Colitis ulcerosa 35, 112
Distanz, soziale 167
Drogenabhängigkeit 7, 156–164

Ehefrau, deren Rolle bei Sucht 161
Eingriffe, operative, deren psychische Folgen 3, 14, 66
Elektrizitätswerk-Studie 78
Emotionen, deren Entladung 69
Endstadium 188
Entwicklungsstörungen 149
Entziehung(s)
– kur 158
– reaktion 163
Epidemiologie 96, 122
–, soziale 150
Erfahren des Anderen 167
Erich-Lindemann-Mental-Health-Center 5, 189
Erkrankungen, psychosomatische 23ff.
Erpressung, politische 64
Ersatz
– familie 162
– ziel 63, 65
Ethik 180
Evakuierung 100

Fähigkeit
– zu arbeiten 72, 76
– zu lieben 72, 76
Familie(n) 7, 33, 66, 189
– als spontane Gruppe 139
– als Tätigkeitsfeld des Psychiaters 149
– arzt 163, 164
–, deren gestörtes Gleichgewicht nach Verlust 67, 68
–, deren instabile Struktur 62
–, deren Wertschätzung in verschiedenen Kulturen 134f.
– dienste 89
– Dynamik 1, 6
– Konstellation bei Colitis ulcerosa 26–39
– nach Umzug 101ff.
– Organisation, kulturelle Unterschiede 138
– Stil 176
– Struktur 132
– System 131, 139
– Therapie 2, 162, 172
Fehlverhalten, sexuelles 85
Feindseligkeit 59ff., 74
–, deren Ursachen 60, 61
– gegenüber Mitarbeitern 90
– im Rahmen von Trauer 46, 51, 111
– individuelle 59
– in Gruppen 60–66
– nach Verlust 66–69
–, offene 60
–, passive 145
–, verdeckte 60
Feldstudien, in der vorbeugenden Psychiatrie 122–129
Feldwebelsyndrom 78
Fettsucht 160
Feuerkatastrophe 184, 187
Forschung
– bei Colitis ulcerosa 23–42
– bei Zuständen nach Operationen 14–22
– im Wellesley-Projekt 4, 81–98
– nach erzwungenem Umzug 103–108
– von Feindseligkeit bei Einzelnen und Gruppen 63–69
– von Trauerprozessen 43–57

Forschungsprogramm über psychische Folgen 14ff.
Fremdarbeiter 172f.
Freundschaftsgruppen 128
Frustration(s)
– Aggressions-Hypothese 61
– als Ursache aggressiven Verhaltens 61
– theorie 61
–, zukünftige 62
Führungspersönlichkeit 78

Gefühle
–, feindselige 60, 63, 184
–, wütende 60
Gefühlskonflikte, spezifische 145
Gehorchen 134
Gemeinde
–, deren Bedeutung für die seelische Gesundheit 81–93, 175
– Forschung 103
Gemeinschaft(s)
– gruppen 175
–, therapeutische 178
Gesellschaft(s)
– schichten und deren Einfluß auf Krankheit 148–154
Gestaltkreis (V. v. Weizäcker) 8, 122, 167
Gesundheit
–, deren graduelle Unterschiede 78
– dienst 81
–, diesbezügliches Komitee 90
–, emotionale 79
– fürsorge 142ff.
–, öffentliche 120
– problem in der Gesellschaft 79
–, seelische 71–80, 99, 103, 110
– und Krankheit 71ff.
– und Kultur 72
Gesundheitsberatung, psychosoziale 87
Gewalt 59
Gewissen(s)
– bisse 178
–, soziales 8, 174ff.
– umstellung 178
Großfamilie 153
Grundbegriffe der Sozialwissenschaften 124f.
Gruppe(n)
– als Arbeitsinstrument zur Veränderung 9
– auf geschlossener Station 71
– beziehungen, spezifische 78
– bildung 139, 140
–, deren Atmosphäre 9
–, deren Chance zu Begegnung 9, 10
–, deren Erforschung 6, 123
–, deren Feindseligkeit 63, 64, 65
–, deren Gleichgewicht 66, 84
–, deren Normen 78
–, deren soziale Spannung 6
–, deren Tod 10
– Dynamik 10
– erwartungen, verinnerlichte 140
– Forschung 6, 124
– in Notsituationen 84
– lehre, dynamische 140
– prozess 191
– Psychologie 124
–, soziale 84, 130
–, spezielle Organisationsformen 61
– therapie 161, 172

Haltungen
–, charakteristische gegenüber der Natur 132f., 134
–, kulturelle 136, 138
–, psychotherapeutische 182, 183
Handeln, kulturelle Einschätzung 132f., 135
Handlungen
–, diesbezügliches Fallbeispiel 64
–, feindselige 60, 63, 64, 65, 67
Haß 65, 67, 169
– Objekt 85
Hausarzt 171
Helfer, ehrenamtliche 90
Helferberufe 85ff., 118, 120, 127, 175, 177
Heroin 163
Herztransplantation 180
Hilfsangebote, durch Nicht-Psychiater 85–93
– im Rahmen des seelischen Gesundheitsdienstes 82–93, 108
–, professionelle psychiatrische 20ff., 41ff., 55ff., 69f., 83ff., 103ff., 162f.
Hoffnungslosigkeit 54
Human Relations Service 86
Hygiene, psychische 122, 124

Identifizierung mit dem verlorenen Objekt 10, 57
Identität(s) 139, 181
–, doppelte 164
–, geteilte 181
– verlust 41
Impulse, feindselige 60
Industrialisierung, der Wissenschaft 6, 180

Industrie, deren Erfolge und Nachteile 123
Informationsbeschaffung im Zusammenhang mit drohendem Tod 187
Inkorporation 67, 113
Institution, soziale 149, 179
Integration, soziale 59ff.
Intensivstation 177, 188
Interaktionsmuster bei Colitis ulcerosa 30, 34
Intervention, vorbeugende 115
Interview, psychiatrisches 15, vgl. 148ff.
Intimität, deren Verlust 139

Kernfamilie, typische amerikanische (Parsons) 138
Kindergarten
–, dessen Bedeutung für seelische Gesundheit 91
– Untersuchungen 95
Kindergruppen 128
Kirchengemeinde, deren Bedeutung für die seelische Gesundheit 88
Klassen-
– struktur 131, 132
– unterschiede bei der Behandlung von psychischen Störungen 151, 154
– zugehörigkeit und psychische Störungen 125
Klatsch, bösartiger 63
Kollektivität 130f.
Kommunikation(s)
– feld 171
– formen, sozialkulturelle 173, 181
– netz 166
–, nonverbale 166–173
–, offene 177
– problem 172
– system 168f., 172
–, verbale 166–173
– wissenschaft 166
– zwischen Arzt und Patient 166–173 Fallbeispiele 168ff.
Komplikationen, post-operative, psychische 20, 22
Konflikte
–, ödipale 87
–, soziale 8
–, zwischenmenschliche 149
Konsiliardienst 92
Konstellationen, soziale, pathogene 6
Kontemplation, deren unterschiedliche kulturelle Einschätzung 135f.
Kontroll-Instanz 65
Krankengeschichte 179
Krankenhaus 179f.
Krankenschwester, deren Rolle 177f., 188
Krankheit(s)
– als soziales Phänomen 129
– definition, kulturelle 151
–, deren soziale Bedingungen 124
–, eigene unheilbare 183–194
–, latente 142, 145
–, neurotische 148
–, unheilbare 10, 176
– träger 69
– und Gesundheit 71ff.
– und Schuld 156ff.
– verhütung 142ff.
Krise(n) 1, 4, 26, 44, 75, 107, 108, 144
– beratung 120
– bewältigung 1, 102f.
–, deren Antizipation 88
–, emotionale 177
–, gesellschaftliche 7
– in den zwischenmenschlichen Beziehungen 24
– intervention 4, 81, 84f. (mit typ. Beisp.) 103–121
–, kollektive 4
– Konzept 117
– Management 3
– nach Augenoperation 116f.
– nach Enttäuschung 24
– nach Zurückweisung 24
–, persönliche 7
–, psychosoziale 5
– reaktionen 125
– situationen 94, 95, 105, 115
–, soziale 7, 125, 160, 171
– Theorie 4
– verhalten 100
– zeiten 94
Kultur 131
– änderung 175
– der Armut 172
–, deren Einfluß auf Krankheit 148–154
– des Alkoholismus 145
– kritik 7
– Problem 162
– Studien 174
– Unterschiede 79
–, Unterschiede zwischen amerikanischer und indischer 132–140
– wandel 8, 174ff.
– Wert 174

Laboratorium(s)
– arbeit 127
–, sozialpsychiatrisches 152
Längsschnittstudien 96
Lebensbedingungen, pathologische 84
Lebenskrisen 5, 7, 33, 81, 143
–, typische Formen 86
Lebensnot 157
Lebenssituation
–, deren Veränderungen 23 ff.
–, spezifische 145
Lebenszyklus 80, 115
Leistungsanforderungen 74
Lieblosigkeit 159
Lindauer Psychotherapie-Wochen 7
Lindemann-Gruppe 9, 10
– Mental Health-Center 189
Loyalitätsbindungen 104

Medizin
–, sozialwissenschaftlich gesehen 150 ff.
–, vorbeugende 120, 149
Medizin-Soziologie 7, 153
Mental Health-Bewegung 3, 5, 123
Mental Health-Center
–, dessen Erforschung 93–97
–, dessen Funktionen 82
–, dessen Klinische Dienste 84
–, dessen Service-Angebot 83, 89
–, dessen soziale Struktur 83
Milieu, soziales 131, 178
Mittelschichtbevölkerung und deren Erfassung für die Prävention psychischer Störungen 82
Mobilität, erzwungene 100, 102
Mutter-Kind-Beziehung 127 f.

Nachbarschft(s)
–, deren Verhalten bei Lebenskrisen 86
– zentrum 104, 105
Nachholen versäumter Gelegenheiten 192
Nationalismus 65
Natur, unterschiedliche Beziehung dazu 134 f.
Netzwerk, soziales 105
Neuankömmlig nach Ortswechsel 101
Neurose 16, 75
–, soziale 124
–, traumatische 124
Nichtexistenz 192
Not
– der Gemeinschaft 174
– des Patienten 174

Ödipusstadium 140
Operation, deren psychische Folgen 3, 13 ff., 66
Organisation
– der Menschen 130–141
–, soziale 7
Organspender, dessen Motivation 180
Organtransplantation 180 f.
Orientierung, kulturelle im Vergleich 132–140
Ortswechsel 100, 104, 129

Palo-Alto-Schule 6, 8
Pastor 171 f.
Pathosophie 174
Persönlichkeit(s)
–, deren Entwicklungsstadien 72, 75, 140
–, diesbezügliche Definition 72
–, reife 71, 75, 77
– theorie 110
Pfarrer
–, dessen Bedeutung für die seelische Gesundheit 85–90
–, dessen Mitarbeit im Mental Health-Center 85–89
Prävention 1, 3, 5, 7 f., 22, 41 f., 57, 81 ff., 91, 95
Prestige 180
Produktivität, deren kulturelle Einschätzung 135
Prophylaxe 8;
vgl. Vorbeugung bzw. Verhütung
Protestformen der Jugend 181
Pseudofamilie 139
Pseudointimität 159, 162
Pseudoreife 74
Psychiater
– dessen Aufgaben im Allgemeinkrankenhaus 116 f., 148 ff.
– als Berater 7
– als Sozialtherapeut 6
– als Vermittler 7
–, deren Widerstände gegen Mitarbeit von Helfern 86
–, dessen moderne Rolle in den USA 15
–, dessen politische Aufgabe 5, 8
–, dessen traditionelle Rolle 5, 112
–, dessen zehn Funktionen 148 ff.
–, dessen Zusammenarbeit mit Laienhelfern 82–93
Psychiatrie
–, administrative 178
–, deren Interessen 69

– Enquête 2
–, kustodiale 2
–, präventive 69, 122–129, 186
–, traditionelle 2
Psychoanalyse 168
Psychohygiene 122, 124
Psychologe
– als Leiter von vorbeugenden Einrichtungen 119
– im Bereich der Krisenintervention 119
Psychologie 122
Psychose
–, depressive 57
–, drohende 24
–, post-operative 14
Psychosomatik 148
– am Beispiel der Colitis ulcerosa 23–42
– im Zusammenhang mit akuter Trauer 43–57
– im Zusammenhang mit Vorbeugung 147
Psychotherapie 21
– bei Feindseligkeit 67 ff.
– bei pathologischer Trauer 55 ff.
– bei Sucht 161 f.
– in der akuten Notphase 41
– in Kliniken 154

Querschnittstudie 96

Rangordnung 125, 131
Rangwahrnehmung 179
Rausch
– als Herausforderung für den Arzt 160
– als Krankheit 156–164
– als lustvolle Entspannung 157
– als Scheingewinn 160
– als Versuch, ein Lebensproblem zu lösen 164
– als Zustand mit Unlust 158
–, dessen gruppenbindende Wirkung 158
–, dessen unbewußte Bedeutung 157
– gifte, deren Wahl 159
Reaktionen
– auf die eigene unheilbare Krankheit 183–194
– auf Todesfall 171
– auf Verlust 175
–, defensive 100
–, emotionale 169
–, erlernte 61
–, individuelle 152
–, kulturelle 152
–, psychische 148 ff.

Regression, dramatische 128
Rehabilitation 147, 150, 163
Reife
–, bezogen auf die Persönlichkeit 73, 75
–, deren Kriterien 77
– grade der Persönlichkeit 73
– problem 74
Reifungskrise 115
Reinkarnation 136
Riots 182
Rolle(n)
– der Krankenschwester 177
– des Arztes in der Gemeinde 151, 176
– des Kranken 179
– erwartung 118
– konflikte 139
– konzept der Sozialwissenschaften 113, 125
–, neue 186
– system 177
–, technische 178
– übergang 112–116
– übernahme 176
– übernahme-Therapie 41, 112, 126
– verschiebung 161, 178 f.
– verteilung 176, 179, 181

Sanierungskrise 104
Sanierungsprogramm 107
Schablone 167 f.
Schicksal, dessen unterschiedliche kulturelle Einschätzung 134
Schmerz nach Verlust 47, 55
Schuld und Krankheit 156 ff.
Schuldgefühle 178, 181, 182
– im Rahmen von Trauer 45 f., 55, 56
Schule, deren Bedeutung für seelische Gesundheit 90 f.
Schuleintritt 115
Schulphobie 116
Schwellensituationen 94, 96, 100, 115
Sekundärerkrankung 142 ff.
Selbst 192
– achtung 161
– bestrafung 63, 64
– erfahrungsgruppe 9, 10, 173
– vertrauen 161
– vorwürfe 54
– zerstörung 64
Sexualtrieb 74
Sicherheit, deren Bedrohung 62
Situation(s)
– analyse 8, 168, 170–172, 181 f.

–, kritische 177
– therapie 172
Slumsanierungsprojekt 102, 152
Sociatry 175
Sozialanalyse 7
Sozialberufe 118
Sozialmedizin 150
Sozialpathologie 8, 179
Sozialpsychiatrie 2, 6, 180
Sozialpsychologie 69
Sozial-Struktur 7, 124, 176f., 189
– bei Fällen mit Colitis ulcerosa 26–39
Sozailsystem 90, 130
Sozialtherapeut 175, 179, 180f.
Sozialtherapie 1, 171, 172, 175
Sozialwissenschaft 168
Soziogramm 170
Spannung(s)
–, emotionale 74, 77
–, feindselige 62f., 63, 64, 69
–, soziale 77
– zustand, post-operativer 66
Sprechstunde 168, 170
Städteplanung 146
Sterbende 176ff., 194
Störungen, emotionale 74, 82, 89, 96, 97
–, deren Antizipation 88
–, deren Verhütung 1
– nach Umzug 102ff.
Streßsituation 101, 188
Strukturen
–, ökologische 130, 131
–, soziale 124, 129, 151, 181
Substitute für normale Trauerreaktionen 111
Substitutionstherapie, psychologische 26ff., 33, 41
Sucht als Krankheit 156–164
Symptome
– krankhafter Trauer 49ff.
– normaler Trauer 44ff.
–, psychische bei Colitis ulcerosa 17–20
–, psychische nach Operation 16ff., 20, 22
Syndrom, post-operatives 21
System 179
– consultant 172
–, soziales 29, 94, 128, 169, 172, 181
– störung 179
– theorie 6, 8

Tatendrang vor dem zu erwartenden Tod 193
Teamarbeit, interdisziplinäre 82ff., 86, 121
terminal care 177
Therapie
–, individuelle 8, 152
–, soziale 8, 152
Tod
–, Auseinandersetzung damit 9, 10, 45, 88
–, dazugehörige Trauerarbeit 10
–, drohender 187f.
–, eigener herannahender 183
– eines nahen Angehörigen 25, 48, 50, 63, 67, 113, 176
–, Konfrontation mit dem eigenen 184
–, teilweiser, nach Organverlust 184
–, Vorstellung davon 191
Todesfall in der Familie, dessen Folgen 4, 25, 43, 45
Töten 60, 63
Tradition 131, 137
– der Kindererziehung 146
Trauer
– als besondere Form des Rollenübergangs 114
– als etwas Schöpferisches 10
– als gesundes Phänomen 10, 110
– als möglicher Vorläufer von Krankheit 118
–, akute 4, 43ff., 88, 184
– antizipatorische 56f., 115, 187, 189, 190, 192
– Ausdrucksformen von 106
Trauerarbeit 4, 55, 111f., 113, 153, 175, 176f., 184f., 190
–, deren drei wichtige Schritte 111
–, deren Organisation 114
–, damit verbundene Selbstmordgefahr 53
–, damit verbundene Störungen 49–53
–, deren Diagnose 44–53
–, deren Durchleben 33, 185
–, deren Phasen 185
–, deren Prognose 54
–, deren Symptomatologie 43ff., 111
–, deren Therapie 43ff., 55ff.
– nach Beziehungsabbruch 43ff.
–, normale 25, 47ff.
–, deren Symptomatologie 45ff.
Trauer-Prozeß 47, 49–54, 107, 110, 130f., 184, 186, 192
Trauerreaktion(en) 4, 43ff., 54, 94, 125, 152
– bei Colitis ulcerosa 23–41
–, fehlende adäquate 31, 144
–, krankhafte 40, 49–54, 110f., 112
– nach Operation 16–22
– nach Umzug 103, 106

–, pathologische 4, 41, 113
–, typische Verlaufsformen 47–54
–, unverarbeitete 50
–, verzerrte 50f.
–, verzögerte 31, 49f., 112, 126
Trauersyndrom 44, 111
– Überreaktion 55
– Zeremoniell 153
Trauern, pathologische Züge 126
Trauma 13, 14, 74
Traurigkeit 188
Trennung
– von einer wichtigen Beziehungsperson 24, 27f., 31, 33, 35, 37, 39, 41, 44, 47, 50, 55f., 88, 95, 114
– von einzelnen Organen durch Operation 13ff.
Trunksucht 156–164

Übergangsphasen (siehe auch: Schwellensituationen) 94f.
Überlebensbild seiner selbst 189
Übertragung süchtiger Patienten 160
Umwelt 79, 147
–, deren Bedeutung bei Colitis ulcerosa 25ff.
–, deren Bedeutung bei Verarbeitung von Trauer 43ff., 53f.
–, deren Bedeutung für die Verarbeitung von Feindseligkeit 66ff.
–, emotional wichtige 93, 94
–, soziale 187
–, stützende 130
Umweltplanung 99
Umzug 97, 106, 120
– als Chance 107
– als Krise 99–108
Unabhängigkeit, deren Wertschätzung in verschiedenen Kulturen 133
Unsicherheit 62

Verarmung zwischen-menschlicher Beziehungen 76
Verbote 123
Verdrängung 75
Vergangenheit, deren Aufarbeitung vor dem Tod 192
Vergleich
–, transkultureller 7
–, vor Operation und nach Operation 19
Verhalten
–, abweichendes 119
–, aggressives bei Colitis ulcerosa 31
–, delinquentes 85
– der Mitmenschen als pathogener Faktor 123
–, feindseliges 61
–, vorbeugendes 127
Verhütung
– psychosomatischer Störungen 147
– seelischer Störungen 1, 5
Verlust 1, 55, 79, 115
– der eigenen Person 186, 187
– des kulturellen Milieus 24
– des Wohnortes 100ff., 107
–, dessen Folgen 43ff., 152
– durch Enttäuschung 24, 42
– durch Tod 24
– durch Zurückweisung 24, 42
– einer wichtigen Beziehungsperson 4, 23f., 41f., 66, 111, 113, 175
– früher, von der Mutter 159
– konzept 4
– reaktion 171
– seiner selbst 185
– thematik 1
– von Sicherheit 24
– von Teilen des eigenen Körpers 186
Vernichtungswaffen 59
Verpflanzung in eine neue soziale Umwelt 107
Versöhnung 68
Versorgung
–, gemeindenah 94
–, psychotherapeutische 1
Verstehen, psychodynamisches 182
Verwandtschaftsstruktur 153
Verwaisung, frühe, deren Folgen 128
Vorbeugung(s) 1, 2, 3, 4, 5, 7, 11, 81ff., 90, 103ff., 117, 142–147, 148
– programm 118
–, kulturspezifische 145
–, primäre 142
–, sekundäre 142
–, unspezifische 145
– von Krankheit 144
– von Sekundärerkrankungen 142f.
– – z.B. nach Operationen 143
– von Verschlimmerungen 142f.
–, Widerstände dagegen 150
Vorbild 190
Vorschuluntersuchung 91, 95
Vorsorge 5, 95

Wahrnehmen 167
Wandel, sozialer 8, 181

Wellesley-Forschungsobjekt 4, 81–98, 115
Werte 123, 131
–, kulturelle im Vergleich 132f.
Werthaltungen 181
Wertsystem, übergeordnetes 78
Westend-
– Bevölkerung (Boston) 107, 152
– Studie 102, 120, 153
Wettbewerb, wissenschaftlicher 180
Wohlbefinden 72
Wohlfahrtspflege 89
Wut 60, 169
–, unterdrückte 145

Zeiterleben, kulturelle Unterschiede 132f.
Zentralinstitut für seelische Gesundheit
–, erstes in Wellesley (USA) 81ff.
– in Mannheim 5
Zentrum für seelische Gesundheit 97, 121
–, erstes Modell in Wellesley 81ff.
–, –, dessen Funktionen 82
Zeremonien, seelsorgerliche, deren Bedeutung bei Trauer 88, 127, 153
Zeremoniell 151
Zerstörung durch Vernichtungswaffen 59
Zukunft, noch verbleibende 192
Zukunftsorientierung, kulturelle Unterschiede 132–137
Zusammenarbeit
–, interdisziplinäre 92f.
– verschiedener helfender Berufe 82, 90
– von Fachleuten mit der Bevölkerung 83ff.
Zusammenhang zwischen Colitis ulcerosa und Lebenssituation 25–42
Zweckneurosen 124